"十四五"职业教育江苏省规划教材
"十三五"江苏省高等学校重点教材

酒店安全管理实务

周 辉 孙爱民 印 伟 主编
杜艳葶 副主编

微信扫描
获取课件等资源

南京大学出版社

内 容 简 介

本书为"十三五"江苏省高等学校重点教材,以培养学生安全意识和职业能力为核心,立足酒店重点部门设计安全知识框架体系,从典型安全事件和常见法律纠纷出发,明确安全管理工作要点,全面、系统地介绍了酒店安全管理的具体内容和方法。本书主要内容包括酒店安全管理概述、酒店安全设施设备、酒店主要部门安全防控、酒店常见安全突发事件应对、酒店主要法律纠纷案例分析共五大模块,覆盖 27 个专题。

本书可作为本科院校、高等职业院校、中等职业学校、成人高等教育酒店管理专业课程教学用书,也可供酒店行业从业人员作为业务参考书和培训教材使用。

图书在版编目(CIP)数据

酒店安全管理实务 / 周辉,孙爱民,印伟主编. --南京:南京大学出版社,2020.8(2024.8 重印)
ISBN 978-7-305-23517-7

Ⅰ. ①酒… Ⅱ. ①周… ②孙… ③印… Ⅲ. ①饭店—安全管理—高等职业教育—教材 Ⅳ. ①F719.2

中国版本图书馆 CIP 数据核字(2020)第 111757 号

出版发行	南京大学出版社
社　　址	南京市汉口路 22 号　　邮编　210093
书　　名	酒店安全管理实务 JIUDIAN ANQUAN GUANLI SHIWU
主　　编	周　辉　孙爱民　印　伟
责任编辑	刁晓静　　　　编辑热线　025-83592123
印　　刷	南京京新印刷有限公司
开　　本	787mm×1092mm　1/16　印张 13　字数 324 千
版　　次	2020 年 8 月第 1 版　2024 年 8 月第 4 次印刷
ISBN	978-7-305-23517-7
定　　价	39.80 元

网　　址：http://www.njupco.com
官方微博：http://weibo.com/njupco
微信服务号：njuyuexue
销售咨询热线：(025) 83594756

* 版权所有,侵权必究

* 凡购买南大版图书,如有印装质量问题,请与所购图书销售部门联系调换

前言

在酒店业飞速发展和业态创新的背景下,新设施、新设备、新技术在酒店日常管理中逐渐渗透,作为酒店服务和运营管理的重要底线,安全管理思路和方法的创新显得尤为重要。近几年,随着酒店安全事故不断被新闻媒体披露和曝光,安全问题日益受到社会各界的广泛关注和重视,其中,尤其以酒店客房服务的卫生安全、酒店客人隐私泄露、酒店顾客食物中毒等事件最为典型。这些事件给酒店品牌带来了巨大的负面影响,背后深层次的原因也开始引发学者、专家的深度解析。

本教材为"十三五"江苏省高等学校重点教材、"十四五"职业教育江苏省规划教材,采用立体化的教材建设模式,将纸质教材与数字资源融为一体,将新形态一体化教材建设与在线开放课程建设同步推进。基于安全角度来探讨酒店安全管理实务的课程定位,教材编写结构破除了传统教材的"章—节"体例,代之以"模块—专题"编写体例,每个模块包含若干专题,每个专题聚焦一类基础知识、一个典型安全事件或一个典型法律纠纷,将酒店安全管理问题系统化和可操作化。本教材主要内容包括酒店安全管理概述、酒店安全设施设备、酒店主要部门安全防控、酒店常见安全突发事件应对、酒店主要法律纠纷案例分析五大模块,覆盖27个专题,重点根据酒店典型工作岗位来匹配其相应的安全职业能力,根据酒店典型安全事件或典型法律纠纷来深入剖析实务中的具体操作方案。

本教材由南京旅游职业学院周辉、孙爱民、印伟任主编,南京旅游职业学院杜艳荸、南京华泰万丽酒店防损部经理于亚辉任副主编。具体分工为:模块1的专题1和专题2,模块2、模块4的专题1和专题2由周辉编写;模块3由孙爱民编写;模块4的专题10、模块5由印伟编写;模块4的专题3至专题9由杜艳荸编写;模块1的专题3由于亚辉编写;最后由周辉和于亚辉统稿。

本教材参考了国内许多作者的观点和相关资料,在此谨向他们表示感谢和致敬。由于编者水平和经验有限,书中难免有欠妥和错误之处,恳请读者批评指正。

编 者
2020年5月

目　录

模块1　酒店安全管理概述 / 1

专题1　酒店安全管理的内容 / 1
　　1.1　酒店安全管理的概念和特征 / 2
　　1.2　酒店安全管理的目标与任务 / 3
　　1.3　酒店安全管理的历史沿革 / 4

专题2　酒店安全管理的组织 / 5
　　2.1　酒店安全管理组织结构与岗位设置 / 5
　　2.2　酒店安全部岗位职责 / 7

专题3　酒店安全管理制度流程 / 9
　　3.1　酒店安全管理制度 / 9
　　3.2　酒店安全管理操作流程 / 16

同步训练 / 19

模块2　酒店安全设施设备 / 21

专题1　消防设施设备 / 21
　　1.1　火灾报警设施设备 / 21
　　1.2　消防控制设施设备 / 24
　　1.3　防排烟设施设备 / 26
　　1.4　灭火疏散设施设备 / 30

专题2　治安设施设备 / 36
　　2.1　酒店钥匙系统 / 36
　　2.2　酒店视频监控系统 / 39
　　2.3　酒店电子巡更系统 / 40
　　2.4　酒店贵重物品保险箱 / 42
　　2.5　酒店防暴设备 / 45

同步训练 / 47

模块3　酒店主要部门安全防控 / 50

专题1　酒店前厅部安全防控 / 50
　　1.1　行李服务安全 / 51
　　1.2　登记入住安全 / 55
　　1.3　客用钥匙安全 / 59
　　1.4　大堂内客人人身财产安全 / 62

专题2　酒店客房部安全防控 / 65
　　2.1　客房消防安全 / 65
　　2.2　客房内盗窃客人财产 / 67
　　2.3　客房内侵犯客人人身安全 / 70
　　2.4　客房内客人意外伤亡 / 73

专题3　酒店餐饮部安全防控 / 75
　　3.1　餐饮服务安全 / 75
　　3.2　餐厅刑事治安安全 / 77
　　3.3　餐饮消防安全 / 80
　　3.4　食品卫生安全 / 83

专题4　酒店康养部安全防控 / 85
　　4.1　游泳区域安全 / 85
　　4.2　健身区域安全 / 86
　　4.3　洗浴区域安全 / 88

专题5　酒店工程部安全防控 / 89
　　5.1　工程消防安全 / 90
　　5.2　工程设施故障安全 / 91
　　5.3　外包施工安全 / 93

同步训练 / 94

模块4　酒店常见安全突发事件应对 / 97

专题1　酒店火灾事件应对 / 97
　　1.1　火灾类型及典型案例 / 97
　　1.2　酒店火灾应对程序 / 102

专题2　客人食物中毒事件应对 / 107

2.1　客人食物中毒事件类型及典型案例 / 107
　　2.2　酒店食物中毒应对程序 / 113
专题3　客人伤亡事件应对 / 115
　　3.1　客人伤亡类型及典型案例 / 115
　　3.2　酒店伤亡事件应对程序 / 117
专题4　客人丢失财物事件应对 / 119
　　4.1　客人丢失财物类型及典型案例 / 119
　　4.2　酒店丢失财物应对程序 / 124
专题5　酒店暴力犯罪事件应对 / 125
　　5.1　酒店暴力犯罪类型及典型案例 / 125
　　5.2　酒店暴力犯罪应对程序 / 130
专题6　客人醉酒事件应对 / 131
　　6.1　客人醉酒事件类型及典型案例 / 131
　　6.2　客人醉酒应对程序 / 136
专题7　酒店电梯故障事件应对 / 138
　　7.1　酒店电梯故障类型及电梯事故典型案例 / 138
　　7.2　酒店电梯事故应对程序 / 143
专题8　酒店打架斗殴事件应对 / 145
　　8.1　酒店打架斗殴类型及典型案例 / 145
　　8.2　酒店打架斗殴应对程序 / 150
专题9　酒店自然灾害应对 / 151
　　9.1　酒店自然灾害类型及典型案例 / 151
　　9.2　酒店自然灾害应对程序 / 156
专题10　酒店员工工伤应对 / 158
　　10.1　酒店员工工伤应对类型及典型案例 / 158
　　10.2　酒店员工工伤应对程序 / 163
同步训练 / 165

模块5　酒店主要法律纠纷案例分析 / 170

专题1　酒店前厅法律纠纷案例 / 170
　　1.1　酒店大堂摔倒谁之过 / 170
　　1.2　酒店旋转门夹人案 / 171
　　1.3　前厅部员工盗窃案 / 172
　　1.4　员工职务侵占案 / 173
专题2　酒店客房法律纠纷案例 / 175
　　2.1　醉酒男子入住酒店死亡 / 175
　　2.2　客人客房卫生间摔倒 / 177
　　2.3　客人客房跳楼自杀 / 179
　　2.4　酒店泄露客人隐私 / 181
专题3　酒店餐饮法律纠纷案例 / 182
　　3.1　客人就餐一氧化碳中毒 / 182
　　3.2　餐厅地面湿滑致客人滑到 / 183
　　3.3　聚餐饮酒后酒店坠楼致残 / 184
专题4　酒店营销法律纠纷案例 / 187
　　4.1　未挂牌酒店标称"五星" / 187
　　4.2　婚宴预订违约 / 189
专题5　酒店康乐法律纠纷案例 / 190
　　5.1　浴区停水致怀孕客人流产 / 190
　　5.2　客人游泳池滑到 / 191
专题6　酒店劳动法律纠纷案例 / 192
　　6.1　以末位淘汰为由单方解除劳动合同违法 / 192
　　6.2　双休日出差是否算加班 / 193
　　6.3　与员工未签订劳动合同 / 194
专题7　酒店停车法律纠纷案例 / 196
　　7.1　客人车辆在酒店停车场丢失 / 196
　　7.2　酒店保安私开客人车辆导致损毁 / 198
同步训练 / 199

参考文献 / 201

模块 1 酒店安全管理概述

知识目标
- 了解酒店安全管理的内容。
- 熟悉酒店安全管理的组织结构。
- 掌握酒店安全管理的制度流程。

能力目标
- 能够设置酒店安全部岗位并明确各岗位职责。
- 能够运用安全管理操作流程处理酒店安全事件。

没有安全就没有旅游,安全是酒店运营的首要保障。酒店的安全问题可谓由来已久,经历了一个逐渐发展、演变的过程,前后大约有 150 年。当初的马车驿站有大门但从不上锁,客人也并没有顾及过是否安全;后来,出现了由个人经营的路边客栈和汽车旅馆,这时酒店安全问题才逐渐引起客人的关注;如今,在高耸入云的城市酒店和豪华舒适的度假酒店里,往日的普通大门已经被复杂的电子门锁、自动火警系统、录像监控探头、电脑化的库房管理所取代。酒店安全工作的质量,不仅直接影响酒店的经营状况、客人的满意程度,甚至还关系到国家的声誉。对于酒店而言,安全是宾客对酒店产品的第一需求。具有安全隐患的酒店产品,不仅不能满足宾客的消费需求,还会给宾客的人身和财产造成威胁,并给酒店带来不可估量的损失。安全是酒店获得市场的基础,也是酒店获得消费者认可的前提。正确理解酒店安全管理的概念、历史沿革、岗位设置、管理流程等,建立科学的安全观念,是酒店业实现安全运营的前提。

专题 1 酒店安全管理的内容

国家标准(GB/T 28001)对"安全"给出的定义是:"免除了不可接受的损害风险的状态。"我们可以把这种"免除了不可接受的损害风险的状态"概括为"没有危险、不受威胁、不出事故"。

将上述定义应用到酒店行业,这种安全就是指酒店客人和员工的人身、财产以及酒店自身财产在酒店管辖范围内没有危险、不受威胁、不出事故。

1.1 酒店安全管理的概念和特征

1.1.1 酒店安全管理的概念

为了保障酒店正常运营,且保障酒店范围内所有人员的人身、财产没有危险、不受威胁、不出事故,所进行的一系列计划、组织、指挥、协调、控制等管理活动,称为"酒店安全管理"。

计划,是其他管理职能的前提和基础,并且还渗透到其他管理职能之中。列宁指出:"任何计划都是尺度、准则、灯塔、路标。"它是管理过程的中心环节。

组织,是指具有明确的安全目标导向和精心设计的结构与有意识协调的活动系统,同时又同外部环境保持密切的联系。

协调,是指正确处理组织内外各种关系,为组织正常运转创造良好的条件和环境,促进组织目标的实现。

控制,是指检查工作是否按既定的计划、标准和方法进行,发现偏差分析原因,进行纠正,以确保组织目标的实现。

1.1.2 酒店安全管理的特征

1. 突发性

酒店行业由于自身特点,在日常运营管理过程中存在着潜在的不安全因素和突发的安全事故。酒店安全事故往往带有突发性和紧迫性,为了应对酒店发生的各种突发事件,酒店须根据自身实际情况,从可能发生的各种突发安全事件中寻找特点和规律,制定出相应的防范措施和应急预案,以此保障酒店正常运营和对客安全服务,降低酒店安全事故的发生概率,减少酒店因安全事故所造成的财产损失。

2. 复杂性

酒店业是一个综合型的服务行业。酒店安全管理的对象多样、内容广泛、形势多变,酒店安全管理工作因此变得极其复杂。

首先,酒店的客源结构复杂,客人流动量大,且宾客的需求多有不同,这在无形之中给酒店安全管理工作带来了复杂性;其次,酒店员工众多且流动率较高,员工队伍的稳定性相对较差,容易造成安全事故,也给酒店安全管理工作带来了潜在的安全隐患;此外,酒店安全事故的类型多样、显现突发,给酒店安全管理工作带来了不小的难度。

3. 依法性

酒店安全管理具有很强的政策性和法律性。与酒店安全管理相关的政策和法律法规涉及消防安全管理、食品卫生安全管理、治安安全管理等方面。酒店安全管理工作既要维护酒店和客人的合法权益,又要依法办事。酒店安全部在处理各种安全事件时也需要厘清事件性质,根据不同法律法规的规定进行恰当的处理。

4. 广泛性

酒店安全管理工作集综合性、专业性、全员性于一体,具体的工作内容涉及酒店的每个部门、每个工作岗位与每位员工。因此,不能仅仅依靠少数高层管理人员和安全部来实现酒店安全管理目标,必须通过定期的宣传教育和培训活动,使每位员工树立起安全意识,把涉及各部门各岗位的安全要求融入本部门本岗位的工作中去,这样才能实现酒店的安全零事故。

5. 持久性

只要酒店对外正式运营，危及酒店安全的因素就会时刻存在、长期存在，这些客观存在决定了酒店安全管理工作是一项长期的、持续的工作。如仅满足于在短时间内没有安全问题发生，实际上就已经埋下了危险的种子、事故的隐患。因此，为了较好地预防酒店安全事件的发生，酒店安全管理必须警钟长鸣，长抓不懈。

1.2 酒店安全管理的目标与任务

酒店安全，是酒店一切工作的保障。安全第一，可以说是一句口号，但我们要把这个口号转化成我们的意识，成为我们所有从业人员的一种信仰、一种潜意识。制定酒店安全管理目标，并根据目标细化成一个个小任务，是预防安全事故的重要措施。

1.2.1 酒店安全管理的目标

以科学发展观为纲领，坚持安全发展理念，全面贯彻"安全第一、预防为主、综合治理"的方针，深入持久地开展安全标准化工作，进一步落实安全责任，强化安全经营和全员、全过程的安全管理，不断提升安全经营条件，夯实安全管理基础，制定酒店安全管理目标。

（1）认真执行和落实酒店的各项规章制度和工作要求，不断加强对工作人员的安全知识学习和教育。

（2）对所属部门须逐级签订安全管理目标责任书，责任到岗、到人，工作量化，责任细化。

（3）学习与实践相结合，严格执行例会制度，认真总结经验与教训，发现问题立即解决和处理，消除根本安全隐患，确保实现安全工作目标。

（4）前台目标：认真负责，遵守规范，严格实行身份证登记制度，对可疑人员要提高警惕，严禁入住人员在酒店进行非法活动，认真登记，遵守酒店相关财务规定，做到账目清晰，确保前台财物安全。

（5）客房目标：认真执行值班和交接班制度，提高安全防范意识，及时检查和消除火灾隐患及其他安全隐患，防止酒店出现被盗和人身伤害事故，确保酒店的人员、财产安全，确保客房设备的正常运转，认真检查感烟式火灾探测器，出现报警状况及时处理，做到全方位、不留死角，确保不出任何事故。

（6）餐厅目标：对原材料进行认真验收，确保原材料合格，不使用过期、变质的材料烹饪；认真执行餐厅相关卫生标准，确保食物健康清洁；严格按照厨房安全规范操作，确保用气、用电安全，防止火灾发生。

（7）仓库目标：严格出入库制度，做到仓库物品账实相符；分类保存货物，确保货物不因储存不当而出现损坏或霉烂等现象；严格仓库防火制度，杜绝库内吸烟及使用明火，防范火灾发生；确保仓库不出现被盗状况。

（8）安保目标：严格值班及巡检制度，防范被盗、火灾及人员伤害事故的发生；确保各类消防设施状态良好。

1.2.2 酒店安全管理的任务

安全管理作为酒店经营的保障，营业目标的组成部分，有着自己的任务。安全管理的任务主要有以下几点：

（1）制定安全生产规章、制度、规程，并组织实施。
（2）力争减少或消灭工伤事故、火灾爆炸事故，保障劳动者安全地进行生产。
（3）采取安全技术措施，防止职业病和职业中毒的发生，保障劳动者的身体健康。
（4）经常开展群众性的安全教育活动和安全检查活动，努力提高职工安全意识和自我保护能力，不断消除事故隐患。
（5）改善劳动条件，完善防护设施，减轻劳动强度，提供个体防护用品，逐步实现安全、文明生产。
（6）搞好劳逸结合，保持劳动者良好的身心状态，并根据妇女生理特点，对妇女进行特殊保护。
（7）进行伤亡事故的调查、分析、统计、报告和处理，开展伤亡事故规律性的研究及事故的预测、预防。
（8）进行安全生产课题的研究和技术成果推广，进行安全管理经验的推广。

1.3　酒店安全管理的历史沿革

世界酒店的安全管理大概分为4个时期：客栈时期、大饭店时期、商业饭店时期、饭店跨界集成时期。

1.3.1　客栈时期（18世纪前）

随着商业的发展、旅行和贸易的兴起，外出的传教士、信徒、外交官吏、信使、商人激增，为满足其吃住等基本需求，客栈应运而生。由于当时的交通方式主要是步行、骑马或乘坐驿车，因此，客栈大多设在古道边、车马道边或驿站附近。客栈时期，家庭是客栈的拥有者和经营者，以家庭成员管理为主，没有其他专门从事客栈管理的人员，更没有设置专门的安全机构或专门的安全人员，客栈没有行李寄存服务，也无客人贵重物品保管服务。因此，客人的人身安全和财产安全基本上由自己负责。

1.3.2　大饭店时期（18世纪末——20世纪初）

大饭店时期又称为豪华酒店时期，从18世纪末至20世纪初。随着工业化进程的加快和民众消费水平的提高，近代欧洲的旅游活动十分兴旺，为方便贵族度假者和上层人物以及公务旅行者的需求，涌现出一批专为王室、贵族、大资产阶级服务的豪华酒店。同时期的中国，酒店业刚刚起步，一些外资的注入与影响，对于中国酒店业的进步与发展具有积极的推动作用。大饭店时期，酒店的服务对象多为王室、贵族、资产阶级等富有阶层，酒店的安全管理主要依靠这些富有阶层的警卫和保镖负责。

1.3.3　商业饭店时期（20世纪初——20世纪50年代）

商业饭店时期大约从20世纪初至20世纪50年代。20世纪初，经济的繁荣极大地促进了贸易的发展，同时造就出一大批专门从事商品收购、调运、储存和销售的商人。他们对旅行旅居生活的要求日益提高，加快了酒店平民化、大众化的速度。1908年，斯塔特勒在美国巴法罗建造了第一个由他亲自设计并用他的名字命名的斯塔特勒酒店，该酒店创造了一般平民所能负担的价格条件，开创了酒店业面向公众商业化发展的新时代。在安全管理方面，该酒店使用了带把手的门锁，设置了专门的安全管理机构——安全部，开启了酒店安全管理的新纪元。

1.3.4 饭店跨界集成时期(当代)

第二次世界大战后,随着科学技术的进步和交通设施的完善,现代酒店业进入了新型的跨界集成时期(当代)。酒店经营连锁化、集团化;酒店功能多样化;酒店建设实施一体化;酒店管理系统化;酒店产品服务科技化、智能化。酒店在安全管理的模式上,除了常设安全管理机构——安全部,还普遍设置了酒店安全管理委员会和义务消防队,酒店安全管理委员会的负责人由酒店总经理担任,义务消防队成员由酒店各部门工作人员组成。酒店在安全管理的硬件方面,配备了先进的安全设施设备,如客房保险箱、数字安全监控系统、电子门锁以及其他各种有效的防火、防盗等安全设施,以确保酒店安全。

专题2　酒店安全管理的组织

组织职能是酒店管理的重要职能。酒店的组织职能有两重功能:一是合理组织和调配饭店的各种资源,组合成接待能力;二是形成酒店的管理体制和组织结构,以保证饭店的正常运行。因此,建立一套科学的酒店安全管理组织架构非常重要。

2.1　酒店安全管理组织结构与岗位设置

酒店安全部是负责酒店日常安全保卫和消防工作的职能部门,负责维护酒店内所有人员的生命、身体不受危害,财物不受损失。根据我国有关法律法规的规定,酒店应当成立安全委员会。酒店安全委员会是酒店安全管理工作的领导决策机构和群众性组织,其主要目的是在总经理的领导下,依靠群众做好酒店安全保卫工作。

2.1.1　酒店安全委员会

1. 酒店安全委员会的组织架构

酒店安全委员会主任由总经理担任,副主任由副总经理和安全部经理担任,其他委员由各部门负责人担任,并由总经理任命。酒店安全委员会的常设办事机构为安全部,日常安全管理工作由安全部负责。

2. 酒店安全委员会的职责

(1) 定期召开酒店安全委员会会议,布置酒店安全管理工作计划,总结安全管理的工作经验,及时解决存在的安全隐患。

(2) 制定和实施酒店安全奖惩条例,领导安全部开展安全管理工作。

(3) 指导和监督各部门建立健全各项安全制度,并定期检查落实情况。

(4) 定期对员工进行法制教育培训和安全教育培训,教育职工遵纪守法,并结合服务做好安全工作。

(5) 贯彻执行消防法律、法规、规章、技术规范。根据消防监督部门的要求,建立消防组织,制定履行本单位的防火安全制度和措施。

(6) 根据"谁主管,谁负责"的原则,建立各部门、各工种、各岗位的防火安全责任制,实行目标管理,将防火安全工作与酒店经营管理工作实行同计划、同布置、同检查、同总结、同评比。

(7) 定期组织防火安全检查,消除火险隐患,改善防火安全条件,确保消防设施正常运行。开展消防宣传教育,普及消防知识,提高员工消防安全意识。

(8) 组建义务消防队,制定火警火灾处置程序,定期组织灭火演练。在发生火灾时,积极组织员工扑救火灾,疏散宾客和重要物资,保护火灾现场,协助公安消防监督部门做好事故查处工作。

3. 酒店义务消防队

为了加强酒店的消防安全工作,预防火灾事故的发生,提高全体员工抵御火灾事故的应对能力,本着群防群治的工作原则,在酒店安委会的领导下,以安全部工作人员为骨干,吸收各部门重点岗位员工组建酒店义务消防队,承担灭火应急自救任务。

酒店定期对义务消防队队员进行专业培训,让全体义务消防员掌握消防工作的"五懂四会",即懂消防法律法规、懂本单位、本岗位的火灾危险性、懂消防安全职责、制度、操作规程、预防火灾的措施、懂灭火的基本方法、懂自护自救方法;会报火警,会正确使用灭火器材,会扑救初期火灾,会疏散逃生。

2.1.2 酒店安全部

国家旅游局、公安部早在1987年就联合发文指出:"要进一步加强保卫组织建设,省、自治区、直辖市和旅游热点城市的旅游局、旅行社、旅游宾馆、酒店、旅游车、船队等,要单独设置保卫组织机构,配备与其担负的任务相适应的保卫干部。"

酒店属于需要安全保卫的重点单位,根据相关法律法规的规定,酒店应当设置安全保卫机构,并将安全保卫机构的设置和人员的配备情况上报主管机关备案。

1. 酒店安全部的组织架构

以前,大中型酒店安全部一般下设3个小组,即警卫组、消防组和内保组。警卫组下设警卫、巡逻、门卫等岗位;消防组下设消防员、消防监控员等岗位;内保组下设秘书等岗位。但是,酒店在实际运营过程中发现上述组织架构不利于酒店控制人力资源成本且不利于部门统筹管理。因此,现在大多数酒店安全部往往不分设若干组,而是分部门经理、主管两级管理(见图1.1),根据自身特点分设若干岗位,且岗位人员不固定,通过定时轮流换岗的方式实现有效管理,避免员工长时间固定在某一岗位引发倦怠感。

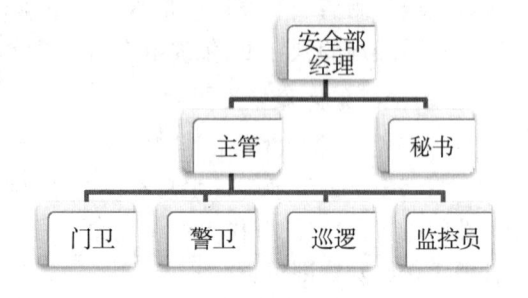

图1.1 酒店安全部组织架构

2. 酒店安全部部门职责

酒店安全部是负责酒店日常安全保卫和消防工作的职能部门,主要工作职责如下:

(1) 组建酒店安全工作网络,建立并完善有关安全管理工作的规章制度。

(2) 分析总结可能造成客人、员工、酒店的人身损害和财产损害的因素,结合酒店服务工作及经营活动的特点,制订酒店安全管理工作计划。

(3) 在实施酒店安全管理工作计划的过程中,要对各部门的安全管理工作进行统筹安排、明确目标、量化指标。

(4) 对酒店员工进行安全意识、安全知识及法制观念的教育培训,组织员工开展应急预案演练,提高员工安全防范能力。

(5) 做好酒店的安全保卫、治安巡逻等工作,确保酒店员工及客人的人、财、物的安全,协助公安机关处理发生在酒店的各类案件,做好突发事件的预防工作。

(6)负责酒店各类安全事故的调查、处理及上报工作。

(7)与当地公安、消防部门以及其他执法机关密切联络,保持良好有效的工作关系。

(8)根据酒店安全管理工作计划的要求,检查酒店各项安全管理工作,并定期进行考核,掌握反馈信息,及时解决安全隐患。

2.2 酒店安全部岗位职责

2.2.1 酒店安全部经理岗位职责

酒店安全部经理在上级领导和公安部门的指导下,全面负责酒店安全工作,维护内部治安,预防各类安全事件的发生,保证酒店客人和酒店员工的人身及财产安全。其具体职责如下:

(1)贯彻执行国家有关安全保卫工作的方针政策和有关法律法规。根据酒店的特点和实际情况,协助上级制定和实施酒店的各项安全管理规章制度。

(2)负责对外联络和上级主管单位的接待工作,做好重要接待、会见、谈判、出差等活动的时间、地点、场所的安排工作。

(3)根据酒店总经理、副总经理的指示参与对酒店重大问题和突发事件的调查、处理和解决工作。

(4)制定并健全各岗位安全保卫制度,并督促各部门按章执行。

(5)根据"预防为主,防治结合"的原则在酒店开展"五防"(防盗、防窃、防火、防爆、防意外事故)的教育培训。

(6)负责检查各项安全保卫制度的执行情况,根据"谁主管谁负责"的原则,切实落实安全责任制度。

(7)负责大型会议、外宾和团队的安全接待工作。

(8)与公安部门保持联系,做好公安机关、国安部门以及有关部门的协查工作。

(9)负责处理一般性治安案件和宾客对酒店安全方面的投诉,建立和健全酒店各部门安全管理工作纪要和档案。

(10)加强部门自身的建设和管理,强化业务培训,提高部门员工专业技能,提高工作效率。

(11)承担部门环境管理工作,制定部门环境管理目标和具体考核指标。

(12)负责本部门资产的审核、统计、登记工作,严格控制维修、保养及采购的费用。

(13)在酒店安全委员会的领导下,掌握酒店消防系统的使用方法,制定防火规章制度及应对突发事件的预案。组织义务消防队和保安进行定期培训演练。

2.2.2 酒店安全部主管岗位职责

(1)根据国家法律法规的规定,以及按照酒店总经理的要求,配合酒店安全部经理建立健全酒店安全管理的规章制度。

(2)在酒店安全部经理的领导下进行工作,负责部门培训、质检工作,执行交办的各项任务和临时授权的其他工作。

(3)协助酒店安全部经理完成工作计划和工作总结,负责对本部门主管、全员的工作进行检查和督导。

（4）指导主管抓好消防工作，出现火情时，协助消防机关、总经理、部门经理做好火灾现场扑救和疏散的指挥工作。

（5）负责对保安的培训、工作检查、评估、奖惩。

（6）及时将部门整体安全工作情况向部门经理汇报，提出安全整改意见与建议；组织部署、检查、总结酒店消防安全工作，定期向部门经理报告消防和监控工作情况；督促、跟进各项消防培训与演练工作。

（7）熟悉掌握消防设施、器材的配置、保养、使用，定期对消防、监控设备进行联动测试，监督主管定期做好维保、检查工作，使消防设施器材处于良好状态。

（8）组织对酒店各部门、各营业场所进行消防、安全检查，并做好检查记录，督促整改火险隐患，纠正违反消防法规和安全操作规程的作业。

2.2.3 酒店安全部文员岗位职责

（1）负责酒店安全部文件起草、打印、校核、下发工作。

（2）负责上级机关、酒店重要文件、报告、报表、会议决议等资料的登记、收集、整理、分类存档工作。

（3）负责报刊、来往信件以及内部刊物的收发工作。负责文档管理，按手续办理借阅文件事宜。

（4）负责做好会议室、办公室的日常服务接待工作。做好各项会议的通知、布置准备工作。及时安排本部门重要接待、出差、外出会议等工作。

（5）按规定出席部门经理主持的会议并做好会议纪要。

（6）办理档案的储存、借阅归还手续，确保档案完好无损。

（7）做好办公室清洁卫生工作。

（8）协助总经理秘书做好酒店机密文件收发、档案保管等工作。

（9）完成酒店安全部经理临时交办的其他工作。

2.2.4 酒店安全部监控员岗位职责

（1）服从酒店安全部经理、主管的调度，执行和完成各项任务。

（2）严格遵守保密守则，具有高度的责任感和使命感。

（3）熟悉各部门基本情况，随时保持高度的警惕性，牢固树立"五防"（防盗、防窃、防火、防爆、防意外事故）意识，坚守岗位，不得擅离职守，认真负责地完成工作任务。

（4）在监控系统工作范围内，密切观察监控情况，发现问题及时报告领导并与保安员及有关部门联系，同时做好记录，以便备查。

（5）在监控系统发出报警信号时，严格按照设备的操作程序处理，并及时上报部门经理和通知有关部门。

（6）认真做好VIP以及重点监控人员活动区域的安全监控工作。

（7）做好设备定期检查和维修保养工作，保障设备随时处于良好的工作状态。

（8）在未得到总经理、安全部经理的批准情况下，任何人不得随意进入消毒监控室，严格遵守保密制度规定。

（9）认真做好交接班工作，接班人员未到岗，交班人员不得下岗，值班记录应填写规范、工整和详尽。当班所发生的问题,应及时解决。如确无法处理,则交下一班处理解决。

(10) 定时打扫工作区域,保持室内和设备的清洁卫生。

(11) 完成领导临时交办的其他工作。

2.2.5 酒店安全部保安岗位职责

(1) 绝对服从上级的指令,做好酒店的安全保卫工作。

(2) 具有高度的责任感和敬业精神,时刻保持警惕性,坚持文明礼貌值勤,做到衣着整洁、仪容端庄、精神饱满。

(3) 执行酒店各项管理制度与规定,掌握酒店宾客动态,严禁任何人携带易燃、易爆、剧毒放射性物品进酒店。

(4) 按照要求巡查各楼层及其他公共区域,特别要加强酒店重要部门的安全检查工作。

(5) 维护酒店区域治安秩序,谢绝衣冠不整者、乞丐、无关闲散人员及精神病患者入店。

(6) 酒店发生违法犯罪案件时,应采取果断措施进行处理,控制事态发展,并及时上报。

(7) 加强对入住酒店的领导、贵宾以及团队的安保工作。

(8) 发现酒店客人遗失的财物,应及时与酒店总服务台联系,办好移交手续。

(9) 认真填写值班记录,并做好交接班工作。

(10) 完成领导临时交办的其他工作。

专题3 酒店安全管理制度流程

为加强酒店安全管理、维护酒店财产和宾客员工的生命、财产安全,保障生产经营活动的顺利进行,酒店的安全管理工作贯彻预防为主、确保重点、综合治理的方针,实行各级主要领导负责、专门工作和群防群治相结合的原则,根据国家有关法律和《旅馆业治安管理办法》,酒店应结合实际情况,制定制度流程。

3.1 酒店安全管理制度

3.1.1 总则

(1) 酒店设安全委员会,主任由总经理担任,副主任由副总经理和安保部经理担任。安全委员会其他委员由各部门负责人担任,并由总经理任命。安全委员会的常设办事机构为安保部,安全日常工作由安全部负责,档案管理由总经办负责。

(2) 各部门应根据本部门各岗位的工作特点,依照国家及行业的有关劳动安全规定及技术标准,制定和不断完善本部门各类劳动安全管理制度和操作规程。

(3) 各部门制定的各类劳动安全管理规章制度,须报总经办备案。

(4) 在发生安全事故时,可根据酒店总经理指示成立事故处理小组,并按照突发事件应急预案进行妥善处置。

(5) 总经办负责分类汇总各部门制定的安全管理规定、操作规程和发生安全事故的档案资料,建立酒店安全管理档案。酒店安全管理档案存放在总经办,并指定专人负责整理、保管。

(6) 各部门负责制定本部门安全管理规定和操作规程,汇总本部门劳动安全监督检查报表及分析资料,建立相关档案,及时交总经办存档。

(7) 各岗位安全责任人负责建立本岗位安全管理档案,内容包括国家相关法律法规、酒店和部门制定的各项安全管理的规章制度、安全操作流程,以及收集各类安全事故的案例汇编等。

(8) 总经办可随时抽查各部门管理档案和各岗位的劳动安全状况,发现问题及时督促整改。各部门须将改进后的情况以书面形式报至总经办,由安全小组检查核实后才可终结,并将有关情况存档。

3.1.2 各级安全管理人员的职责

1. 总经理安全职责

(1) 总经理是酒店安全管理的第一责任人,对酒店的安全管理全面负责。

(2) 组织制定、实施各项安全管理规章制度,建立健全安全保卫工作责任制,部署安全保卫工作并检查执行情况,消除安全隐患。

(3) 组建和管理安全保卫机构及群众性护卫、消防和治安保卫组织,协调和决定安全管理工作的重大事项,不断改善酒店治安保卫工作条件,充分发挥安全保卫部门的监督管理职能,保证生产经营正常运转。

(4) 建立健全经理值班制度和安保部、工程部夜值巡查制度,并经常检查督促。夜值经理应坚守岗位,处置突发事件,确保酒店夜间安全运转。

(5) 负责组织重要活动和接待的保卫任务和安全检查工作,落实安全防范措施。

2. 副总经理安全职责

(1) 协助总经理抓好本单位的安全管理工作,对分管的安全管理工作负直接领导责任。

(2) 认真贯彻执行国家的安全生产方针、政策、法律、法规,把安全管理工作列入酒店管理工作的重点内容。

(3) 负责组织制订酒店安全管理工作年度计划。

(4) 组织并参加安全检查,对查出的隐患要求相关部门限期整改,对难以整改的隐患要采取防范措施,确保安全经营。

(5) 发生事故后,组织对事故分析,对责任者提出处理意见和防范类似事故发生的措施,并督促实施。

(6) 加强对安全管理工作的考核,向经理提出奖惩意见。

3. 部门经理安全职责

(1) 在酒店安全委员会的领导下,监督检查本部门执行安全规章制度的情况。

(2) 向酒店安全委员会提交安全书面工作意见,主要包括针对本部门的安全隐患提出防范措施、整改方案和经费预算。

(3) 参与制定防止员工伤亡、火灾事故和职业危害的措施及危险岗位、危险设备的安全操作规程,并负责督促实施。

(4) 进行现场安全检查,及时发现、处理事故隐患。如有重大问题,应以书面形式及时向上级报告;一旦发生事故,负责组织拯救现场,参与事故的调查、处理和统计工作。

(5) 组织对本部门员工进行安全的宣传、培训和教育。

4. 主管安全职责

(1) 认真执行酒店和部门制定的各项安全管理规章制度,对本班组员工在工作中的安全健康负责。

（2）经常教育、检查本班组员工正确使用机械、电气设备、工具、原材料、安全防护装置、个人防护用品等，消除安全隐患。

（3）督促本班组员工保持工作地点的卫生整洁。

（4）对本班组员工进行安全操作方法的指导和检查，随时纠正违章作业。

（5）如遇伤亡事故应立即报告，并保护现场，参与调查，分析原因，提出改进措施和处理意见。

5. 员工安全职责

（1）遵守各项规章制度，执行酒店和部门制定的安全规章和安全操作规程，听从指挥，杜绝一切违章操作现象的发生。

（2）保证本岗位工作地点、设备、设施和工具的安全整洁，不随便拆除安全防护装置，正确使用防护用品。

（3）认真学习安全知识，提高操作技术水平，关心安全情况，向酒店和部门提出合理化建议。

（4）发现事故隐患和不安全因素要及时向部门和酒店有关部门汇报。

（5）发生工伤事故，要及时抢救伤员、保护现场和报告上级领导，并协助调查工作。

（6）努力学习和掌握安全知识和技能、熟练掌握本工种操作程序和安全操作规程。

（7）积极参加各种安全活动，牢固树立"安全第一"思想和自我保护意识。

（8）有权拒绝违章指挥和强令冒险作业，对个人安全负责。

3.1.3 各部门的安全责任

1. 客房部安全责任

（1）客房服务员严格、认真遵守安全操作规程，做床、清扫卫生间。

（2）提供日常服务中随时注意烟头、火柴和电器设备安全。

（3）登高作业有人扶梯。

（4）未经允许，无明火作业。

（5）因客房维修改造需要明火作业时，必须取得安保部动火许可。

（6）确保整个客房操作服务中无违反安全操作规程现象发生。

（7）客房服务中掌握住客动态，禁止无关人员进入楼层。

（8）如遇陌生人要主动问好、询问，避免发生意外，不轻易为访客开门。

（9）如遇可疑人员要及时报告上级领导。

（10）随时注意住客情况，发现客人携带或使用电炉、烤箱等电热器具，装卸客房线路时，迅速报告主管与安保部及时处理。

（11）发现客人携带武器、凶器和易燃易爆物品，及时报告，能够按酒店安全规章处理。

（12）客人酗酒或在床上吸烟时，能够及时劝阻。

（13）如有残疾人士入住，随时注意客人动向，予以帮助，尽量避免因其行动不便造成危险。

（14）客房服务员查房，发现设备损坏、物品丢失，及时报告。

（15）整个客房服务中员工安全意识要强烈，安全防范要主动，防范措施要得当，隐患处理要及时，能够确保酒店及客人的人身和财产安全，无岗位安全责任事故发生。

（16）要严格执行客房钥匙管理制度，客人房卡忘在客房内要求开门，经客房中心与总台核实确认后方可开门。

（17）如客人丢失房卡，应及时通知安保部和总台，将丢失的房卡做作废处理，并补办新卡。

（18）如客房服务卡或钥匙丢失，应及时报告当班主管、房务部经理和安全部，并随时注意丢失钥匙的楼层情况，确认找不到钥匙后，将丢失的服务卡做作废处理，并补制新卡；金属钥匙丢失后，还应及时通知工程部，更换丢失钥匙的门锁锁芯。

（19）服务员清扫房间，坚持开一间做一间，逐门锁好。防止因客房钥匙管理不善而发生盗窃事故。

（20）遇有火灾隐患、自然事故和盗窃事故，应严格按酒店相关规章制度处理，及时发现火灾隐患并报告安保部，抢救疏散客人处理得当，尽力将事故消灭在萌芽状态。如需报警，应由安保部负责处理。

（21）发生盗窃事故，主管及时到场并保护好现场。

（22）如有其他事故发生应及时报告当班主管，根据事故发生原因和情况做出妥善处理。

2. 总台安全责任

（1）总台接待员负责接待旅客住宿登记工作，每天24小时当班服务。

（2）所有中、外旅客必须凭有效身份证件如实填写旅客住宿登记单，登记合格率100%。

（3）对零散旅客实施登记时必须做到"三清，三核对"："三清"即字迹清、登记项目清、证件检验清；"三核对"即核对旅客本人和证件照片是否相符，核对登记年龄和证件的年龄是否相符，核对证件印章和使用年限是否有效。

（4）旅行团体客人的住宿登记可由旅行社陪同或销售代表代办填报。

（5）总台员工在实施住宿登记时，应负责协助公安机关切实做好有关通缉协查核对工作，发现可疑人员采取内紧外松，先安排入住，后设法报警，首先要保证自身生命、财产安全，同时也要避免打草惊蛇。

（6）旅客资料和公安机关下发的有关通缉协查对象应及时输入电脑准确无误，以便核查。

（7）接待员在办理住宿登记的同时，应提醒旅客贵重钱财、证件要妥善保管。

（8）按照公安机关规定：访客须登记，访客时间不超过23点。

3. 行李房安全责任

（1）行李房钥匙由总台保管，不得随意放置或带走，交接班时应做好钥匙交接记录。

（2）领用钥匙开启行李房门，应在总台记录本上登记记录。

（3）行李房严禁吸烟，不得存放员工私人物品，非住店客人的行李一般不予寄存。

（4）在行李房内工作必须敞开房门，人离即将门上锁，要及时交回总服务台，并签名注销钥匙领用手续。

（5）行李房应张贴："公安局规定：严禁寄放存放危险物品和违禁物品"。

（6）行李卡一式两联，可请客人自行填写寄存卡。行李挂卡应详细填写客人姓名、房号、寄存件数、寄存日期，客户联也须详细填写。客人领取行李时应仔细核对。

（7）行李寄存收件应问清是否有贵重物品，发现接收寄存行李开口、损坏，应当面向客人指出说明、记录备案。

（8）行李房主管在交接班时,应清点库存行李完整无损情况,并在交接班记录簿上签字,一旦发现缺损,由当班人员负责。

（9）客人领取行李必须一次取清,若有部分领取、部分寄存,则应先领清,再重新办理寄存手续。

4. 配电室安全防火管理

（1）非本室工作人员未经同意不得进入。

（2）室内操持清洁,严禁存放易燃、易爆物品。

（3）值班人员要坚守岗位、勤巡视,避免发生引起火灾的隐患。

（4）定期对变压器、开关柜进行清扫,防止因污物造成短路。

（5）停电清扫检查时,严禁用汽油、煤油等易燃液体擦洗。

（6）安装、维修电器线路设备时,必须按操作规程操作。

（7）消防器材要定点存放,保持良好状态。

（8）严禁在室内存放食物,避免引诱小动物进入电器机造成电器设备短路引起火灾。

5. 电梯机房安全防火管理

（1）机房不允许无关人员进入。

（2）工作时要坚守岗位,注意设备运行情况,发现隐患要及时排除。

（3）机房内严禁吸烟,禁止存放各种油料、纸线、木箱等易燃物品,禁止做客房或其他工作间使用。

（4）机房、电梯箱顶部和电梯井底部要定期搞清洁卫生,及时清洁布毛、纸屑、垃圾等易燃物。

（5）对电器线路和机械部分要经常检修,以防打火、短路、着火等事故发生。

（6）在用汽油检修擦洗零部件时,要采取有效措施以确保安全,汽油擦布要妥善处理好,不得乱扔乱放。

（7）机房工作人员要熟练掌握所备灭火器材,掌握消防电梯的使用方法,灭火器材放置的位置不得随意移动。

6. 空调机房安全管理

（1）非本岗位人员无事不得进入机房。

（2）值班人员不准擅离职守,不准饮酒睡觉,加强巡视和防火检查,发现隐患及时排除。

（3）工作人员必须加强对安全工作重要性的认识,严格遵守操作规程。

（4）机房内不得存放易燃易爆物品,如汽油、煤油、润滑油、氟利昂气瓶等。

（5）对机房内电器设备要经常检查,检修时要专人看管,以防意外。

（6）配备的消防器材不得随意移动。

7. 餐厅安全管理

（1）餐厅的桌位应保持适当的间距,对正在用餐的客人,服务员要照看好客人携带的物品,并及时提醒客人保管好自己的物品,对挂在椅背上的衣物及时套上衣套,以防他人顺手牵羊,偷盗财物。

（2）客人用餐完毕应注意客人使用的烟缸烟蒂是否熄灭,不能将火种卷入布件中。

（3）就餐客人离席后,服务员应及时检查餐桌周围,发现客人遗留物品,应及时归还客人或上交。

（4）营业结束时，要认真进行安全检查，确保安全。

8. 厨房安全管理

（1）安全第一，以防为主。厨房内配备与厨房规模相适应的消防灭火器材，从业人员必须了解使用方法和灭火安全知识。

（2）厨房工作间隙期间，应有专人值班。

（3）煤气灶点火时要火等气，下班时要关闭煤气阀，熄灭火种。

（4）开油锅过程中，注意控制油温，厨师不得离开工作灶台，防止油锅着火，确保安全。

（5）厨房内严禁吸烟，严禁存放易燃、易爆和有毒的危险物品，液化气卡式炉和酒精备用的小气瓶和固态酒精，应有专人保管，指定在安全的地方存放，随用随领。

（6）发现事故苗子或有异味、异声，必须立即查明原因，切实消除隐患，防患于未然。

（7）进行日常清洁时，严禁将水喷洒到电源插座、电器开关处，以防电线短路起火。排油烟机和排烟管道要定期清洗。

（8）每日营业结束，要认真检查水、电、煤和蒸汽，关紧开关，关闭门窗。

9. 财务部安全责任

（1）财务室门窗坚固，严格按规定进行布防，防止撬窃。

（2）存放现金必须使用保险箱，并专人保管，保险箱的钥匙与密码同时使用，下班时拨乱密码，钥匙随身携带。财务人员调离岗位时，密码应及时更换。

（3）现金存放不得超出银行核定限额。解款、提款必须两人同时，金额大时应专车接送。

（4）支票、票证和凭证的管理，坚持检验复核，支票和印章应分开放置在保险箱内，严禁使用空白支票。

（5）财务室配备适当的灭火器材，严禁烟火，防止火灾。

10. 仓库安全责任

（1）仓库门、窗应有可靠的防护装置。房顶和地下管道层不得与其他的房间相通，防止火灾和小动物侵害。

（2）仓库内敷设的电线应有铁质护套管。

（3）严禁使用荧光照明，一般物品物料仓库使用白炽灯加防护罩，危险品使用防爆灯，仓库内无人时应关闭电源。

（4）仓库严禁烟火，并配置适当的灭火器材。存放物品按防火要求堆放整齐。

（5）仓库存放的各类物品应建立账册，定期盘点，做到账、卡、物相符。

（6）仓库应有专人负责，门钥匙由专人保管，无关人员严禁进入仓库。

（7）有危险品的仓库应保持干燥、阴凉、通风，并做好防晒、防潮、防高温等各项措施。

（8）各种易燃、易爆物品出入仓库必须严格执行验收和发放手续，并严格控制存量。

3.1.4　消防安全管理

（1）做好消防安全教育和培训工作，定期进行消防演练。

（2）消防器材设备应按消防部门有关规定配备，高层建筑应配备救护工具，新建、改建、扩建的酒店应按《建筑设计防火规范》的规定，安装自动报警、自动灭火等设施，建立健全相应的使用、维修、保养检查制度。安全部门及其他部门应职明明确，定期检查和更换过期消防器材,确保消防器材完好和正常使用。

(3) 建立健全消防档案,了解并熟悉酒店消防设施整体布局。应根据各消防重点部位的不同情况,分别制定消防管理规定和消防操作程序,并严格执行。

(4) 酒店新建、更新改造项目的图纸,须报经区、县以上公安消防部门审批,竣工后应通过检查验收,符合消防安全要求,方可投入经营运转。

(5) 严格管理和控制火种、火源及易燃易爆物品,仓库、柜台等场所禁止吸烟,客房、商场、仓库等重点部位的施工动火,须履行安全部的审批手续,并在现场设置灭火器材。施工现场易燃物应及时清理。未经工程部门批准,任何人不得乱拉乱接电源。酒店各部门使用易燃易爆物品,应指定人员负责并采取安全措施。

3.1.5 员工劳动安全管理

1. 劳动安全教育和培训

(1) 新入职员工必须接受由酒店组织实施的劳动安全培训。

(2) 新入职员工上岗前必须接受由部门组织实施的劳动安全教育及实际操作培训,经考核合格后方可上岗。

(3) 各岗位负责人应对员工进行日常工作安全培训,经常检查员工劳动安全的执行情况,发现员工在实际工作中出现违反安全作业现象要及时给予纠正及教育。

(4) 组织实施培训的部门必须制定相关表格,注明组织部门、日期、时间、具体内容,所有参加培训人员均须签名确认。

2. 劳动防护用品的选择与发放管理

(1) 酒店根据员工的工作性质定期发放相关的劳动保护用品,如安全帽、眼镜、听力护具、防护套、手套、防坠落护具、防护鞋等。

(2) 劳动防护用品的选择、采购、保管、发放由财务部及使用部门负责。

(3) 所选劳动防护用品必须保证质量,各项指标符合国家标准和行业标准,穿戴舒适方便,不影响操作。

(4) 劳动防护用品根据酒店安全和防止职业性危害的需要,按照不同工种、不同劳动条件发放。

(5) 劳动防护用品的发放标准及使用期限按酒店相关规定执行。

(6) 员工对领用的劳动保护用品必须妥善保管、正确使用、经常检查,对失去保护功能的劳动防护用品必须及时更换,不得继续使用。

(7) 凡专业性强、结构比较复杂,使用要求严格或急救备用的劳动防护用品,应由使用部门安排专人负责保管;凡适合个人身体规格或随班组使用的,宜分散个人使用保管。

3. 劳动安全奖惩

(1) 对在劳动安全方面表现突出并做出成绩的部门、班组和个人,按酒店《员工手册》及相关奖惩实施办法酌情给予表扬和奖励。

(2) 对因违反劳动安全管理规定和操作流程,造成安全事故的部门、班组和个人,按酒店《员工手册》及相关奖惩实施办法酌情给予批评和处罚。

3.2 酒店安全管理操作流程

3.2.1 酒店安全部 SOP

SOP(Standard Operation Procedure,标准作业程序)就是将某一事件的标准操作步骤和要求以统一的格式描述出来,用来指导和规范日常的工作。

酒店安全部 SOP 主要用于指导保安在日常工作过程中按照标准操作步骤来完成相关工作,熟练掌握 SOP 的内容可以提高保安的工作效率和避免因工作失误给酒店带来不必要的损失,具体内容如下。

1. 灭火器的使用

(1)从灭火器箱内取出灭火器。
(2)检查压力表的压力是否充足。
(3)将手指套入安全环用力拉断金属丝。
(4)从灭火器上取下软管和喷嘴。
(5)用一只手握住软管对准火源的根部。
(6)另一只手下压手柄开始喷射。

注意:压下手柄时不要伤害手部,灭火器喷嘴不要对准自己或他人。

(7)用灭火器从不同的方向对着火点进行喷射灭火,直到火焰熄灭或灭火器消耗殆尽。

2. 室内消火栓的使用

(1)打开消火栓的门,两人同时操作,一人将消防水带与水枪连接,并将水带拉直距火场三至五米处;另一人将水带另一端与消火栓口连接。
(2)启动消火栓手动按钮。
(3)找到水阀位置,沿逆时针方向旋动,直至阀门全部打开。
(4)用双手握住水带和喷嘴,对准火源的根部。
(5)灭火后要将水带里的水流净,阴干再按相反步骤放回消防栓。

3. 火情处理

(1)发现火情时,应立即按下最近的消防手动报警设备。如果属于初期火灾,则要取附近的灭火器进行灭火。
(2)消防监控室接到火情的手动报警、消防栓报警、电话或来人报警时,应当立即通知巡视人员赶到现场展开火情调查,确认火情。
(3)确认火情后,消防监控室用对讲机呼叫安全部主管和巡逻保安赶到现场组织扑救火灾。同时启动消防设备、迫降电梯,准备疏散广播。电话通知总机,告知火情已经确认,按照程序进行操作。
(4)总机立即通知总经理、副总经理、安全部经理、工程部经理赶往消防监控室进行指挥;通知值班工程师、义务消防员携消防救生器材赶到现场扑救;通知工程部派人值守消防水泵房、配电房,关闭燃气总阀,关闭锅炉,关闭空调风机;通知大堂副理组织服务员引导着火楼层的客人疏散;其他各部门人员回各岗位履行职责,做好疏散准备。
(5)如果火被扑灭,通知消防监控室将消防系统复位并通知总机解除火警警报。
(6)如果火情严重无法控制,由消防监控室拨打119通知消防局,由总经理下达全面疏散指令。

4. 持械抢劫的处理

（1）发生抢劫时应立即通知安全部经理。告知抢劫犯人数、所持凶器、发生地点、有无人质等相关情况。在条件允许的情况下启动报警系统。

（2）员工应保持冷静，安抚受牵连客人的情绪。在尽可能缩短时间的前提下，以适当的方法来满足犯罪分子的要求，对犯罪分子提出的要求表示顺从，不要做出任何反抗行为，努力避免客人和同事在此情况下受伤。

（3）用监控记录犯罪分子的外貌和行为举止、语言特征、身高、使用的交通工具、攻击时间和逃离的方向。

（4）如无机会报警，在犯罪分子逃离现场后应立即报警。回忆犯罪分子的特征和事件经过，做好记录。

（5）为配合警方的调查取证工作，应保护事发现场及犯罪分子接触过的所有东西。

（6）除非接受警方的访问，避免与任何人谈及此事。不要对媒体发表任何观点，所有问题可以由总经理或总经理指定的人来回答。

（7）安抚被抢劫的客人。

（8）为与暴力分子有过正面冲突的人采取急救措施。对可能出现的各种伤势进行治疗。

（9）掌握所有与此事相关联系人的资料，包括客人及参与此事的员工和警察的姓名和地址。收集各种资料并整理报告，将整理后的报告呈交安全部经理。

5. 人身伤亡的处理

（1）接到报案后，安全部经理立即带领保安到达现场。

（2）了解伤亡情况，及时将伤亡情况及处置意见上报总经理，组织人员对现场伤亡情况进行鉴别，开展及时有效的救治工作。

（3）经过总经理同意后向公安机关报案。

（4）公安人员到达现场后，配合调查伤亡者身份、勘查现场等工作。

（5）留取公安、法医对伤亡者的鉴定等证明复印件。

（6）通知医院派救护车，按指定路线将伤亡者运出酒店区域。

（7）通知伤亡者亲属、所属团队等。

（8）由总经理指定专人负责伤亡原因的对外解释工作。

6. 打架斗殴、流氓滋扰事件的处理

（1）接到报案后，安全部经理立即带领保安到达现场，查清肇事者身份、是否携带凶器，控制事态发展，做好询问记录工作。

（2）根据实际情况，安全部经理向总经理请示，是否需要向公安机关报案。

（3）无须报案时，安全部主管对其进行调解处理。

（4）需要报案时，由安全部经理向公安机关报案。

（5）公安人员到场后，安全部经理协助开展工作。

（6）安全部经理将事件经过，形成书面材料上报总经理。

（7）安全部经理负责善后工作，做好相关信息留存。

7. 感烟式火灾探测器、感温式火灾探测器火警处理

（1）消防监控室接到感烟式火灾探测器、感温式火灾探测器火警报警,应确认报警位置。

（2）通知当班巡逻保安赶赴现场调查情况。

（3）如果属于误报,排除火警后通知消防监控室消音复位。

（4）如果属于真火情,按下手动报警按钮报警,通知消防监控室展开真火情程序。

8. 电梯故障困人处理

（1）消防监控室通过监控或接到电梯应急对讲电话报警。

（2）立即通知安全部经理或者当班主管赶到现场。

（3）对被困人员进行安抚工作,避免被困人员惊慌失措胡乱操作导致其他危险。

（4）立即通知工程部值班工程师赶到现场。

（5）立即通知电梯维保厂家技术人员5分钟之内赶到现场处理。

（6）通知客户关系主任（GRO）、值班经理（Manager on Duty, MOD）到达现场。

（7）安全部经理随时将事态进展向总经理汇报。

（8）做好详细记录。

9. 员工丢失财物的处理

（1）接到报警后,安全部经理立即向丢失财物的员工了解情况,封锁现场并拍照取证,调查过程中不得向他人透露任何相关信息。

（2）丢失一般财物时,安全部主管协同相关人员现场调查,并将调查结果向安全部经理汇报。

（3）丢失贵重财物时,安全部经理协同相关人员开展现场调查。

（4）根据情况,协调有关部门管理人员通知与丢失案件有关的人员到场配合调查。

（5）征求丢失财物的员工是否需要报案,若需要,安全部经理协助员工向公安机关报案。

（6）公安人员到店后,安全部经理协助开展工作。

（7）事后,安全部经理将案情经过以书面形式上报总经理。

10. 食物中毒事件的处理

（1）接到报案后,安全部经理立即带领保安到达现场。

（2）保护好现场,布置警戒,控制现场,阻止无关人员进入警戒区拍照。

（3）如果中毒人员已经死亡,按伤亡事件处理程序处理。

（4）如果中毒人员没有死亡,立即派车指定专人护送至医院抢救。

（5）安全部经理与护送人员随时保持联系。

（6）做好对现场发现人、报警人、知情人及嫌疑人的控制、询问。

（7）根据询问及医院诊断,如确认为投毒,立即控制嫌疑人,并向总经理汇报,向公安机关报案。

（8）公安人员到酒店后,安全部经理协助开展工作。

（9）安全部主管负责善后工作,做好相关信息登记留存。

11. 宾客丢失财物的处理

（1）接到报警后,应第一时间通知安全部经理、客户关系主任,由安全部经理立即向丢

失财物的宾客了解情况,并立即封锁、保护现场并拍照取证,调查过程中不得向他人透露任何相关信息。

(2) 丢失一般财物时,安全部主管协同相关人员现场调查,并将调查结果向安全部经理汇报。

(3) 丢失贵重财物时,安全部经理立即赶到现场。

(4) 安全部经理和相关部门经理及时沟通,详细询问报案宾客整个财物的丢失过程。

(5) 根据案情及客人要求,如需要报公安机关立案侦查,应向总经理请示后及时报案。

(6) 安全部经理协助宾客向公安机关报案。

(7) 公安人员到店后,安全部经理协助开展工作。

(8) 安全部经理将案情经过以书面形式上报总经理。

12. 发现可疑人员的处理

(1) 发现可疑人员或接到有关部门人员报告后,安全部主管应立即赶到现场,将可疑人员带至安全部,防止其逃跑或损坏物品。

(2) 问清可疑人员的身份。

(3) 查清可疑人员来酒店的目的。

(4) 询问可疑人员去过什么地方,同什么人接触过,并核实相关人员是否属实。

(5) 要求可疑人员拿出随身携带的物品配合检查。

(6) 经审查无可疑后进行教育,让其立即离开。

(7) 若发现情况严重,安全部主管立即向安全部经理报告,安全部经理请示总经理是否向公安机关报案。

(8) 将整个事情经过记录备案。

同步训练

一、单选题

1. 以前,大中型酒店安全部一般下设 3 个小组,即警卫组、消防组和内保组。警卫组下设警卫、巡逻、门卫等岗位。现在大多数酒店安全部往往不分设若干组,而是分部门经理和(   )两级管理。

  A. 主管   B. 总经理   C. 主管   D. 人事关系部主任

2. 烟、温感报警系统的测试由消防工作归口管理部门负责组织实施,安全部参加,每个烟、温感探头至少每(   )轮测一次。

  A. 两年   B. 一年   C. 半年   D. 三个月

3. 动火作业前应清除动火点附近(   )米区域范围内的易燃易爆危险物品或做适当的安全隔离。

  A. 3   B. 5   C. 8   D. 10

4. 对于酒店而言,(   )是宾客对酒店产品的第一需求。

  A. 清洁   B. 舒适   C. 方便   D. 安全

5. (   )负责对保安的培训、工作检查、评估、奖惩。

  A. 安全部经理 B. 总经理   C. 安全部主管 D. 大堂副理

6. 酒店在(   ),在安全管理方面,酒店使用了带把手的门锁,设置了专门的安全管理机构——安全部,开启了酒店安全管理的新纪元。

  A. 客栈时期   B. 大饭店时期
  C. 商业饭店时期   D. 饭店跨界集成时期

7. 酒店安全管理工作集综合性、专业性、全员性于一体,具体的工作内容涉及酒店的每个部门、每个工作岗位与每位员工。这体现了酒店安全管理的(　　)特征。

  A. 复杂性   B. 持久性   C. 广泛性   D. 依法性

8. 酒店安全委员会是酒店安全管理工作的领导决策机构和群众性组织,其主要目的是在(　　)的领导下,依靠群众做好酒店安全保卫工作。

  A. 安全部经理   B. 总经理   C. 安全部主管   D. 大堂经理

9. 每年在冬防、夏防期间定期(　　)对灭火器进行普查换药。

  A. 一次   B. 两次   C. 三次   D. 四次

10. (　　)负责上级机关、酒店重要文件、报告、报表、会议决议等资料的登记、收集、整理、分类存档工作。

  A. 安全部主管   B. 安全部经理   C. 安全部保安   D. 安全部文员

二、判断题

1. 丢失一般财物时,安全部主管协同相关人员进行现场调查,并将调查结果向总经理汇报。(　　)

2. 在酒店发生抢劫事件时,应拒不答应犯罪分子的要求,以免犯罪分子得寸进尺。(　　)

3. 在酒店发生火灾时,若险情严重,即使未办理动火许可证也可以动火作业。(　　)

4. 消防水泵、喷淋水泵、水幕水泵每月试开泵一次,检查其是否完整好用。(　　)

5. 义务消防队应按照灭火和应急疏散预案每半年进行一次演练,并结合实际不断完善预案。(　　)

6. 发生电梯故障困人事件时,应立即通知电梯维保厂家技术人员 6 分钟之内赶到现场处理。(　　)

7. 使用灭火器时,应将软管对准火焰根部进行扑灭。(　　)

8. 防雷、防静电设施定期检查、检测,每季度至少检查一次,每年至少检测 3 次并记录。(　　)

9. 易燃易爆库存物品应当分类、分垛储存,每垛占地面积不宜大于 100 m²,垛与垛之间不小于 1 m,垛与墙间距不小于 0.5 m,垛与梁、柱的间距不小于 0.5 m,主要通道的宽度不小于 2 m。(　　)

10. 只要还没发生事故,我们就可以随意拉扯电线,超负荷用电。(　　)

三、思考题

1. 酒店安全管理的特征。
2. 酒店安全的历史和现状分析。

模块 2 酒店安全设施设备

知识目标
- 了解酒店安全设施设备的类型。
- 掌握酒店火灾报警、灭火疏散设施设备的工作原理。
- 掌握酒店钥匙的类型和使用规范。
- 掌握酒店视频监控系统的工作原理。
- 掌握酒店贵重物品保险箱的设置要求和使用规范。

能力目标
- 能够熟练使用酒店消防设施设备和治安设施设备。
- 能够根据酒店安全突发事件的不同类型,正确选择使用相应的酒店安全设施设备。

现代酒店大都具有规模大、投资多、楼层高、布局复杂、设施设备豪华、服务项目齐全、人员多而且流动频繁等特点。特别是酒店内的歌舞厅、酒吧等娱乐场所,更是人员密集之处。一旦发生火灾,疏散难、扑救难,损失严重,后果不堪设想。合理的消防设计布局和先进的酒店安全设施设备是酒店安全管理的基础。

专题 1 消防设施设备

酒店的消防工作应从设计建造时就开始。消防通道应设在主建筑物的外面,万一火灾发生便于人员疏散。消防管道、消火栓、喷淋器、报警器、灭火器等设施设备要布局合理,火灾发生时便于操作。酒店消防设施设备主要包括火灾报警设施设备、消防控制设施设备、防排烟设施设备和灭火疏散设施设备等,安装时要考虑到使用、操作及检查、维修、保养的方便。

1.1 火灾报警设施设备

火灾自动报警系统是由触发装置、火灾报警装置,以及具有其他辅助功能的装置组成的。它能在火灾初期,将燃烧产生的烟雾、热量、火焰等信息,通过火灾探测器变成电信号,传输到火灾报警控制器,并同时显示出火灾发生的部位、时间等,使人们能够及时发现火灾,并及时采取有效措施,扑灭初期火灾,最大限度地减少生命和财产的损失。酒店火灾报警设施设备由自动报警设备和手动报警设备组成:自动报警设备主要包括感烟式火灾探测器和感温式火灾探测器;手动报警设备主要包括手动报警器和消防报警电话。

1.1.1 自动报警设备

1. 感烟式火灾探测器

火灾的起火过程一般情况下伴有烟、热、光3种燃烧产物。在火灾初期,由于温度较低,物质多处于阴燃阶段,所以产生大量烟雾。烟雾是早期火灾的重要特征之一,感烟式火灾探测器(见图2.1)就是利用这种特征而开发的,能够对可见的或不可见的烟雾粒子响应的火灾探测器。它是将探测部位烟雾浓度的变化转化为电信号实现报警目的的一种器件。在类型上可以分为离子感烟式、光电感烟式、红外光束感烟式3种。

图2.1 感烟式火灾探测器

相关链接

感烟式火灾探测器的种类

离子感烟式火灾探测器是火灾自动报警系统中的一个关键部件,可以在火灾最初发生烟雾阶段发出早期报警,其工作原理是采用离子室为烟雾物理形态的第一探测器件。当无烟雾发生时探测器处于值班状态,离子室保持一个平衡的离子流,其基准输出点保持一个相对稳定的电位。而当有烟雾发生时,离子室的离子流随烟雾的大小而发生相应的变化,其基准输出点的电位也随之发生变化。这样,离子室就将烟雾的物理量的变化转化成一个电量的变化,当离子室基准点电位的变化大于报警设定时,该探测器即认为是火灾前兆,在点亮报警指示灯的同时,输出一个报警信号到探测主控系统,当主控系统采样到该报警信号并确认后,即刻向值班人员发出火灾预警。

光电感烟式火灾探测器也是点型探测器,它是利用起火时产生的烟雾能够改变光的传播特性这一基本性质而研制的。根据烟粒子对光线的吸收和散射作用,光电感烟式火灾探测器又分为遮光型和散光型两种。一般的点型光电感烟式火灾探测器属于散光型,线型光束探测器是遮光型的。光电感烟式火灾探测器的工作原理是——感光电极处于激光照射下发生电信号,当火灾烟雾遮蔽激光时,电极失电,发出报警信号。点型光电感烟式火灾探测器的红外发光元件与光敏元件(光子接收元件)在其探测室内的设置通常是偏置设计。二者之间的距离一般在20~25 mm。在正常无烟的监视状态下,光敏元件接收不到任何光,包括红外发光元件发出的光。在烟粒子进入探测室内时,红外发光元件发出的光则被烟粒子散射或反射到光敏元件上,并在收到充足光信号时,便发出火灾报警,这种火灾探测方法通常被称作烟散射光法。点型光电感烟式火灾探测器通常不采用烟减光原理工作。因为无烟和火灾情况之间的典型差别仅有0.09%变化,这种小的变化会使探测器极易受到外部环境的不利影响。线型光束感烟式火灾探测器通常是由分开安装的、经调准的红外发光器和收光器配对组成的;其工作原理是利用红外收光器接收到的红外发光器发射的光束光量来判断是否发生火灾,这种火灾探测方法通常被称作烟减光法。

红外光束感烟式火灾探测器是探测器的一种,采用 UV 185~260 nm 火焰窄光谱信号轨对轨采集/全脉冲分析技术设计,避免了传统探测器的易受干扰的弱点。采用斜率递增信号检测技术对探测环境进行监测,提高了探测器的稳定性及持续使用性,保证了探测器在尽量降低误报的同时,快速完成火焰识别检测火情的能力。通过CPU对探测管监控,延长了探测管的使用寿命。

2. 感温式火灾探测器

感温式火灾探测器(简称温感器)(见图2.2)主要是利用热敏元件来探测火灾的。在火灾初始阶段,一方面有大量烟雾产生,另一方面物质在燃烧过程中释放出大量的热量,周围环境温度急剧上升。探测器中的热敏元件发生物理变化,响应异常温度、温度速率、温差,从而将温度信号转变成电信号,并进行报警处理。感温式火灾探测器一般由感温元件、电路与报警器三大部分组成。以感温元件不同分为定温式、差温式、差定温式3种类型,感温面积一般为30~40 m²。

图2.2 感温式火灾探测器

相关链接

感温式火灾探测器的种类

定温式火灾探测器是在规定时间内,火灾引起的温度上升超过某个定值时启动报警的火灾探测器。它有点型和线型两种结构形式。线型结构的温度敏感元件呈线状分布,所监视的区域是一条线带,当监测区域中某局部环境温度上升达到规定值时,可熔的绝缘物熔化使感温电缆中两条导线短路,或采用特殊的具有负温度系数的绝缘物质制成的可复用感温电缆产生明显的阻值变化,从而产生火灾报警信号。点型结构是利用双金属片、易熔金属、热电偶、热敏半导体电阻等元件,在规定的温度值产生火灾报警信号。

差温式火灾探测器是在规定时间内,火灾引起的温度上升速率超过某个规定值时启动报警的火灾探测器。它也有线型和点型两种结构。线型结构差温式火灾探测器是根据广泛的热效应而动作的,主要的感温元件有按面积大小蛇形连续布置的空气管、分布式连接的热电偶以及分布式连接的热敏电阻等。点型结构差温式火灾探测器是根据局部的热效应而动作的,主要感温元件有空气膜盒、热敏半导体电阻元件等。消防工程中常用的差温式火灾探测器多是点型结构,差温元件多采用空气膜盒和热敏电阻。当火灾发生时,建筑物室内局部温度将以超过常温数倍的异常速率升高,膜盒型差温式火灾探测器就是利用这种异常速率产生感应并输出火灾报警信号。它的感热外罩与底座形成密闭的气室,只有一个很小的泄漏孔能与大气相通。当环境温度缓慢变化时,气室内外的空气可通过泄漏孔进行调节,使内外压力保持平衡。如遇火灾发生,环境温升速率很快,气室内空气由于急剧受热膨胀来不及从泄漏孔外逸,致使气室内空气压力增高,将波纹片鼓起与中心接线柱相碰,于是接通了电触点,便发出火灾报警信号。这种探测器具有灵敏度高、可靠性好、不受气候变化影响的特性,因而应用十分广泛。

差定温式火灾探测器结合了定温式和差温式两种感温作用原理并将两种探测器结构组合在一起。在消防工程中,常见的差定温式火灾探测器是将差温式、定温式两种感温火灾探测器组装结合在一起,兼有两者的功能,若其中某一功能失效,则另一种功能仍然起作用。因此,这大大提高了火灾监测的可靠性。差定温式火灾探测器一般多是膜盒式或热敏半导体电阻式等点型结构的组合式火灾探测器。差定温式火灾探测器按其工作原理,还可分为机械式和电子式两种。

1.1.2 手动报警设备

1. 手动报警器

手动报警器也称手动报警按钮(见图2.3),是火灾报警系统中的一个设备类型,是手动触发装置。它具有在应急情况下人工手动通报火警或确认火警的功能。

当人们发现火灾后,可通过装于走廊、楼梯口等处的手动报警器进行人工报警。手动报警器为装于金属盒内的按键,一般将金属盒嵌入墙内,外露红色外框的保护罩。人工确认火灾后,敲破保护罩,将键按下,将报警信号送到区域报警器,发出火灾警报。像探测器一样,手动报警器也在系统中占有一个部位号。有的手动报警器还具有动作指示、接受返回信号等功能。手动报警器比探测器报警紧急,一般不需要确认。所以手动报警器更可靠、更确切,处理火灾速度更快。

图2.3 手动报警器

2. 消防电话分机

消防电话分机(见图2.4)是消防火灾报警电话系统中重要的组成部分。通过消防电话分机可迅速实现对火灾的人工确认,并可及时掌握火灾现场情况,便于指挥灭火工作。消防电话分机采用专用电话芯片,工作可靠,通话清晰,使用方便灵活。

消防电话分机按电话分机的安装可分为固定式和手提式:固定式消防电话分机是安装在墙上的;手提式消防电话分机是整个工作环境的工作人员,如一栋大楼的巡查人员等佩带在身上,发现火灾的时候,通过手动火灾报警器上的电话插孔或消防电话系统中本身的电话插孔与消防监控室里面的消防电话主机进行对话。消防电话分机按线式可以分为总线式消防电话分机和二线式消防电话分机。

图2.4 消防电话分机

1.2 消防控制设施设备

酒店消防控制设施设备主要包括火灾报警控制器和消防联动控制器。火灾报警控制器是在火灾自动报警系统中,用以接收、显示和传递火灾报警信号,发出控制信号并具有其他辅助功能的控制指示设备。火灾报警控制器为火灾探测器提供稳定的工作电源,监视探测器及系统自身的工作状态,接收、转换、处理火灾探测器输出的报警信号,指示报警的具体部位及时间,进行声光报警,是联动报警系统的核心。消防联动控制器能够同时启动自动灭火系统的控制装置,室内消火栓系统的控制装置,防烟排烟系统及空调通风系统的控制装置,常开防火门、防火卷帘的控制装置,电梯回降控制装置,以及火灾应急广播、火灾警报装置、消防通信设备、火灾应急照明与疏散指示标志的控制装置等部分或全部联动的消防设备。

1.2.1 火灾报警控制器

火灾报警控制器(见图2.5)是火灾自动报警系统的心脏,可向探测器供电,具有下述功能:第一,用来接收火灾信号并启动火灾报警装置,该设备也可用来指示着火部位和记录有关信息;第二,能通过火警发送装置启动火灾报警信号或通过自动消防灭火控制装置启动自动灭火设备和消防联动控制设备;第三,自动监视系统的正确运行和对特定故障给出声光报警。

火灾报警控制器按监控区域可分为区域型和集中型。区域报警控制器是负责对一个报警区域进行火灾监测的自动工作装置。一个报警区域包括多个探测区域(或称探测部位)。一个探测区域可有一个或几个探测器进行火灾监测,同一个探测区域的若干个探测器是互相并联的,共同占用一个部位编号,同一个探测区域允许并联的探测器数量视产品型号不同而有所不同,少则五六个,多则二三十个。火灾报警控制器按结构形式可分为壁挂式、琴台式和柜式3种。

图2.5 火灾报警控制器

相关链接

区域报警控制器

一台区域报警控制器的容量(即其所能监测的部位数)也视产品型号不同而不同,一般为几十个部位。区域报警控制器平时巡回检测该报警区内各个部位探测器的工作状态,发现火灾信号或故障信号,及时发出声光报警信号。如果是火灾信号,在声光报警的同时,有些区域报警控制器还有联动继电器触点动作,启动某些消防设备的功能。这些消防设备有排烟机、防火门、防火卷帘等。如果是故障信号,则只是声光报警,不联动消防设备。区域报警控制器接收到来自探测器的报警信号后,在本机发出声光报警的同时,还将报警信号传送给位于消防监控室内的集中报警控制器。自检按钮用于检查各路报警线路故障(短路或开路),发出模拟火灾信号检查探测器功能及线路情况是否完好。当有故障时便发出故障报警信号(只进行声光报警,而记忆单元和联动单元不动作)。

信号选择单元又称为信号识别单元。火灾信号的电平幅度值高于故障信号的电平幅度值,可以触发导通门级输入管(而低幅度的故障信号则不会使输入管导通),使继电器动作,切断故障声光报警电路,进行火灾声光报警,时钟停走,记下首次火警时间,同时经过继电器触点,联动其他报警或消防设备。电源输入电压220 V,交流频率50 Hz,内部稳压电源输出24 V直流电压供给探测器使用。

1.2.2 消防联动控制器

消防联动控制器包括火灾报警装置、火警电话、火灾应急照明、火灾事故广播、电梯、联动控制装置、固定灭火系统控制装置、防火门关闭指令装置、安全出入口开锁指令装置、排烟指令装置等部分。通过消防控制设备,可对整个酒店从发现火灾到灭火结束的一系列紧急措施进行操作和指挥。

上述火灾报警控制器和消防联动控制器这两种消防控制设备联合工作一般具有以下功能:

(1) 接受报警。在附有酒店建筑各层平面图的盘面上标示着各探测器和自动灭火设备的动作情况。一旦酒店某部位发生火灾,消防中心的值班人员即可察觉失火的部位、火灾范围及其蔓延趋势。

（2）发出警报。在接到报警后，中心人员可通过电话与各楼层服务点取得联系核实火情。通过广播系统分别向各区域发出命令，如通知着火区域进行疏散，指示失火近邻区不必慌乱等。通过启动声光报警信号向酒店进行报警。

（3）控制电气设备。在酒店发生火灾时，消防监控室的主要设备应能对店内的电气设备进行控制，如切断火灾范围内的电路、停止客运电梯的运行、关闭空调设备、接通事故照明电源、关闭防火卷帘、开启排烟系统、打开安全出入口门禁等。

消防联动控制系统示意如图2.6所示。

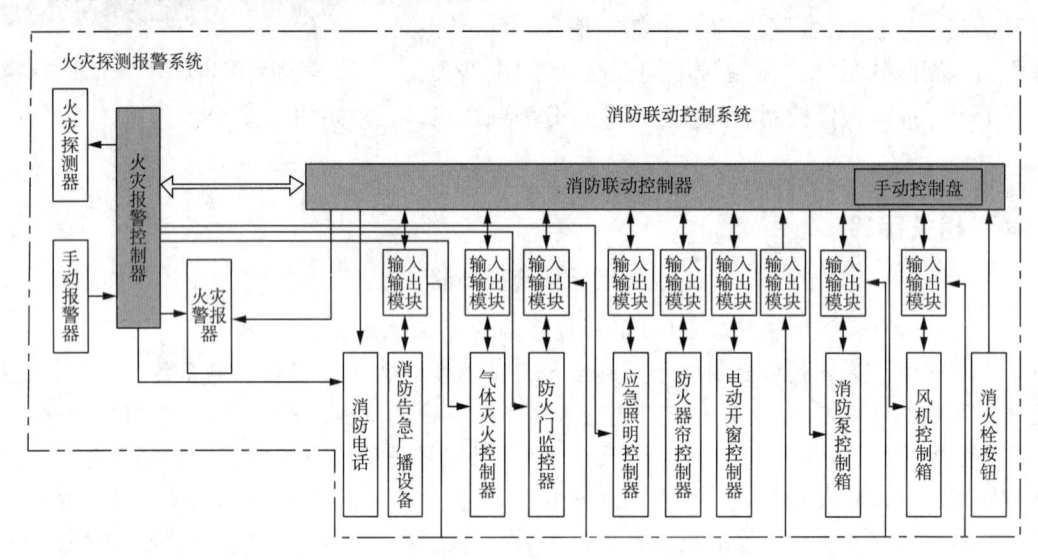

图2.6 消防联动控制系统示意

1.3 防排烟设施设备

在扑救高层酒店初期火灾时，为了提高视距、降低烟气毒性、防止烟气扩散而采取的防排烟手段，是保证人员生命财产安全、提高灭火成功率的必要措施，因此酒店的防排烟设施设备配备必不可少。酒店防排烟设施设备包括防烟设施设备和排烟设施设备：防烟设施设备主要包括消防电梯、防火门、防火卷帘等；排烟设施设备包括自然排烟、机械排烟和正压送风等。

1.3.1 防烟设施设备

1. 消防电梯

消防电梯（见图2.7）是在建筑物发生火灾时供消防人员进行灭火与救援使用且具有一定防烟功能的电梯。因此，消防电梯具有较高的防火要求，其防火设计十分重要。

消防电梯通常都具有完善的消防功能：具有双电源，即万一建筑物工作电梯电源中断时，消防电梯的非常电源能自动投合，可以继续运行；它应当具有紧急控制功能，即当楼上发生火灾时，它可接受指令，及时返回首层，而不再继续接纳乘客，只可供消防人员使用；它应当在轿厢顶部预留一个紧急疏散出口，万一电梯的开门机构失灵时，也可由此处疏散逃生。对于高层民用

图2.7 消防电梯

建筑的主体部分,楼层面积不超过 1 500 m² 时,应设置一台消防电梯;超过 1 500 m²,不足 4 500 m² 时,应设置两台消防电梯;每层面积超过 4 500 m² 时,应设置 3 台消防电梯。消防电梯的竖井应当单独设置,不得有其他的电气管道、水管、气管或通风管道通过。消防电梯应当设有前室,前室应设有防火门,使其具有防火防烟功能。消防电梯的载重量不宜小于 800 kg,轿厢的平面尺寸不宜小于 2 m×1.5 m,其作用在于能搬运较大型的消防器具和放置救生的担架等。消防电梯内的装修材料必须是非燃建材。消防电梯动力与控制电线应采取防水措施,消防电梯的门口应设有漫坡防水措施。消防电梯轿厢内应设有专用电话,在首层还应设有专用的操纵按钮。如果在这些方面功能都能达标,那么万一建筑内发生火灾,消防电梯就可以用于消防救生。如果不具备这些条件,普通电梯则不可用于消防救生,着火时搭乘电梯将有生命危险。

相关链接

消防电梯与普通电梯的区别

1. 消防电梯一般在火灾情况下能正常运行,而普通电梯则没有太多的要求。

2. 消防电梯必须是双电源引入到端部的配电箱体内,消防电梯在其他电源切断时,仍能利用消防专用电源运行。消防电梯比普通电梯多一路消防电源,在发生火灾时,由消防电源供电,供消防队员救火和楼内人员逃生使用。

3. 消防电梯内应设专用操纵按钮,即在火灾报警探头发出报警信号,延时 30 s 确认是火灾后,其他电梯全部降到首层,只有按专用按钮才可运行。消防电梯自首层到顶层运行时间不能大于 60 s。

4. 消防电梯井底有排水设施。消防电梯井底还设置集水坑,容积不小于 2 m³,潜水排污泵流量不小于 10 L/s,这是普通电梯所没有的。

5. 消防电梯内还设专用的消防电话。

2. 防火门

防火门(见图 2.8)是指在一定时间内能满足耐火稳定性、完整性和隔热性要求的门。它是设在防火分区、疏散楼梯间、垂直竖井等具有一定耐火性的防火分隔物。防火门除具有普通门的作用外,更具有阻止火势蔓延和烟气扩散的作用,可在一定时间内阻止火势的蔓延,确保人员疏散。防火门是消防设备中的重要组成部分,是社会防火中的重要一环。防火门应安装防火门闭门器或设置让常开防火门在火灾发生时能自动关闭门扇的闭门装置(特殊部位使用除外,如管道井门等)。也就是说除了一些特殊的部位,如管道井门这些不需要安装防火门闭门器外,其他部位都需要安装防火门闭门器。

图 2.8 防火门

防火门按开启状态分为常闭防火门和常开防火门。常闭防火门一般由防火门扇、门框、闭门器和密封条等组成,双扇或多扇常闭防火门还装有顺序器。经常有人通行的防火门宜采用常开防火门。疏散走道在防火分区处应设置常开甲级防火门。常开防火门在火灾时自行关闭,并具有信号反馈的功能。其他部位的防火门均应采用常闭防火门。除管井检修门和住宅的入户门外,防火门应具有自行关闭功能。

防火门根据耐火时间可以分为甲级防火门、乙级防火门和丙级防火门。甲级防火门的耐火时间为1.5 h,乙级防火门的耐火时间为1 h,丙级防火门的耐火时间为0.5 h。不同等级的防火门一般设在以下部位:

(1)防火分区和防火隔墙上的门采用甲级防火门。当建筑物设置防火墙或防火门有困难时,要用防火卷帘代替,同时须用水幕保护。

(2)封闭疏散楼梯,通向走道;封闭电梯间,通向前室及前室通向走道的门采用乙级防火门。

(3)电缆井、管道井、排烟道、垃圾道等竖向管道井的检查门采用丙级防火门。

(4)重要设备间需要设置防火门,以保护设备安全:变配电室采用甲级防火门、通风空气调节机房采用甲级防火门、消防水泵房采用甲级防火门、电梯机房采用甲级防火门、发电机房采用甲级防火门、储油间采用甲级防火门、消防监控室采用乙级防火门、灭火设备室采用乙级防火门。

3. 防火卷帘

防火卷帘(见图2.9)是在一定时间内,连同框架能满足耐火稳定性和完整性要求的卷帘,由帘板、卷轴、电动机、导轨、支架、防护罩和控制机构等组成。防火卷帘主要用于需要进行防火分隔的墙体,特别是防火墙上因生产、使用等需要开设较大开口而又无法设置防火门时的防火分隔。

防火卷帘帘面通过传动装置和控制系统达到卷帘的升降,起到防火、隔火作用,产品外形平整美观、造型新颖,具有刚性强的特点。防火卷帘是一种活动的防火分隔物,一般用钢板等金属板材制作,以扣环或铰接的方法组成,平时卷起在门窗上口的转轴箱中,起火时将其放下展开,用以阻止火势从门窗洞口蔓延。

图2.9 防火卷帘

防火卷帘是现代化建筑防火的必备设施,已列入国家建筑及其他建筑设计防火规范,主要类型有垂直钢质防火卷帘、侧向钢质防火卷帘、平卧钢质防火卷帘。广泛用于高级宾馆、饭店、图书馆、影剧院、大型商场、车站、地下工程及工厂厂房、仓库、车库等建筑。防火卷帘按帘板形式分为:普通型和复合型。普通型有防火、防烟、防风、防雨、防盗等多种功能。复合型功能与普通型相同,但复合型不需加水幕保护,这对干旱缺水及忌水场所尤其适用。

1.3.2 排烟设施设备

1. 自然排烟

自然排烟是利用热烟气产生的浮力、热压或其他自然作用力使烟气排出室外。自然排烟是利用外窗、阳台、凹廊或专用排烟口、竖井等将烟气排走或稀释烟气的浓度。着火区排烟的目的是将火灾发生的烟气(包括空气受热膨胀的体积)排到室外,降低着火区的压力,不使烟气流向非着火区,同时也排走燃烧产生的热量,以利于着火区的人员疏散及救火人员的扑救。自然排烟不需电源和风机设备,可兼作平时通风用,避免设备的闲置,设施简单,投资少,日常维护工作少,操作容易。但是它也有缺陷,例如:当开口部位在迎风面时,不仅降低排烟效果,有时还可能使烟气流向其他房间。虽然如此,在符合条件时宜优先采用。

自然排烟有两种方式:利用外窗或专设的排烟口排烟;利用竖井排烟。其原理如图2.10所示。利用可开启的外窗进行排烟,外窗不能开启或无外窗时专设排烟口进行自然排烟。利用竖井排烟,即利用专设的竖井,即相当于专设一个烟囱。各层房间设排烟风口与之相连接,当某层起火有烟时,排烟风口自动或人工打开,热烟气即可通过竖井排到室外。这种排烟方式实质上是利用烟囱效应的原理。在竖井的排出口设避风风帽,还可以利用风压的作用。但是由于烟囱效应产生的热压很小,而排烟量又大,因此需要竖井的截面和排烟风口的面积都很大,因此我国并不推荐使用这种排烟方式。

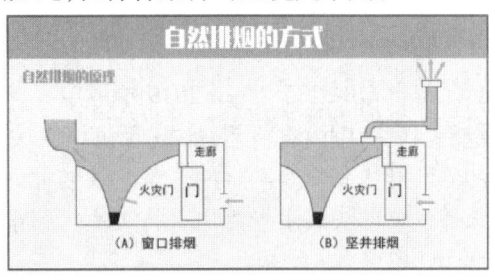

图2.10 自然排烟原理

2. 机械排烟

机械排烟是利用排烟机把着火房间中所产生的烟气和热量通过排烟口排至室外,同时在着火区形成负压,防止烟气向其他区域蔓延。着火区排烟的目的是将火灾发生的烟气(包括空气受热膨胀的体积)排到室外,降低着火区的压力,不使烟气流向非着火区,同时也排走燃烧产生的热量,以利于着火区的人员疏散及救火人员的扑救。机械排烟不受外界条件(如内外温差、风力、风向、建筑特点、着火区位置等)的影响,能保证稳定的排烟量。当然机械排烟的设施费用高,需要经常保养维修,否则有可能在使用时因故障而无法启动。

机械排烟方式可以分为局部排烟和集中排烟:局部排烟是在每个需要排烟的部位设置独立的排烟风机直接进行排烟;集中排烟是将建筑物划分为若干个区,在每个区内设置排烟风机,通过排烟风机排烟。

机械排烟原理如图2.11所示。

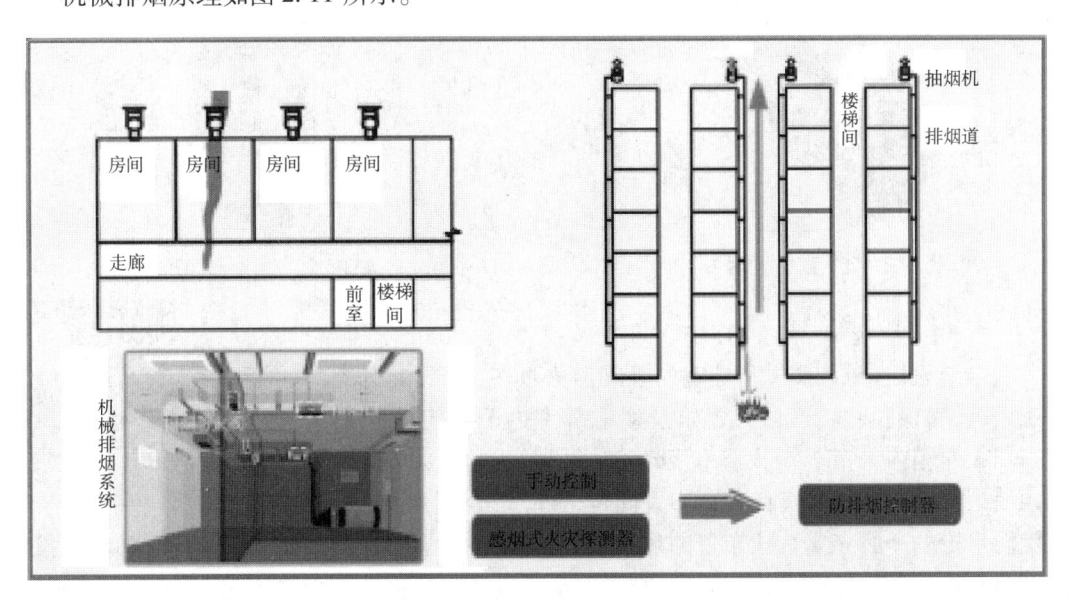

图2.11 机械排烟原理

1.4 灭火疏散设施设备

1.4.1 消防喷淋头

根据 GB 5135.1——2019 中的定义,洒水喷头是指在热的作用下,在预定的温度范围内自行启动,或者根据火灾信号由控制设备启动,并按设计的洒水形状和流量洒水的一种喷水装置。洒水喷头用于自动喷水灭火系统,当发生火灾时,水通过喷淋头溅水盘洒出进行灭火。目前分为下垂型喷头、直立型喷头、普通型喷头、边墙型喷头等。

下垂型喷头(见图2.12)是使用最广泛的一种喷头,下垂安装于供水支管上,洒水的形状为抛物体型,将总水量的 80% ~ 100% 喷向地面。保护有吊顶的房间,在吊顶下方布置喷头,应采用下垂型喷头(或吊顶型喷头)。

直立型喷头(见图2.13)直立安装在供水支管上,洒水形状为抛物体型,将总水量的 80% ~ 100% 向下喷洒,同时还有一部分喷向吊顶,适宜安装在移动物较多、易发生撞击的场所,如仓库,还可以暗装在房间吊顶夹层中的屋顶处以保护易燃物较多的吊顶顶棚。不做吊顶的场所,当配水支管布置在梁下时,应采用直立型喷头;易受碰撞的部位,应采用带保护罩喷头或下垂型喷头。

边墙型喷头(见图2.14)靠墙安装,适宜在空间布管较难的场所安装,主要用于办公室、门厅、休息室、走廊、客房等建筑物的轻危险部位。顶板为水平面的轻危险级、中危险级 I 级居室和办公室,可采用边墙型喷头。

图 2.12 下垂型喷头

图 2.13 直立型喷头

图 2.14 边墙型喷头

1.4.2 室内消火栓

室内消火栓(见图2.15)是室内管网向火场供水的,带有阀门的接口,是工厂、仓库、高层建筑、公共建筑及船舶等室内的固定消防设施,通常安装在消火栓箱内。室内消火栓包括卷盘、水带、水枪、接口和启泵按钮等。室内消火栓宜按直线距离计算其布置间距,并应符合下列规定:消火栓按 2 支消防水枪的 2 股充实水柱布置的建筑物,消火栓的布置间距不应大于 30.0 m;消火栓按 1 支消防水枪的 1 股充实水柱布置的建筑物,消火栓的布置间距不应大于 50.0 m。

(1)消火栓箱。消火栓的启闭阀门设置位置应便于操作使用,阀门的中心距箱侧面应为140 mm，距箱后内表面应为100 mm，允许偏差±5 mm；室内消火栓箱的安装应平正、牢固，暗装的消火栓箱不应破坏隔墙的耐火性能；箱体安装的垂直度允许偏差为±3 mm；消火栓箱门的开启不应小于120°；安装消火栓水龙带，水龙带与消防水枪和快速接头绑扎好后，应根据箱内构造将水龙带放置；双向开门消火栓箱应有耐火等级，应符合设计要求，当设计没有要求时应至少满足1h耐火极限的要求；消火栓箱门上应用红色字体注明"消火栓"字样。

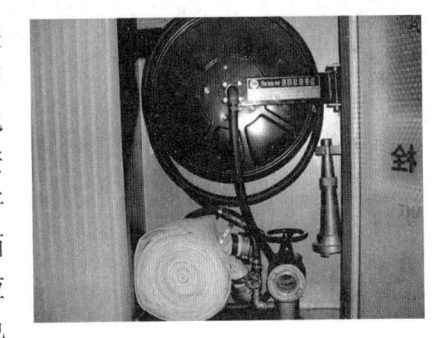

图2.15 室内消火栓

（2）消防水枪。室内消火栓宜配置当量喷嘴直径16 mm或19 mm的消防水枪，但当消火栓设计流量为2.5 L/s时宜配置当量喷嘴直径11 mm或13 mm的消防水枪；室内消火栓的布置应满足同一平面有2支消防水枪的2股充实水柱同时达到任何部位的要求，但建筑高度小于或等于24.0 m且体积小于或等于5 000 m³的多层仓库、建筑高度小于或等于54 m且每单元设置1部疏散楼梯的住宅，以及规范中规定可采用1支消防水枪的场所，可采用1支消防水枪的1股充实水柱到达室内任何部位。

（3）消火栓栓口。同一建筑物内设置的消火栓、消防软管卷盘和轻便水龙应采用统一规格的栓口；试验用消火栓栓口处应设置压力表；当消火栓设置减压装置时，应检查减压装置是否符合设计要求，且安装时应有防止砂石等杂物进入栓口的措施；消火栓栓口出水方向宜向下或与设置消火栓的墙面成90°角，栓口不应安装在门轴侧；消火栓栓口中心距地面应为1.1 m，特殊地点的高度可特殊对待，允许偏差±20 mm。

发生火灾时，应迅速打开消火栓箱门，紧急时可将玻璃门击碎。按下箱内控制按钮，启动消防水泵。取出水枪，拉出水带，同时把水带接口一端与消火栓接口连接，另一端与水枪连接，在地面上拉直水带，把室内栓手轮顺开启方向旋开，同时双手紧握水枪，喷水灭火。灭火完毕后，关闭室内栓及所有阀门，将水带冲洗干净，置于阴凉干燥处晾干后，按原水带安置方式置于栓箱内。将已破碎的控制按钮玻璃清理干净，换上同等规格的玻璃片。检查栓箱内所配置的消防器材是否齐全、完好，如有损坏应及时修复或配齐。

微课

1.4.3 灭火器

灭火器（见图2.16）是一种便携式灭火工具。灭火器是常见的灭火设备，存放在公众场所或可能发生火灾的地方，不同种类的灭火器内装填的成分不一样，可以扑灭不同类型的火灾。酒店常用灭火器的类型主要为干粉灭火器。

干粉灭火器按灭火剂分为ABC类（磷酸铵盐）和BC类（碳酸氢钠）两种，酒店常用ABC干粉灭火器。ABC干粉灭火器可以扑救A、B、C类火灾，但不能扑救D类火灾。A类火灾是指普通固体可燃物燃烧引起的火灾，如木材及其制品；B类火灾是指油脂及一切可燃液体燃烧引起的火灾，如原油、汽油；C类火灾是指可燃气体燃烧引起的火灾，如天然气；D类火灾是指金属燃烧引起的火灾，如钾、钠、镁。

干粉灭火器的使用方法：①从灭火器箱取出灭火器；②检查压力

图2.16 灭火器

表压力是否充足;③上下摆动干粉灭火器,将手指套入安全环用力拔掉保险销;④在距离火源 2~3 m 的地方,用一只手握住软管对准火源的根部,另一只手下压手柄开始喷射,直到火焰熄灭。

> **相关链接**
>
> ### 灭火器的起源
>
> 世界第一支灭火器诞生在 1834 年,伦敦,一场大火几乎完全烧毁了英国议会大厦所在地古老的威斯敏斯特官。在众多的观火者当中,有一位却不是无所事事赶来看火景的人,他就是乔治·威廉·曼比。曼比出生在诺福克,青年从军,官至上尉,任雅茅斯兵营的长官,这一闲职使他能够有时间致力于强烈吸引着他的拯救人类生命的事业。早先,他热衷于船难救助,他发明过裤形救生圈,也是第一个提出用灯塔闪射识别信号的人。以后,曼比把他的天才从海洋救助转向火灾救生事业中。发生火灾的时候,他正在进行防火服的实验。他最卓越的首创性的贡献是他发明了手提式压缩气体灭火器,这种灭火器是一个长 2 tf(约 60.96 cm),直径 8 in(约 20.32 cm),容量为 4 gal(约 18.18L)的铜制圆筒,和今天的灭火器基本相同。他把灭火器放在他专门设计特制的手推车里,他希望有配备这种灭火器的巡逻队,在起火地点立刻扑灭初起的小火,从而减少爆发重大火灾的次数。

1.4.4 灭火毯

灭火毯(见图 2.17)又称消防被、灭火被、防火毯、消防毯、阻燃毯、逃生毯,是由玻璃纤维等材料经过特殊处理编织而成的织物,能起到隔离热源及火焰的作用,可用于扑灭油锅火或披覆在身上逃生。灭火毯是一种质地非常柔软的消防器具,在火灾初始阶段,能以最快速度隔氧灭火,控制灾情蔓延。灭火毯还可以作为逃生使用的防护物品,只要将毯子裹于全身即可,由于毯子本身具有防火、隔热的特性,在逃生过程中,人的身体能够得到很好的保护。

灭火毯由纤维状隔热耐火材料耐火纤维制成。耐火纤维具有一般纤维的特性,如柔软、有弹性、有一定的抗拉强度,可以进一步把它加工成各种纸、线、绳、带、毯和毡等制品;又具有一般纤维所没有的耐高温、耐腐蚀性能。作为耐火隔热材料,其已被广泛应用于冶金、化工、机械、建材、造船、航空、航天等工业部门。

图 2.17 灭火毯

1.4.5 应急照明灯

应急照明灯、标志灯,统称消防应急照明灯具,是防火安全措施中要求的一种重要产品。出现紧急情况,如地震、失火或电路故障引起电源突然中断,所有光源都已停止工作,此时它必须立即提供可靠的照明,并指示人流疏散的方向和紧急出口的位置,以确保滞留在黑暗中的人们顺利地撤离。由此可见,应急照明灯是一种在紧急情况下保持照明和引导疏散的光源。

应急照明灯(见图 2.18)由光源、光源驱动器、整流器、逆变器、电池组、标志灯壳等几部分组成。平时,市电 220V 通过光源驱动器,驱动光源正常照明,同时通过整流器对电池组进行电能补充,即使在下班后关断照明的情况下,整流器仍然工作在充电状态,以便使电池组始终处于饱满的战备状态。当遇到紧急情况,市电突然停止时,逆变器将自动启动逆变电路,把电池组的低压电能转换为高压电能,驱动光源继续照明。

应急照明灯适用于影剧院、商场、宾馆、银行、医院、公寓、人防工程、地下设施及其他要求不间断照明的场所。按工作状态可分为3类:①持续式应急灯,不管正常照明电源有无故障,能持续提供照明;②非持续式应急灯,只有当正常照明电源发生故障时才提供照明;③复合应急灯,应急照明灯具内装有两个以上光源,至少有一个可在正常照明电源发生故障时提供照明。

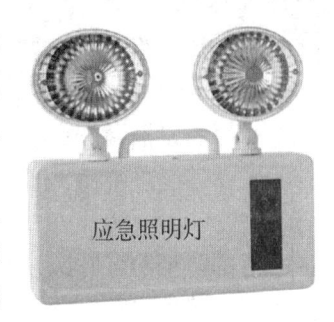

图 2.18 应急照明灯

1.4.6 安全出口指示灯

安全出口即各种公共场合的逃生出口,是人员密集场所的一个重要安全设施。在发生安全事故时,人员密集场所中的所有人员主要通过各个安全出口迅速逃离事故现场,实施救援的人员也主要通过安全出口进入事故现场,营救受困者或抢救财产。安全出口指示灯(见图2.19)是为人员通往安全地带的一种指示灯具,其使用要求如下:

图 2.19 安全出口指示灯

(1)必须备有两个电源,即正常电源和紧急备用电源。紧急备用电源一般由自备发电和蓄电池供给,如采用蓄电池时,其连续供电时间不能小于200 min。

(2)照度不应低于0.5 lx,使之充分地照亮走道、楼梯及其他疏散路线。消防监控室、消防水泵房、自备发电机房,以及火灾时仍须坚持工作的部位,亦须保证正常照明的照度。

(3)宜设在安全出口的顶部或疏散走道及其转角处距地面1 m以下的墙面上,走道上的指示标志间距不宜大于20 m。

注意:应急照明灯和安全出口指示灯应设玻璃和其他不燃烧材料制作的保护罩。

1.4.7 消防灭火防护服

消防灭火防护服(见图2.20)又称消防防护服、防护服、防护工作服、消防战斗服等。消防灭火防护服是保护消防队员人身安全的重要装备之一,它不仅是火灾救助现场的必备品,也是保护消防队员身体免受伤害的防火用具。

消防灭火防护服的材料,除满足高强度、高耐磨等穿用要求之外,常因防护目的、防护原理不同而有差异,从棉、毛、丝、铅等天然材料,橡胶、塑料、树脂、合纤等合成材料,到当代新功能材料及

图 2.20 消防灭火防护服

复合材料等,如抗冲击的对位芳香族聚酰胺及高强度高模量聚乙烯纤维制品、拒油的含氟化合物、抗辐射的聚酰亚胺纤维、抗静电集聚的腈纶络合铜纤维、抗菌纤维及经相关防臭整理的织物等。

1.4.8 消防过滤式自救呼吸器

酒店客房使用的消防过滤式自救呼吸器(见图2.21),俗称防毒面具,是一种避险产品,它可以过滤火灾烟雾中的一氧化碳和氢氰酸等毒物,以保护人体不受毒气伤害。火灾时必然产生有毒烟气,根据消防权威部门统计,火灾死亡中,80%以上是因烟气中毒受伤或浓烟窒息后烧死。此时,佩戴可靠的防烟防毒呼吸装置,利用疏散通道安全脱离险境,可以大大减少火灾伤亡人数。

消防过滤式自救呼吸器分为连体式和分体式两种,在工业领域使用的消防过滤式自救呼吸器一般为分体式,主要是为了节约成本。连体式消防过滤式自救呼吸器在每次使用时只需要更换滤毒罐即可,面罩部分仍然可以多次使用,因此可以降低企业成本支出。消防过滤式自救呼吸器滤毒罐型号有几十种,使用时,根据防护对象(毒气)的不同而选择相应的滤毒罐,可以达到滤毒和防护效果。防护一氧化碳仅仅是其中一种,不论是什么规格样式的消防过滤式自救呼吸器,均是采用过滤附吸反应原理而达到滤毒效果。

图2.21 消防过滤式自救呼吸器

相关链接

防毒面具的起源

第一次世界大战期间,德军曾与英法联军为争夺比利时伊泊尔地区展开激战,双方对峙半年之久。1915年,德军为了打破欧洲战场长期僵持的局面,第一次使用了化学毒剂。他们在阵地前沿设置了5 730个盛有氯气的钢瓶,朝着英法联军阵地的顺风方向打开瓶盖,把180 000 kg(180 t)氯气释放出去。顿时,一片绿色烟雾腾起,并以每秒3 m的速度向对方的阵地飘移,一直扩散到联军阵地纵深达25 km处,结果致使5万名英法联军士兵中毒死亡,战场上的大量野生动物也相继中毒丧命。可是奇怪的是,这一地区的野猪竟意外地生存了下来。这件事引起了科学家的极大兴趣。经过实地考察,仔细研究后,终于发现是野猪喜欢用嘴拱地的习性使它们免于一死。当野猪闻到强烈的刺激性气味后,就用嘴拱地,躲避气味的刺激。而泥土被野猪拱动后其颗粒就变得较为松软,对毒气起到了过滤和吸附的作用。由于野猪巧妙地利用了大自然赐予它的防毒面具,所以它们能在这场氯气的浩劫中幸免于难。根据这一发现,科学家们很快就设计、制造出了第一批防毒面具。但这种防毒面具没有直接采用泥土作为吸附剂,而是使用吸附能力很强的活性炭,猪嘴的形状能装入较多的活性炭。如今尽管吸附剂的性能越来越优良,但它酷似猪嘴的基本样式却一直没有改变。

消防过滤式自救呼吸器各部位名称及作用如图2.22所示。

模块 2　酒店安全设施设备

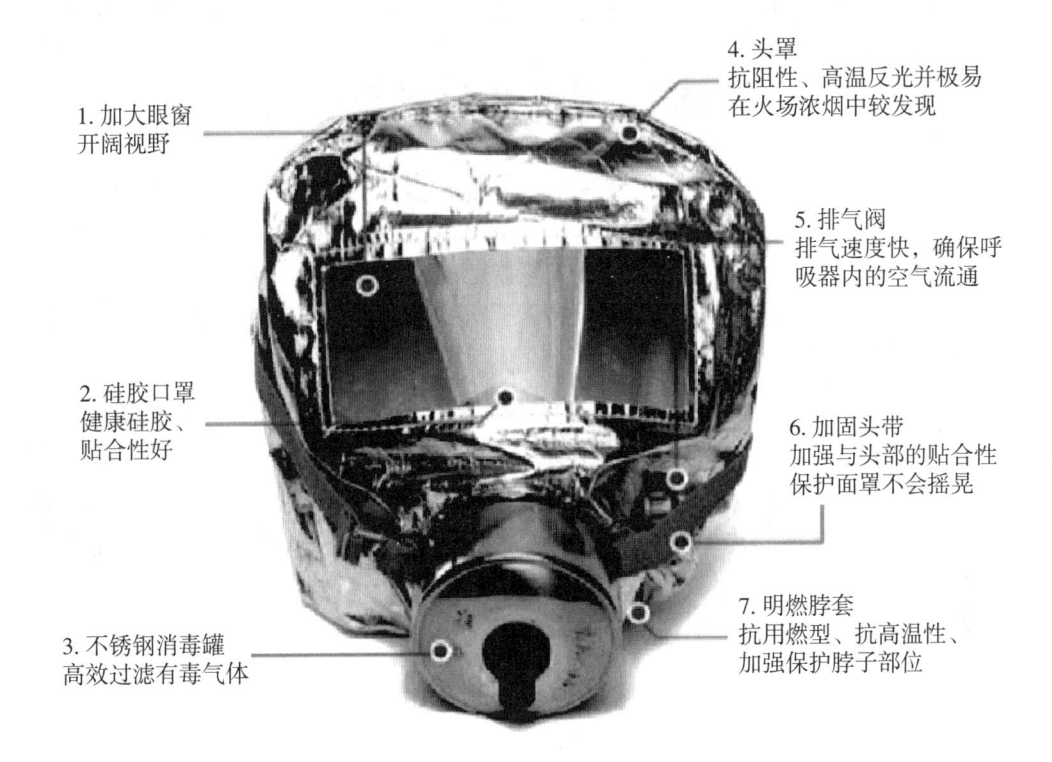

1. 加大眼窗
开阔视野

2. 硅胶口罩
健康硅胶、贴合性好

3. 不锈钢消毒罐
高效过滤有毒气体

4. 头罩
抗阻性、高温反光并极易在火场浓烟中较发现

5. 排气阀
排气速度快，确保呼吸器内的空气流通

6. 加固头带
加强与头部的贴合性保护面罩不会摇晃

7. 明燃脖套
抗用燃型、抗高温性、加强保护脖子部位

图 2.22　消防过滤式自救呼吸器各部位名称及作用

其中，头罩由表面涂覆铝箔膜的阻燃烧棉布制造，用来抵抗热辐射，防止高温辐射对人头部的伤害。头罩上有透明的大眼窗，逃生者能够清晰地看见火场的情况，最快找到出口，然后逃生。头罩的表面涂覆的铝箔膜能够反光，消防人员能更容易看到逃生者，从而营救他们。半面罩由柔软的橡胶制造，能够适合各种脸型，密闭性也好，阻止毒气烟气进入逃生者的呼吸道。

消防过滤式自救呼吸器的使用方法如下：
（1）当发生火灾时，立即沿包装盒开启标志方向打开盒盖，撕开包装袋取出呼吸装置。
（2）沿着提醒带绳拔掉前后两个红色的密封塞。
（3）将呼吸器套入头部，拉紧头带，迅速逃离火场。
其使用示意如图 2.23 所示。

①打开盒盖，取出呼吸器　②撕开包装袋，拔掉前后两个密封塞　③拉开松紧口，将呼吸戴进头部　④戴好头罩，拉紧绳带　⑤选择路径，果断逃生

图 2.23　消防过滤式自救呼吸器使用示意

专题2　治安设施设备

酒店的宗旨是在保证酒店及客人生命财产安全的前提下,提供更加良好的服务。为了保护客人及酒店自身的人身财产不受到不法行为的侵犯,建立起有效的监控、警报、管理相结合的治安防控系统能够进一步加强酒店的安全防范与管理。

酒店治安设施设备是酒店治安防控系统的重要组成部分,主要包括酒店钥匙系统、酒店视频监控系统、酒店电子巡更系统、酒店贵重物品保险箱、酒店防暴设备等。

2.1　酒店钥匙系统

酒店钥匙系统是指酒店各部门机械钥匙、客房客用电子钥匙、客房管理万能钥匙、贵重物品保险箱钥匙等形成的钥匙管理体系。酒店钥匙根据门锁性质大体可以分为两类:机械钥匙和电子钥匙。

相关链接

酒店客房门锁类型

目前,大多数酒店对客房门锁进行了更新换代,在客房安装上安全的智能门锁,如电子密码锁、IC卡电子锁、指纹锁等,能够有效地防止犯罪分子破解门锁入室犯罪。随着物联网如火如荼地发展,市场上针对酒店门锁的应用将短距离无线通信技术、生物识别技术以及电子门锁结合推出了无线指纹门锁,使得酒店对客房管理的效率又进一步提升,给酒店客人带来了人性化的服务和便捷的体验。

酒店安排客人入住客房并将客房钥匙交予客人,客人能够方便自由地出入客房,安全便捷的客房门锁在确保人身财产安全的同时也给客人带来舒心的体验。现代锁具已有一百多年的发展历史,酒店的门锁也是多种多样,开锁的方式更是五花八门。酒店门锁以开锁方式归纳分类如下:

1. 金属钥匙锁。这是最常见的锁具,如弹子锁。通过金属质地的钥匙插入锁孔,转动钥匙时带动锁心开锁。金属钥匙有不便携带、容易丢失、容易被复制或被盗的缺点。现代酒店已经很少采用此类门锁。

2. 密码锁。一般分为机械密码锁与电子密码锁,通过键盘或转盘输入正确的密码进行开锁。酒店一般采用电子密码锁,客人入住客房时重新定义自己的密码。密码锁的安全性较高,客人无须携带实物钥匙。

3. 感应锁。通过IC卡或磁感应钥匙环靠近锁体的感应区域开锁进入客房。由于感应锁有不易被复制、便于管理、操作方便等特点,所以在酒店中得到广泛应用。

4. 遥控锁。利用短距无线射频通信技术,在一定距离范围内通过无线开锁信号触发门锁启动开锁,可方便客人节约开锁时的等候时间,酒店管理人员也可通过一个管理员遥控器很好地对门锁进行管理。

5. 生物识别锁。利用人体指纹、掌纹、虹膜、脸部等生物特征的差异性原理进行识别开锁。指纹识别在门锁应用中最常见。其操作简单便捷,可避免其他门锁不便携带及密码易忘的缺点。现代化酒店尤其是星级酒店中指纹锁的应用已经开始推广,指纹锁能够给酒店带来数字化、效率化的管理,为客人带来更加便捷与安全的体验与服务,具有较大的市场竞争优势。

2.1.1 酒店机械钥匙

酒店的办公室、客房、工作间、设备间、餐厅、仓库、厨房、消防门、卫生间门等区域的门锁机械钥匙统称为酒店机械钥匙。一般由安全部根据机械钥匙的总数量,配备机械钥匙箱(见图2.24)保管机械钥匙。酒店配备两套机械钥匙,一套日常使用,一套备用,备用机械钥匙存放于备用钥匙箱。机械钥匙箱内挂钩编号,并贴上标贴。机械钥匙箱一般存放于酒店员工通道门岗或酒店消防监控室,机械钥匙须挂在机械钥匙箱指定位置,便于交接和清点。客房机械钥匙和其他机械钥匙分箱保管,若不足以存放所有的机械钥匙,则酒店必须增加机械钥匙箱的数量。

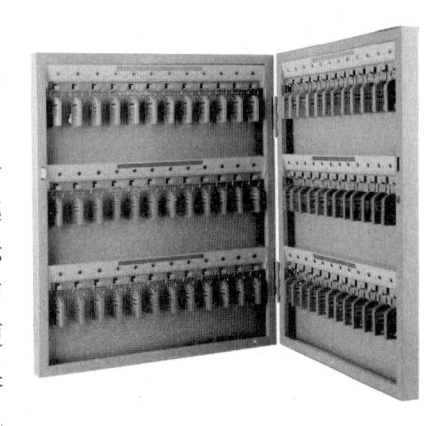

图2.24 机械钥匙箱

在酒店日常经营管理过程中,酒店机械钥匙管理规定如下。

1. 酒店机械钥匙的领用与发放

(1)酒店各部门办公室的机械钥匙一套由部门经理管理;另外一套机械钥匙存放于安全部日常使用机械钥匙箱,由部门员工上下班领用和交还;剩余的机械钥匙由安全部放入备用机械钥匙箱,并做好登记工作。

(2)酒店营业场所和所有仓库等公共场所的机械钥匙,一套存放于安全部日常使用机械钥匙箱,由各部门营业岗位和仓库员工上下班领用和交还;另外一套机械钥匙存于安全部备用机械钥匙箱,并做好登记工作。

(3)所有机械钥匙的领出和交还,安全部必须在酒店机械钥匙领还登记表(见表2.1)上登记领出和交还的时间,并由领用或交还的人签名。机械钥匙交还后,必须即刻入箱。

表2.1 酒店机械钥匙领还登记

序 号	钥匙名称	领取时间	领用部门	领用人	保 安	归还时间	归还人	保 安

(4)在规定时间内,未将领出的机械钥匙归还安全部的,安全部应当及时与借出人联系,催还机械钥匙。若催还无效,须立即通知相关部门责任人,并在安全部值班记录本上记录相关事件经过及处理结果。

(5) 遇突发情况需要领用备用机械钥匙的，由酒店部门经理申请，安全部经理同意后发放备用机械钥匙，并做好登记、发放、归还和入箱工作。

2. 酒店机械钥匙的遗失和配制

机械钥匙发生遗失，领用人所属部门向安全部备案，在安全部经理签字同意后，由工程部更换锁芯并替换原有备用机械钥匙。重要场所（如仓库、备件间等）的机械钥匙遗失，需要立即报告安全部和所属部门经理，安全部立即通知工程部更换锁芯，在未更换前，确保有员工在现场进行看管。

2.1.2 酒店电子钥匙

酒店电子钥匙主要是指客房客用电子钥匙和客房管理万能钥匙。随着电子科学技术的不断发展，酒店客房客用电子钥匙种类也日益繁多，包括 IC 卡（见图 2.25）、电子密码、身份证钥匙、二维码、指纹等。

在机械钥匙和电子钥匙的选择上，大多数酒店选择了后者，原因有以下几个方面：

（1）更好地维护客人的人身财产安全。安全是酒店工作的重中之重，机械钥匙一旦丢失，从客人人身财产安全角度出发，酒店必须立即给客人换房，直到工程部将房间门锁更换后，这间房才能继续用来住宿。如果是电子房卡，客人只需要告知前台电子房卡丢失，前台只需要重新做一张电子房卡，之

图 2.25　酒店 IC 卡

前的电子房卡自动失效，无须担心如果有人拾获而产生的安全问题，也无须给客人重新换房，更无须通知工程部更换门锁。

（2）便于酒店内部的控制管理。使用电子房卡，酒店能更加主动地控制房间，即使客人未将电子房卡还给前台，也可以通过系统将其电子房卡作废，不影响下一位客人的入住。通过制作万能钥匙，酒店可以管理控制酒店全部客房，便于客房服务员使用打开客房完成清扫工作。此外，机械钥匙是无法记录使用信息的，电子房卡的使用信息可以快捷地存于系统中便于查询。

（3）降低钥匙损坏丢失的赔偿成本。虽然电子门锁的成本相对较高，但机械钥匙一旦丢失，必须连同门锁一并更换，对于客人而言，需要承担的赔偿价格过高。

目前，大多数酒店选择使用酒店电子钥匙中的 IC 卡，以权限为分类标准，又可以包括以下几种：

（1）酒店授权卡。酒店授权卡就是给酒店的电子房卡进行授权的卡。它拥有非常高的等级，能够对门锁和发卡机的密码进行初始化设置。同时，如果门锁或发卡机需要修改密码，就必须使用授权卡。因此，为确保酒店门锁的安全，酒店授权卡一般由酒店高层管理人员掌握。

（2）酒店总控卡。酒店总控卡在开房间门锁方面拥有很高的权限。不论是哪一个房间，或者是房间被反锁，只要是通过房卡进行的操作，总控卡都能打开该房间门锁。换句话说，只要是酒店房卡系统内的门锁，总控卡都能打开。酒店房卡总控卡一般由酒店高层管理人员掌握。

（3）酒店楼层卡。酒店楼层卡是用来开指定楼层的房卡。整个楼层的房间门锁，只要

没有从里面反锁,楼层卡都能顺利地打开房门。不过为了避免出现问题,楼层卡会设置只在服务人员工作时间内才能使用,其他时间是无效的。

(4) 酒店客人卡。酒店客人卡就是客人入住酒店的时候会使用的房卡。客人卡只能打开指定的房间门,同时不能打开反锁的房间门。酒店客人卡的时间限制是与客人购买的房间时间关联的。

(5) 酒店清洁卡。酒店清洁卡就是酒店楼层服务人员使用的房卡。一般也会设置使用时间,一般是服务人员的工作时间范围。房间反锁时,不能使用。

(6) 酒店维修卡。酒店维修卡就是给酒店的维修工人用的房卡。一般如果房间出现了意外的损坏,就需要酒店维修工人上场了。他们使用的就是酒店维修卡。

2.2 酒店视频监控系统

目前,酒店按照相关法律法规的规定都安装了视频监控系统,视频监控系统能够实时地监视酒店环境,快速地找出入侵者,也能为公安机关提供有效的抓捕证据,强有力地威慑不法行为。视频监控系统是酒店安全技术防范体系中的一个重要组成部分,是一种先进的、防范能力极强的综合视频监视系统,它可以通过遥控摄像机及其辅助设备直接观看被监视场所的情况。酒店视频监控系统可以在保安无法直接观察的场合,实时、形象、真实地反映被监视控制对象的画面,它已成为现代酒店在安全防范管理中一种极为有效的观察工具。

相关链接

视频监控系统的发展历程

近年来,随着互联网技术和信息技术的迅猛发展,视频监控系统也充分运用了芯片、音频采集、编码压缩等先进技术。视频监控系统经历了从模拟视频监控、半数字视频监控及全数字视频监控3个时代,相应的,视频监控产品也进行了不断的升级、完善和优化,为安全防范提供了更加有力的支撑和支持作用。下面主要对视频监控系统的3个时代所使用的设备及关键技术等进行详细的说明。

第一个时代:模拟视频监控时代。该时代主要开始于20世纪70年代,视频切换矩阵是核心装备之一。多画面切割器、视频矩阵、模拟监控器、磁带录像机等构成了模拟视频监控时代的主要设备。其传输方式主要是利用同轴电缆,由主机进行控制,以模拟的方式进行传输,录像存储的媒介以VCR为主。由于VCR磁带的存储空间有限,因此为了实现录像能够长期存储的目的,就必须经常更换VCR磁带。在模拟视频监控时代,由于VCR存储空间有限,导致模拟视频监控系统存在自动化效率较低、录像检索慢等问题。

第二个时代:半数字视频监控时代。该时代主要开始于20世纪90年代。硬盘刻录机是半数字视频监控时代最主要的核心设备。DVR是半数字视频监控时代的主要标志性产品。通过DVR,对模拟的视频信号进行数字化编码并且进行存储。在该时代,VCR被DVR所替代,从而有效地解决了在模拟时代所遗留的自动化效率低下、检索较慢等问题。

第三个时代:全数字视频监控时代。全数字视频监控时代就是当前所谓的智能网络视频监控时代。在该时代,由于视频监控系统具有开放且分散等特性,从而在全数字视频监控时代并没有核心的硬件设备。视频编码器、网络摄像机及中央管理平台构成了全数字视频监控时代的主要设备。在全数字视频监控时代，主要采用视频内容分析技术完成网络视频存储、视频播放及传输等功能，从而使得视频监控系统的调度、指挥、控制等功能和作用能够得到充分有效的发挥。

酒店视频监控系统包括监控摄像机、屏幕墙、硬盘录像机、控制设备、视频切换系统和视频传输等设备。酒店视频监控系统主要由前端设备、后端设备和传输三大部分构成。下面主要介绍一下前端和后端设备。

1. 前端设备

前端设备负责信号的采集，主要设备有摄像头、镜头、防护罩、球形一体化机、解码器、支架等。摄像头有固定、旋转、球型、推拉、广角、隐蔽、红外、彩色之分，根据不同区域使用不同的摄像头。隐蔽型和外露型的摄像头各有不同的特点。隐蔽型的摄像头不易为人们察觉，一般安装在电梯内。外露型的摄像头一般用在公共场所，它提示客人酒店处在安全闭路电视监控之下，可以起到威慑的作用。球形摄像头（见图2.26）一般可调观360°视角范围，旋转式摄像头同云台组合可以进行360°旋转。这两种摄像头的优点是视角广，一般用在酒店大厅等大范围的公共场所。

图2.26 球形摄像头

2. 后端设备

后端设备的作用是对前端已采集到的信号进行处理，设置在酒店的消防监控室。后端设备主要有视频信号的切换、显示和记录等功能。后端设备主要包括控制键盘、电视墙（见图2.27）、矩阵控制主机、控制台、录像机和数字式硬盘录像机等。

近年来酒店视频监控系统发展得很快。传统的录像设备，一台录像机只能录下几个摄像点的画面，而新一代的录像设备通过数字压缩能将众多摄像点的画面刻录在一张DVD片上。新一代的酒店视频监控系统还可以进行遥控监视。例如，酒店的总经理在外地通过笔记本计算机或手机线路的连接，就可以查看本酒店所有装有摄像头区域的情况。

图2.27 电视墙

2.3 酒店电子巡更系统

社会在发展，科技在进步，人们的安全意识在逐渐提高，对治安的要求也在随着安全意识的提高而提高。为了适应这种变化，在特定的区域比较常见的是物业小区、仓库、码头、博物馆、大型商场、酒店、工厂等安排专门的管理人员定时定点地进行巡视检查，我们称之为巡更。一般的巡更制度，通常的方法是依靠员工的自觉性，在巡更的地点定时签到，以达到目的。这种方法既难核实时间，又不能避免一次多签,管理层也须几天复核一次,为了使管理者更有效、方便地对特定的区域进行管理,在安防管理领域里产生了电子巡更系统。该系统提高了各类巡逻、巡检工作的规范化及科学管理水平,杜绝了对巡逻、巡检人员无法科学准确地考核监控的现象,改变了人们对考勤的理解,把只限于特定时间、地点及人员的考勤范围通过系统预先设定。电子巡更系统可满足各种场合的特殊考勤,可方便地记录工作人员到达巡更地点的时间及状态信息。

相关链接

电子巡更系统在中国的发展历史

电子巡更系统从20世纪90年代进入中国,它大致可以分为两类:在线式电子巡更系统和离线式电子巡更系统。

在线式电子巡更系统是在一定的地区范围内进行综合布线,将巡更机设置在一定的巡更点上,巡更人员携带信息钮或信息卡,按布线的范围进行巡视检查。管理者只需要在消防监控室就可以看到巡更人员所走的巡更路线、到达巡更点的时间,以及一些相关信息。如果巡更人员发生意外,没有读卡时,消防监控室可以快速核查,及时处理突发事件。由于在线式电子巡更系统可以实现实时控制,因此在一些对巡更要求特别严格或巡更工作有一定危险性的地方,都比较适合使用在线式电子巡更系统。但是在线式电子巡更系统的缺点是施工量很大、成本较高,容易受到温度、湿度及布线范围的影响,安装维护也比较麻烦,而且对已经装修好的建筑而言,要重新进行配置也显得较为困难。另外,室外安装的传输线路也容易遭受人为或自然的破坏,须设置专人值守,并实时监控电脑,系统维护费用较高。

鉴于在线式电子巡更系统存在以上的缺点,20世纪90年代中后期,推出了离线式电子巡更系统。这种电子巡更系统与在线式电子巡更系统相比,优点在于易于携带,无须布线,安装简单,不受温度、湿度的影响。离线式电子巡更系统又分为接触式和非接触式两种。

接触式巡更系统,也叫信息钮式巡更产品,它利用了美国DALLAS公司的Touch Momery技术和IButton技术。其工作程序是在巡更点上安装信息钮,巡更人员巡更时,手持巡更机到各个巡更点,在信息钮上触碰一下,巡更机便读取了信息钮中的数据。完成整个巡更任务以后,巡更人员回到消防监控室,管理人员通过软件把手持巡更机内存储的信息传回到电脑,对巡更数据进行分析并生成打印报表,以备查验。信息钮的优点在于它的号码是全球唯一的,不受电磁干扰,识读无误差。另外,它的物理性能十分坚固,不怕雨雪,耐高低温、耐腐蚀性能优越,一般在恶劣的环境下非常适用。但是由于这种系统需要"接触",因此一些弊端就显现出来了:一是巡更机与信息钮必须非常准确地接触才能够读取信息,操作起来很不方便,尤其是在晚上,光线不好,不易找准信息钮;二是信息钮外露的金属外壳容易受污染,造成接触不良,导致不能有效地采集信息;三是外露的信息钮容易遭到人为的或自然的破坏。非接触式巡更系统主要是射频识别技术在电子巡更系统上的应用。它的优点是读取数据不需要接触信息钮,当巡更人员到达巡更点的时候,只要将巡更机靠近信息钮,巡更机就能自动探测到巡更点的信息,并自动记录下来。由于信息钮不需要接触,信息钮可埋入隐蔽性较高的物体,如墙内,这样就让别有用心的人无法知道巡更的地点,从根本上解决了信息钮容易被破坏的问题。

酒店采用非接触式电子巡更系统,如图2.28所示。它是酒店安全管理体系中的一个重要组成部分。它要求巡逻人员及时准确地到位,巡逻人员手持巡检器,沿着规定的路线巡查。同时在规定的时间内到达巡检地点,用巡检器读取巡检点。巡检器会自动记录到达该地点的时间和巡检人员,然后通过 USB 将巡检器连接到监控中心电脑,把数据上传到管理软件的数据库中。管理软件对巡检数据进行自动分析并智能处理,由此实现对巡检工作的科学管理。因为只有人员的及时准确到位,才可以对损坏及破坏行为进行快速反应,同时对破坏分子也有强大的心理威慑作用。

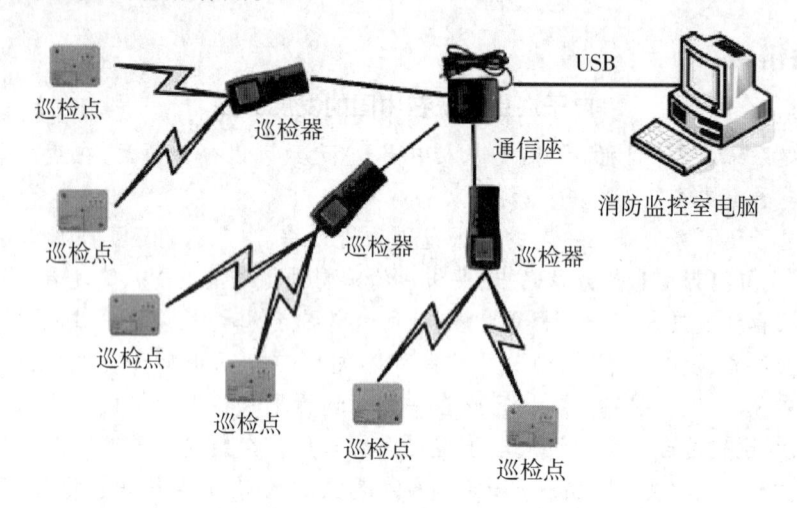

图 2.28 非接触式电子巡更系统

2.4 酒店贵重物品保险箱

保险箱是一种特殊的容器,根据其功能主要分为防火保险箱、防盗保险箱、防磁保险箱、防火防磁保险箱等。依据不同的密码工作原理,防盗保险箱又可分为机械保险箱和电子保险箱两种,前者的特点是价格比较便宜,性能比较可靠。早期的保险箱大部分都是机械保险箱。电子保险箱是将电子密码、IC 卡等智能控制方式的电子锁应用到保险箱中,其特点是使用方便,特别是在酒店中使用时须经常更换密码,因此使用电子密码保险箱就比较方便。

相关链接

保险箱的发展历史

保险箱被认为发源于欧洲,当时的保险箱只是用铁环箍着的坚固厚木箱,这种古老木盒子的样品仍保存于英国奇切斯特大教堂(Cathedral of Chichester)。它有 9 ft(约 274 cm)长、2 ft(约 61 cm)高、2 ft(约 61 cm)深,由 2 in(约 5 cm)厚的木板制成,约有 1 000 年历史,如图 2.29 所示。这大概是留存至今历史最悠久的保险箱。在中世纪的欧洲绘画作品中,也偶尔能看到一种盛放金银珠宝,有金属包边的木质橱柜,此为保险箱的雏形。

直到约 19 世纪初,随着社会财富的增长,保险箱有了现实的市场需求,欧洲专门制锁的厂商开始转向保险箱行业。1818 年,Chubb 锁及保险箱制造工厂在伦敦成立。1825 年,法国 FICHE-BAUCHE 公司成立,这些厂商随后都开始制造保险箱。19 世纪晚期,苏格兰的 Carron Co. 和英格兰的 Coalbrookdale 开始制造铸铁箱子和书柜。这是金属保险箱(见图 2.30)的发端,但基本沿用木器的榫接技术或整体铸造,无论从外观及工艺上都与当时的家具相仿,锁具的精密程度很低。

图 2.29　木质保险箱　　　　　　　　图 2.30　金属保险箱

　　早期商业化生产的保险箱的主要用户是银行、保险公司、政府档案馆及商业机构。保险箱由铸铁制造,采用铆接及榫接技术完成,箱体及门中加入铸铁肋条(门或单独制造),以增加强度,保险箱外观及锁栓貌似强大,锁机构却相对简单,所以当时的保险箱只不过是一些貌似坚固的铁箱子,门板厚度一般是 1/2 in(约 12 mm)。起初的保险箱都不具备防火功能,火灾受损使人们意识到防火功能的重要性。在 19 世纪早期,出现了防火保险箱,材质是浸泡过碱盐溶液的木头;大约在 1827 年,曾是英国最大保险制造商的 Thomas Milner 开始制造一种内外层均由锡板和铁板制作,在内外层之间填充由硬木、锯屑及明矾混合组成的非导热性物质,这被认为是最早期的防火保险箱,但仅具有防火功能,不具备防盗功效。可以说,防盗保险箱与防火保险箱几乎同时发展。

　　保险箱在美国的发展稍迟于欧洲,但在防火保险箱方面,发展速度却快于后者。在英国的 Thomas Milner 开始制造防火保险箱之前,美国的 Jesse Delano 在 1826 年为防火保险箱的改进技术申请了世界上第一项专利。1825 年,Jesse Delano 在美国纽约开始生产铁箱,他被认为是美国最早的现代保险箱制造商。继 Jesse Delano 之后,C.J.Gayler 在美国开始从事保险箱的制造,在 1833 年他为"双重腔体防火箱"申请了专利,但事实证明 C.J.Gayler 的产品不能在火灾中有效地抵抗热量。John Scott 在 1833 年申请了防火箱内使用石棉的专利。

　　19 世纪 30 年代初,美国人 Daniel Fitzgerald 发现了用已熟知的巴黎灰浆(Paris plaster)作为隔热材料,制造更可靠防火保险箱的方法,之后 Enos Wilder 获得了这项专利,生产了大量命名为火龙(Salamander)的防火保险箱。在 1845 年的纽约大火中,火龙保险箱保护了大量的财产,技术及产品得到了验证。

　　早期保险箱的锁机构直接由钥匙而非通过手柄操纵,安全性能受到了影响。1866 年,Samuel Whitfield 为他发明的一种齿轮传动装置申请了专利,这种技术通过齿轮传动方式将锁栓伸展到箱体的门框后。同时 James Felton Elwell 设计出第一个由手柄操纵的四向锁栓联动机构,Samuel Whitfield 应用自己及 James Felton Elwell 的技术制造的产品在当时被称为 Sicker 专利保险箱。19 世纪末,欧洲人利用瑞士钟表工艺技术开发出转盘式密码锁,保险箱锁具的发展有了一个全新的突破,进入了机械无钥匙时代。

由18世纪开始发展至今,保险箱的结构似乎并无太大的变化,但迎合不同的使用环境及功能,却细分出很多品种,有的品种甚至已经背离了当初箱子的造型,但防盗、保安仍然是其基本功能。随着安防产业的高速发展,很多历史悠久的厂商已成为经营多元化保安系统的企业。数字化、多元化、立体化的保安系统已经进入了人们的生活,但保险箱仍然是安防体系的一个重要组成部分,同时因为功能的细化,保险箱越来越广泛地进入家庭。保险箱的绵长历史仍将继续下去。

我国《旅馆业治安管理办法》第七条规定:"旅馆应当设置旅客财物保管箱、柜或者保管室、保险柜,指定专人负责保管工作。对旅客寄存的财物,要建立登记、领取和交接制度。"按照我国的法律规定,酒店必须设置客人财物保险箱,并且建立一套登记、领取和交接制度。

《旅游饭店星级的划分及评定》对不同星级的旅游酒店的贵重物品保险箱的设置提出了不同的要求,但基本都考虑到了客人贵重物品的安全及对客人隐私的保护。如对一星、二星和三星级酒店的要求是"应提供贵重物品保管及小件寄存服务";对四星和五星级酒店的要求是"应专设行李寄存处,配有酒店与宾客同时开启的贵重物品保险箱;保险箱位置安全、隐蔽,能够保护宾客的隐私"。

《中国旅游饭店行业规范》第十七条规定:"饭店应当在前厅处设置有双锁的客人贵重物品保险箱。贵重物品保险箱的位置应当安全、方便、隐蔽,能够保护客人的隐私。饭店应当按照规定的时限,免费提供住店客人贵重物品的保管服务。"

酒店虽然有先进的门锁及其他安保措施,但客人的报失事件仍不时发生,所以法律规定了酒店一定要设置客人贵重物品保险箱。贵重物品保险箱应设置在使用方便、易于控制的场所。未经许可,任何人不得进入该场所。贵重物品保险箱一般设在前台收款旁边的单独小房间内,并且安装安全闭路电视监控摄像头。

《中国旅游饭店行业规范》第十八条规定:"饭店应当对住店客人贵重物品的保管服务做出书面规定,并在客人办理入住登记时予以提示。违反第十七条和本条规定,造成客人贵重物品灭失的,饭店应当承担赔偿责任。"该规范第十九条规定:"客人寄存贵重物品时,饭店应当要求客人填写贵重物品寄存单,并办理有关手续。"酒店要通过有效的方式提示客人使用贵重物品保险箱(见图2.31),如通过客房内的《服务指南》、住房卡、住客登记表提醒客人。每位客人使用贵重物品保险箱时只使用其中的一个抽屉,每一抽屉有两把锁,每一把锁只有一把钥匙。一把钥匙由客人保管,另一把钥匙由酒店保管,两把钥匙同时启用才能打开保险箱。

客人首次使用保险箱时应填写"贵重物品保险箱登记卡",工作人员核对无误后,发给客人一把钥匙。当客人再次使用保险箱时须填写"贵重物品保险箱核对卡",工作人员将核对卡与登记卡相对照,确定无误后再让客人使用保险箱;客人在结束使用保险箱时,应在"贵重物品保险箱核对卡"上签名。为了保证客人贵重物品的安全,贵重物品保险箱的每把锁只有一把钥匙,如果客人将钥匙丢失,须拆破该保险箱,客人须支付破箱费用。所应支付的破箱费用,应在"贵重物品保险箱登记卡"上予以说明,以免引起纠纷。拆破贵重物品保险箱应由工程部实施。在拆破时,应有客人和安全部人员在场。

为了方便客人,一些酒店除在前台设置贵重物品保险箱外,还在客房内放置客房保险箱(见图2.32),供客人临时存放一些物品。客房保险箱是为客人提供临时存放物品的地方。

如果客人的物品较为贵重或现金的数额较大,应使用酒店的贵重物品保险箱。客房保险箱以数字密码型为好。由于客人有时会将保险箱的密码遗忘,在配置客房保险箱时应选购有紧急开启功能的保险箱,以便在客人打不开保险箱时,可用解码器将保险箱打开。保险箱的解码器平时存放在安全部,在使用时应有客人和大堂经理在场,并由客人签字同意。

图 2.31　贵重物品保险箱　　　　　　　图 2.32　客房保险箱

2.5　酒店防暴设备

2.5.1　橡胶警棍

橡胶警棍是供酒店保安在工作时使用的防御工具。橡胶警棍的杀伤力较大,保安只能在履行岗位职责过程中且人身安全受到严重威胁或伤害时使用。酒店安全部要从安全、隐蔽、适用性出发,确定集中或分散放置橡胶警棍的地点。执勤保安只能在特殊(如小区周边治安状况恶化)条件下或夜间必要时才能佩带橡胶警棍上岗。严禁正常条件下或非执勤人员佩带、使用橡胶警棍。

相关链接

橡胶警棍的起源

目前警棍主要有:保险箱木警棍、橡胶警棍、电警棍和多功能警棍等。木警棍现在已基本淘汰,仅在一些企业单位的安全部偶尔见到。橡胶警棍(见图2.33)作为一种价廉实用的装备仍在较大范围内存在,长度一般为 40~60 cm,直径约 2.6~3.2 cm,重量 500~600 g 不等,质体为橡胶,为增加打击效果减小伤害程度,橡胶体内常加入强力弹簧。

橡胶警棍源于古代短兵器械"锏"。锏也作"简",因其外形为方形,有四棱,形状相同,而得名。锏为铜或铁制,长为 4 尺(约 133 cm)。锏由锏把和锏身组成。锏把有圆柱形和剑把形两种。锏身为正方四棱形,锏粗约 2 寸(约 6.6 cm),其

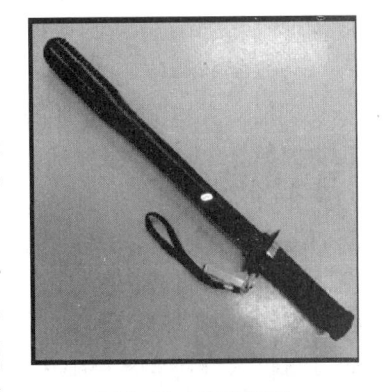

图 2.33　橡胶警棍

后粗,越向其端越细,逐步呈方锥形。铜把与铜身连接处有钢护手。铜身有棱而无刃,棱角突出,每距六七寸(20~23.3 cm)有节,铜身顶端尖利可作刺击用。铜把末端有吞口,如钻形。吞口上系一环环,扣上丝弦或牛筋可悬于手腕。铜多双铜而用。其主要击法有击、枭、刺、点、拦、格、劈、架、截、吹、撩、盖、滚、压、崩等。现代警棍继承了其"点、拦、格、劈、架、截、吹、撩、盖、滚、压、崩"等技法。普及较广的橡胶警棍适用其大部分的技法。

2.5.2 防爆毯

防爆毯(见图2.34)是一种用高强度防弹纤维材料,经过特殊工艺加工制成的一种毯子形状的防爆器材。防爆毯具有质轻、携带方便、操作简单、抗爆性优良等特点,用于对爆炸物的隔离。防爆毯从硬度上可分为软体和硬体两种,从规格上可分为1.2 m×1.2 m方和1.6 m×1.6 m两种。防爆毯是由防爆围栏和防爆毯两部分组成的。在使用时先用

图2.34 防爆毯

防爆围栏将可疑爆炸物罩住,尽量将可疑爆炸物置在中心,然后再将防爆毯盖在围栏之上(防爆毯也尽量铺向中心)。防爆围栏和防爆毯使用简单,效果好。例如,当82-2式手榴弹引爆时,如果使用防爆毯,离爆炸中心1 m以外的人员不会受到致命性伤害;当200 g TNT裸药引爆时,如果使用防爆毯,离爆炸中心3 m以外的人员不会遭受致命性伤害。

目前,国内一些大型酒店开始配备防爆毯,一旦发现有爆炸物或疑似爆炸物,立即用防爆毯将其罩住,然后请公安机关来处理。由于防爆毯内部材料特殊,在储放的时候,酒店不能将其放置在强紫外线照射条件下,而应尽量背光,否则会影响其使用寿命和防爆能力。防爆毯被炸后,不能再次使用。

2.5.3 防暴头盔

防暴头盔(见图2.35)是保护酒店保安头部及面部在处理治安暴力事件时避免受到暴力打击伤害或其他潜在的伤害(如泼洒腐蚀性化学液体)的一种安全装具。其壳体采用PC合金制造,具有质轻、强度高、外形美观、线条流畅、面罩镜片透光率好,视野开阔,佩戴舒适、牢靠,穿脱简便等特点。

防爆头盔的使用方法也比较简单,使用者先根据自己头型尺寸大小,选择合适的规格;然后将面罩镜片向头顶方向掀开,再用手指拉住佩带两侧,往两侧拉开,使开口扩张;再将头盔前倾,使头部前额先戴入头盔,再往下

图2.35 防暴头盔

拉,使头盔完全戴入;待头盔戴入后,将头盔前后左右摇动,使头部佩戴舒适,再将佩带调整到适当位置后将插扣插好,连接牢靠;最后将面罩镜片往下拉,使面罩防水橡胶条与壳体前额密合;使用完毕后,将佩带解开,脱掉头盔,即用手指按住佩带上的搭扣并拉开,即可使佩带开口扩张,再由前往后脱掉。

2.5.4 防暴叉

防暴叉(见图2.36)是一种防暴工具,先前是专门为制止暴力行为而发明的。其最大特性就是,按下按钮,将叉伸向暴力分子,就可以用叉将他牢牢捆住。该叉长约1.2 m,由一个可活动的把手和两把叉组成。其中,把手采用抽屉设计,可伸长至2 m,左叉、右叉呈120°张开,阻拦暴力分子时,左右叉自然收缩,将人牢牢捆住,使之不能动弹。该叉头部呈U形,在U字的头部左右分别有一个可以内缩的卡子。当操作者举叉朝目标过来时,目标便从U字头部的两个卡子溜进去,两个卡子随即反弹回去,目标便牢牢地套在U字形叉里,动弹不得。

2.5.5 防暴盾牌

防暴盾牌(见图2.37)是一种防暴工具,指武装警察、镇暴警察或镇暴军队所使用的一种类似于中世纪的盾牌的防御器具,用于在镇暴过程中推挤对方和保护自己,可以抵挡硬物、钝器及不明液体的袭击,也可以抵挡低速子弹,但是不能抵挡爆炸破片和高速子弹。

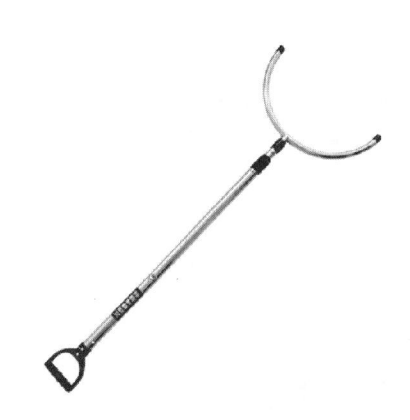

图2.36 防暴叉　　　　　　图2.37 防暴盾牌

同步训练

一、单选题

1. 能够有效过滤火灾产生的烟气的消防设施设备是(　　)。
   A. 灭火器　　　　　　　　　　B. 室内消火栓
   C. 消防过滤式自救呼吸器　　　D. 灭火毯
2. 据统计,因火灾死亡的人中有80%以上属于(　　)。
   A. 被火直接烧死　B. 烟气窒息死亡　C. 跳楼致死　D. 惊吓致死
3. 酒店常用灭火器为(　　)。
   A. 干粉灭火器　B. 1211灭火器　C. 二氧化碳灭火器　D. 泡沫灭火器
4. 下列物质中,不属于易燃易爆压缩气体或液化气体的有(　　)。
   A. 液氨　　　　B. 空气　　　　C. 氮气　　　　D. 汽油
5. 酒店手动报警系统包括(　　)。
   A. 感烟式火灾探测器　　　　　B. 感温式火灾探测器
   C. 手动报警器　　　　　　　　D. 感光式火灾探测器

6. 烟头中心温度可达(　　)，它超过了棉、麻、毛织物、纸张、家具等可燃物的燃点，若乱扔烟头接触到这些可燃物，容易引起燃烧，甚至酿成火灾。
　　A. 100℃~200℃　　B. 200℃~300℃　　C. 700℃~800℃　　D. 900℃~1 000℃
7. 当遇到火灾时，要迅速向(　　)逃生。
　　A. 着火相反的方向　　B. 人员多的方向　　C. 安全出口的方向　　D. 着火方向
8. 发生火灾时，首先要保持冷静，并用(　　)捂住口鼻，采取匍匐前进或低头弯腰的方法迅速朝安全出口的方向逃离火灾现场。
　　A. 湿毛巾　　B. 手　　C. 干毛巾　　D. 被子
9. 用灭火器灭火时，灭火器的喷射口应该对准火焰的(　　)。
　　A. 上空　　B. 上部　　C. 中部　　D. 根部
10. 灭火的最佳时间在(　　)。
　　A. 5分钟以内　　B. 10分钟以内　　C. 15分钟以内　　D. 20分钟以内
11. 下面关于酒店钥匙的管理，表述不正确的是(　　)。
　　A. 酒店楼层卡可以用作服务员清扫客房时临时取电之用
　　B. 各类钥匙须建立交接记录，要有明确的控制权限，并必须具备备用钥匙箱
　　C. 前厅经理随身保管备用钥匙，备用钥匙箱内有酒店总卡和客用保险箱通用钥匙
　　D. 制作默认退房时间为12：00，退房房卡按标准时间注销
12. 前厅为客人提供贵重物品保管服务中，每个保险箱有(　　)把钥匙。
　　A. 一　　B. 二　　C. 三　　D. 四
13. 在一个典型的网络视频监控方案中，通常包括哪几部分？(　　)。
　　A. 前端设备、传输设备、存储设备
　　B. 采集编码设备、网络传输设备、录像存储设备、解码显示设备、管理控制设备
　　C. 摄像机、光端机、矩阵、大屏
　　D. 摄像机、硬盘录像机、矩阵、监视器

二、判断题

1. 发现火情时，应先拿灭火器灭火。　　　　　　　　　　　　　　　　　　　　　(　)
2. 高层楼发生火灾后，不能乘电梯下楼。　　　　　　　　　　　　　　　　　　　(　)
3. 使用灭火器扑救火灾时要对准火焰根部喷射。　　　　　　　　　　　　　　　　(　)
4. 发生火灾时，可以使用消防电梯。　　　　　　　　　　　　　　　　　　　　　(　)
5. 切勿在走道、楼梯、楼梯间和安全出口等处堆放杂物，要保证疏散通道和安全出口的畅通。　　　　　　　　　　　　　　　　　　　　　　　　　　　　　　　　　　(　)
6. 灭火的基本方法有隔离法、窒息法、冷却法、抑制法。　　　　　　　　　　　　(　)
7. 火灾处于初起阶段是扑救的最好时机。　　　　　　　　　　　　　　　　　　　(　)
8. 酒店的防火门平时应当常开。　　　　　　　　　　　　　　　　　　　　　　　(　)
9. 如果身上着火，千万不能奔跑，可用灭火毯灭火。　　　　　　　　　　　　　　(　)
10. 感温式火灾探测器又分为差温式火灾探测器、定温式火灾探测器和差定温式火灾探测器。　　　　　　　　　　　　　　　　　　　　　　　　　　　　　　　　　　　(　)
11. 贵重物品保险箱是酒店为住店客人无偿提供临时存放贵重物品的一种专门设备。
　　　　　　　　　　　　　　　　　　　　　　　　　　　　　　　　　　　　　(　)

12. 区域万能钥匙是指将酒店划分成若干区域,不同部门分管所辖区域的万能钥匙。
( )

13. 一般电视监控系统都由前端系统、传输系统和终端系统这三大部分组成。 ( )

三、思考题

1. 火灾探测器的类型有几种?其工作原理是什么?
2. 酒店常用灭火器的类型有几种?
3. 请说出酒店室内消火栓的组成部分和使用方法。
4. 请说出喷淋头的种类和工作原理。
5. 假如你是一名酒店员工,在工作过程中发现客房房间起火,是先按下手动报警器报警,还是先拿灭火器灭火?
6. 请说出酒店客房 IC 卡钥匙的种类及其对应的功能。
7. 酒店前台贵重物品保险箱和客房贵重物品保险箱的使用程序有什么不同?
8. 请说出酒店防爆毯的工作原理和使用方法。

模块 3 酒店主要部门安全防控

知识目标
- 了解酒店主要部门安全事件的类型。
- 熟悉酒店主要部门安全事件的发生原因和现实表现。
- 掌握酒店主要部门安全事件的防控管理内容。

能力目标
- 能够按照酒店工作任务流程正确操作,为客人提供安全服务。
- 能够根据酒店主要部门安全事件的不同类型,及时、正确地按照应急预案内容进行处置。

酒店安全不仅限于消防安全和食品卫生安全,各种在社会上发生的安全问题同样会发生在酒店内部,这使酒店在日常经营管理中的安全问题显得十分复杂。

具体到酒店各部门,表现出安全问题种类繁多、来源广泛的特点:种类繁多体现为消防安全、客人员工的人身和财产安全、食品卫生安全、设施设备安全、名誉安全、心理安全、施工安全等;来源广泛体现为部门管理不到位、员工安全意识有待提高、服务操作不规范、客人安全素质缺乏等。要正确处理不同部门的酒店安全问题,需要对各部门安全问题的表现形态有全面深入的认识,并根据酒店自身实际情况制定安全防控措施,面对安全问题做到既有章可循、又有适度的安全应变能力。

专题 1　酒店前厅部安全防控

前厅是酒店的形象和窗口,是客人接受酒店服务的第一站。前厅服务是否安全、高效,直接关系到客人的入住心情和对酒店的总体满意度。同时,酒店前厅是酒店服务的中枢,人流量大、信息量大、客情复杂,又是酒店与客人进行财物流通的主要场所,因此容易引发安全问题。

酒店前厅安全问题存在于前厅对客服务的各个环节,在抵离酒店、行李服务、问讯服务、代办服务、登记入住、排房服务、钥匙管理、宾客财物保管、收银服务等各种服务环节都较易发生安全问题,且问题发生时具有突发性、复杂性、隐蔽性,这既可能导致宾客人身财物的损伤,也可能导致酒店财物和员工人身的损伤。

1.1 行李服务安全

为客人提供周到安全的行李服务，妥善运送、保管客人的行李是酒店行李服务的根本目标。客人的行李在酒店行李寄存、运送、领取的过程中，容易发生行李寄存不规范、错拿、漏拿、破损、丢失等安全问题。为此，酒店应当通过加强员工工作流程培训、加大日常工作检查监督力度等措施，保证员工在为客人提供行李服务时零失误、零投诉、零纠纷。

1.1.1 易碎品行李的寄存

案例链接

某日上午，酒店行李员小吴习惯性地开始整理寄存室的长期寄存的行李，放好几个大的行李箱后，还有个酒店的拎袋，于是便平放到箱子上了，可这时里面有液体流了出来，急忙拿起来却为时已晚。原来里面是一瓶开封的，但是没有塞好瓶盖的"蓝方"威士忌酒。

酒店后来主动联系客人，向客人道歉并表示赔偿，客人表示理解和满意。事后询问经过，小吴说寄存的时候与客人确认了有无贵重易碎的物品，客人并没有说里面有威士忌酒，所以行李上并无小心轻放的牌子，也有可能是客人一时忘记了。

分析

通过上述案例可以发现，客人行李中有易碎品时，应该做到以下几点：

1. 寄存行李时按照规定的服务程序进行行李寄存，询问客人有无贵重易碎物品，若有则拴上"小心轻放"的牌子。

2. 如果客人没有提起有贵重易碎的物品，应该从外观和手感来对客人的行李进行判断，看是否有酒、瓷器等易碎的物品，避免客人不小心忘记了。尽量避免所有不好的可能性。

3. 寄存行李和发放行李的时候都要轻拿轻放，就算不是贵重的物品，也会有损坏的可能。

4. 严格遵守行李寄存的标准，按照服务流程寄存客人行李。

1.1.2 缺少寄存手续的行李

案例链接

某日上午，澳航机组客人和往常一样来到南京某酒店前台准备结账离店，一名客人拿着一件行李从小乐面前走过，说想临时存放一下，于是小乐便热情地将行李接了下来，放在了服务台的一边。不一会，小乐由于被安排了另外的任务而离开了柜台，等过了10分钟后回来，他发现那件行李仍然安静地躺在柜台前。这时澳航班车已经离开了酒店，主管知道后赶紧联系班车司机，客人这才发现自己的行李忘记提取了。小乐赶忙乘坐出租车，终于在南京大行宫站赶上了班车，将行李交还至客人手中。

分析

上述案例中,造成客人行李遗留的原因如下:

1. 员工没有按照规定为客人办理行李寄存服务,即使客人即将退房。
2. 员工主观臆断此件行李很快就会被领走,故没有按照程序向客人发放行李寄存牌。
3. 员工离开柜台时,没有将手头的工作进行交接,导致行李没有被继续跟踪。
4. 迎送澳航离开的员工未做好最后的确认工作,导致客人将行李遗忘在酒店。

1.1.3 漏取的行李

案例链接

一天晚上一位客人急匆匆来到礼宾柜台反映,刚刚迎宾员帮他从出租车取行李时少拿了一件放在后座上的拎袋。行李员送客人行李进房间与客人确认行李时,客人发现少了一个拎袋。开始以为遗漏在大厅,但找遍整个大厅也没有发现客人的拎袋。发生这种情况只有两种可能:一种是遗漏在出租车上,另一种是被不良分子顺手牵羊了。还好客人保留了乘坐出租车的发票,小夏及时联系出租车公司找到了司机,询问司机刚刚从机场送客人到金陵酒店下客后是否看到车上遗留了一个拎袋。司机回答:"是啊!你们酒店迎宾员只拿了后备厢的行李,车内还有一件拎袋却没有取。"听到司机这句话小夏悬着的心终于落下了。小夏连忙对司机表示感谢,请他尽快把客人的拎袋送来。当客人看到失而复得的拎袋非常满意,先前的焦虑之情已经烟消云散了。

分析

上述案例中,造成客人行李失而复得的原因如下:

1. 迎宾员帮客人从出租车上取下行李后没有第一时间与客人确认行李。如果与客人确认过随身携带行李,就可以避免客人因行李缺少向酒店投诉索赔。
2. 客人下出租车时,迎宾员应该提醒客人带好随身物品。如果当时迎宾员履行了提醒义务,则客人会下意识地想起车内还有一个袋子。
3. 客人能找到遗失的行李在于客人保留了当时的乘坐出租车的发票。因此迎宾员在为乘坐出租车客人服务时一定要提醒客人下车前向司机索要乘车发票。
4. 行李员按照送客人进房间的程序与客人确认了行李件数,使客人在较短的时间内发现遗失了一件行李,为寻找遗失的行李赢取了宝贵的时间。

1.1.4 送错房间的行李

案例链接

某天晚上6点半左右,酒店大厅里十分忙碌。这时有位客人登记完毕后直接离开了酒店,他的行李一件在礼宾部,另一件在总台桌上。总台告诉行李员直接把行李送入客人的2309房间。行李员在接到通知后没有在电脑里进行任何的核实,就将行李直接送入了

2309房间。可这2309房间实际上并不是客人的房间,而是一间空房。在当晚10点时真正的2309房间客人登记入住这间房间,发现房间居然摆着两件陌生行李。客人为此有些不满,并向酒店投诉。

分析

上述案例中,造成客人行李被送错房间的原因如下:
1. 行李员缺乏责任心,没有按照规定的程序在电脑中重新核实房号,造成了送错房间。
2. 在送完行李后,没有按照程序填写递送任务表,为后期的查找也造成了不便。
3. 要求员工严格按照制定的程序进行操作,并在完成任务之后及时填写递送任务表,以避免宾客的不满。

1.1.5 被错拿的行李

案例链接

一天上午,上海一家五星级宾馆大堂,各国客人来来往往,熙熙攘攘。一位新加坡客人提着旅行箱走出电梯准备离店,正在值勤的保安小徐见行李员都在忙着为其他客人服务,便热情地迎上前去,帮新加坡客人提起旅行箱往大门走去。快到行李值台时,他发现电梯口又有离店客人出来需要帮助,就把行李提到行李值台处放下,并请值台服务人员代办,即回电梯口为其他客人服务。

这时,又有一批日本客人离店,他们自己的行李放在新加坡客人旅行箱旁,由于陪同疏忽,既未指定服务员照看行李,又没有拿行李牌注明,就去收款处结账,因此当他们离店时,就"顺手牵羊"地把那位新加坡客人的旅行箱一起带走了。当新加坡客人在为寻找自己的行李急得团团转时,离其乘坐的赴苏州的火车时间只有55分钟了。

面对这突如其来的情况,大堂副理当即安慰客人请客人放心,一定设法找回失物,不误班车,并马上向宾馆有关方面了解日本团队的去向,得知他们乘火车离开上海去杭州,便当机立断派保安小徐随新加坡客人一起乘坐宾馆的轿车去火车站寻日本客人。结果不到半小时就在候车室找到了日本客人。新加坡客人拿到失而复得的旅行箱,转忧为喜,连声称谢。

分析

为了保障客人行李财产的安全,酒店应加强对员工服务有关服务程序的检查与监督。保安员小徐应将客人的行李一手处理完毕再去为别的客人服务。同时,既未指定服务员照看行李,又没有拿出行李牌做标记,值台服务人员也负有一定责任。值台服务员既然接受了小徐的委托,就应该保管好客人的行李,当时他可以及时地把客人的行李挪开,不使混淆,或者提醒日本团陪同拿出行李牌,以示区别,这样就可以避免错拿行李的事故发生了。

资料来源:酒店服务案例100则[OL].百度文库,http:保险箱//wenku.baidu.com。

1.1.6 行李服务安全问题的管理

为了保障酒店客人的财产安全、规范行李服务操作流程、避免与有效应对行李服务安全

问题,应当做到以下几点:

1. 受理寄存

(1) 招呼客人,询问客人房号与电脑进行核对,称呼客人姓名。

(2) 对于非住店客人要求寄存行李物品应谢绝(经确认的常客和经领导批准的客人除外)。

(3) 必须确认客人系住店客人和所要寄存的行李件数;询问客人有无贵重或易碎物品,对于隔日支取的寄存行李,要建议客人为行李上锁;敞口拎袋等物件,征询客人的同意后,用胶带或订书机做封口处理。在行李牌上联上方注明"已确认无贵重物品"(NOTHING VALU-ABLE OR FRAGILE),并请客人在姓名栏签字。

(4) 检查寄存行李过程中如发现行李有破损,应当面向客人说明,经客人确认后,在行李牌上方注明,并请客人在姓名栏签字。

(5) 填写寄存牌。寄存牌上联按照标准确认后请客人签字,由经办人准确记录行李件数、房号、提取时间,选择抵店、离店、暂存,3项选择下均注明日期、时间,下联各项目逐一填写后,经办人签名。确认非当日取件,在上、下联注明"后"字样。

(6) 摆放寄存行李。有易碎的行李拴上"小心轻放"牌,牌子朝外放,不要把行李放在地面或走道上,要小心放在行李架上;两件以上的行李应用行李绳拴在一起,非当日取件,经办行李主管统一交保管员存入地下室的行李房。

(7) 不允许擅自办理寄存的物品有:危险品、易燃易爆品、化学液体、非密封状况下的食品和鲜活类易变质物品(如鲜花、水果等)。现金和贵重物品建议客人存放前台贵重物品保险箱内。

2. 为客人提取寄存行李

(1) 接待客人。客人提取行李时要收取寄存行李的提取联。接到行李牌下联后,确认物品在前台寄存室还是值台行李房,请客人稍等。

(2) 查找行李。根据提取联上的号码及行李种类,查找客人要提取的行李。找到行李后,注意核对行李牌上、下联是否一致,避免发错行李,还要核对一下提取联上的物品种类和件数与实际所取行李情况是否一致;将寄存联从行李上取下,注意检查上面有无记载其他注意事项。

(3) 交还行李。将行李交给客人确认,提醒客人核实行李种类和数量。

(4) 记录。在寄存联上记录提取行李的时间,经手人签字。取完后,将寄存牌上、下联钉在一起,留存。

3. 其他注意事项

(1) 如客人寄存行李超过两件以上,应用绳子将行李拴在一起,以防客人取行李时漏取。

(2) 客人将行李寄存中酒店超过24小时以上,一般称为长期寄存。长期寄存和短期寄存的行李要分开摆放,短期寄存的行李要放置中方便搬运的地方。

(3) 客人遗失寄存牌下联的处理:同电脑核对客人的姓名、房号及出生年月或身份证号码;请客人描述寄存行李的件数和款式、颜色、特征;请客人出示有效证件,并复印留档;将证件复印证和行李牌上联钉在一起,书写说明后,请客人签字。

1.2 登记入住安全

酒店前厅的登记入住服务是客人住店的必经手续,也是公安部门的安全要求。前台员工在接待服务过程中,应严格按照既定的服务程序为客人办理入住登记。酒店在为客人入住登记时会遇到如下安全问题:通缉犯入住;一人登记多人入住;使用假身份证或过期身份证件入住;排重房,等等。

1.2.1 通缉犯登记入住

案例链接

2016年7月6日,杭州市下城区天水派出所民警对辖区旅馆酒店检查时发现,位于武林路某快捷酒店存在未按规定查验住店旅客身份的行为,民警遂依据治安管理处罚法对酒店方做出罚款1 000元的行政处罚,并责令整改。

吃了千元罚单,这家酒店总该吸取教训立马改正了吧?但仅仅过了一天,民警于次日晚杀了个"回马枪",对辖区有"前科"的酒店开展回头式复查,结果竟查出了一名借用他人身份证入住的逃犯。

在武林路该酒店2楼一处客房内,民警查验身份时,发现这位客人的体貌特征与酒店入住登记身份明显不符,进一步核查后结果显示:此人竟是一名公安部上网通缉逃犯。后经了解,该逃犯彭某因涉嫌盗窃,于2016年6月被江苏警方上网追逃。为掩人耳目,彭某入住酒店时借用了朋友的身份证,而酒店前台工作人员汪某并未对他进行身份核对。彭某已被移交至江苏警方。因这家酒店行为已违反反恐法,下城警方依法对该酒店做出罚款10万元的决定,对直接主管负责人林某罚款1万元。下城警方处罚的这起案例,真真切切地告诉旅馆从业者,对住客身份登记不严不仅会遭受重罚,还可能成为犯罪分子"潜伏"的帮凶。

分析

酒店前台工作人员在办理客人入住登记时,发现入住客人的身份证件为网上通缉人员时,应该不动声色,如常进行登记入住;等通缉可疑人员离开前台后,立即向酒店当班经理报告;复核登记资料,确认通缉协查对象无误;由当班经理准备相关资料,及时报告公安相关部门;待公安人员到店后,配合执法人员执行公务;如通缉可疑人员离店,应尽可能掌握通缉可疑人员的去向。

同时,酒店前台员工在遇到此类突发事件时,应该沉着应对,避免受到伤害;保留好客人登记单、证件复印件、预收款收据等所有资料,转交给执法人员;应积极配合公安人员执法;通缉可疑人员离店时,酒店不要阻拦,但应尽可能了解他的去向。

资料来源:浙江法制报,2016-07-12。

1.2.2 一人登记、多人入住

案例链接

某天上午,酒店的前台迎来了一批 9 位商务散客,在为客人办理入住登记时,总台员工按照公安部门的规定,请客人出示身份证件,不料遭到了负责接待的客人的拒绝。原来这几位商务客人是这位客人的公司请来的贵宾,他觉得不需要那么麻烦,只要用自己的证件登记一下,快点把房间安排好就可以。总台员工再三解释,客人仍然不予配合,并表示酒店的服务一点都不灵活。客人觉得在公司请来的贵客面前失去了面子,所以情绪很激动,大嚷"把你们经理找来!"

随后大堂经理赶到,先安抚客人的情绪,给客人递上欢迎茶水,向客人解释:"其实您只需要将客人的证件出示给我们登记一下,只需要几分钟的时间,不会耽误您的客人入住的,而且登记也是为了方便您的贵宾在酒店签单消费,不然我们没有你们的名单,是不方便给您的客人在酒店进行签单消费的。"听后,客人非常配合地将所有客人的证件送到总台办理了登记手续。

分析

在为客人提供入住服务的工作过程中,涉及入住安全等问题时,酒店前台工作人员一定要坚持原则。不能因为客人的态度强硬就放弃工作标准与工作原则。但是在需要客人配合执行正常的工作程序时,酒店前台工作人员要注意态度和方法,要保持热情、礼貌,关注客人的情绪,同时要站在客人的角度思考问题。在向客人表明重要性的时候,酒店前台工作人员可以将能为客人提供的方便说给客人,而不是一味地强调这是酒店的规定。这样既能使客人欣然地配合酒店的工作,也能体现出酒店的服务细节。

1.2.3 使用无效身份证件登记入住

案例链接

1. 2014 年 12 月 12 日,公安部门外管处刘警官来电,称:12 月 11 日入住某酒店的 4216 房一男性日本人系日本记者身份,酒店未及时上报外管处。经过调查,该客人于 12 月 11 日中午在酒店总台登记入住,并未持能证明其身份的护照办理登记手续,而是出具了在上海出入境管理处办理的居留许可延期申请的回执单,按照外管处的要求,回执单是可以作为有效证件到酒店前台办理登记入住手续的。而客人的身份信息在回执单上是体现不出来的,所以在入住时总台登记员并不知道客人是记者身份。

2. 某天晚上,某酒店正门进来了 4 位男士。为首的两位一个身材高大,体型稍胖;另一位则个子较矮。高个子来到前台,服务员小红问:"您好,我们现在有空房,请问您需要几间、住几天呀?"高个子说:"我们需要 3 间标准间住 3 天。"小红说:"不好意思,我们这标准间能住 3 天的,现在只剩下 2 间了,您看另外一间安排大床房好吗?"高个子点点头说:"可以吧!"谈妥之后,几位客人就开始登记。矮个子的客人先登记,他一登记完表,就从怀里掏出身份证往台上一放,然后往大堂的喷水池边走去。等小红将身份证和登记单核对后,抬头一看,已经找不到矮个子的人影了。她只得问高个子:"请问刚才登记完的那位先生去哪儿了?"高个子立刻问:"你问这个干嘛?"小红耐心地解释道:"是这样,我们酒店有规定,客人入住前必须核对一下身份证跟他本人是否相符。"高个子皱皱眉说:"那你就先看我的吧!"说完,他从口袋里掏出一张身份证递了过来。小红接过来后,仔细地看了一下身份证,身份证上的照片人像头发浓密,还戴了一副黑框眼镜。小红抬起头看看这个高个子,虽然与照片上的人像脸型相似,但是面前这个人头顶微秃,心里顿时产生了疑问。这时候矮个子又走了过来,小红忙拿起他的身份证核对,发现照片上是大眼睛,可他本人眼睛却不大。看小红有疑问,矮个子先说话了:"这身份证上用的是我几年前的照片,当然跟我现在比有变化了。"小红机灵地看了一眼身份证的发证时间是2016年,便问道:"您这身份证不是刚办的吗?为什么要用几年前的照片呢!"矮个子一愣,没答上话。不过还是不停地辩解说,这就是他的身份证。这时候,酒店的收银员崔丽也走了过来。看了看高个子的身份证,又看了看他本人,问道:"您已经这么大年纪了,怎么身份证上写的才30多岁?"看见身份证被识破,他们两人又开始不停地说好话:"姑娘,你看这雨下得这么大,我们能往哪儿走呀?就让我们住一晚吧,明天一早我们就走。"小红和崔丽两人互看了一眼,打定主意不能让他们住进来,无奈之下几个人只好离开。

分析

酒店前台工作人员在办理客人登记入住的工作过程中,发现客人提供的证件为过期、假冒、不合要求的无效证件时,应该仔细甄别并详细询问客人,有礼有节地婉拒未携带有效身份证件的客人入住。具体到上述第一个案例,酒店前台工作人员应该做到以下几点:

1. 将带有特殊身份的外籍客人作为特别关注客人,通知总台在电脑中注明。
2. 遇到签证种类是居留许可的,一定要注意停留事由是不是媒体记者,如是记者,应第一时间汇报外管处,并将客人资料传真至外管处。
3. 如有持J1、J2记者签证和居留许可签证,停留事由是记者的,应第一时间汇报外管处。
4. 如持有回执单登记入住的,一定要询问停留事由,如是媒体记者,应第一时间汇报外管处,并将客人资料传真至外管处。

1.2.4 排重房

案例链接

1. 某酒店,前厅员工给一间客房安排了一位单身女客。由于服务人员的疏忽,又安排了一个外国客人住了进去。小伙子打开门的时候,正巧女客在洗澡,这下可捅了大娄子!万幸的是小伙子倒是很聪明,又会说中文,当时就把眼睛一眯装近视,说了一句"哦,小家伙,你怎么没穿衣服啊,小心冻着",然后就退了出来。他火速跑到总台,这才涨红了脸说:"天啊,难道你们客房里都会赠送一个裸体的女人吗?"

2. 2015年4月15日下午2点,某酒店客户关系主任小温在总台帮客人办理入住手续,查到客人预订姓名为许静,房号为4225。小温接过客人证件为其传输及刷卡,完成此手续后帮客人制作房卡。成功制作4225房卡后,在为客人书写房卡套时误将房号写成

5216。期间,许女士并未进入房间。到了14:32,许女士拿着房卡套和许洪年先生的身份证来到总台,告之总台员工,房间要加住一位,总台员工接过卡套查询5216发现登记人为李娅女士,于是就询问了客人是否姓李,看客人没有疑问便将许洪年先生加住进了5216房并且制作了5216的第二张房卡。之后许静女士和许洪年先生拿着此房卡开了门,与实际5216的住客李娅女士见了面,造成了尴尬的局面。

3. 客人甲刚办理完入住手续,怀着美好又激动的心情带着心爱的女友来到618房门前,却发现自己的钥匙怎么也打不开房门,于是带着几分失落来到前台,查询原因。前台询问过客人姓名后,在电脑上查看,不查不知道,一查吓一跳,该客人明明是住816房,怎么会拿的是618房的钥匙,更为惊险的是618现在是有人住的。(有惊无险)

资料来源:信息时报,2008-08-28。

分析

排重房是非常严重的安全问题,会给客人造成极大的困扰。事发后,一般都会引起客人的愤怒和索赔。假如客人的隐私被泄露,酒店可能还要承担更为严重的经济或法律责任。因此,酒店前台员工在为客人办理入住时,制作门卡后需要再次与房卡套上写的房号进行核对,并在门锁系统里复查,保证万无一失。同时,要求前台员工严格按照工作流程操作,在客人制作第二张房卡时一定要核对,客人证件与电脑系统一致方可办理。不可以口头确认,以免造成信息沟通有误。

1.2.5 登记入住安全问题的管理

《中华人民共和国治安管理处罚法》第五十六条第一款规定,旅馆业的工作人员对住店的旅客不按规定登记姓名、身份证种类和号码的,或者明知住宿的旅客将危险物质带入旅馆,不予制止的,处二百元以上五百元以下罚款。酒店为了有效避免与应对登记入住安全问题,应当做到以下几个方面:

(1)依法要求所有入住客人履行住宿登记手续,入住前必须持住店客人本人有效证件办理入住登记手续。可以办理入住手续的有效证件主要有:护照,港澳台同胞往来大陆通行证,外国人永久居留证,中华人民共和国居民身份证、军官证。

(2)住宿登记时必须做到认真填写登记单中所列的每一条登记项目,不得漏项,严格禁止持假证或过期证件的人员入住。

(3)办理入住过程中,电脑网络系统提示客人为"通缉犯"时,前台员工应保持镇定,稳住客人,为其先办理入住,然后立即向领导和安全部报告,并在第一时间与当地公安部门取得联系。

(4)遇有未带任何证件的人员要求住宿时,如客人不是你认识的常客或经确认有多次入住本店历史资料的客人,原则上不允许擅自接待。

(5)未成年人、无刑事责任能力的人及精神病患者不允许单独接待。

(6)发现携带各种危险品人员及神志不清人员要求入住时,必须及时通报安全部,不允许擅自接待。

(7)对于有关特殊情况的处理:内宾,请示部门上级后,通报酒店安全部值班主管并按领导及安全部要求办理;境外人员,请示部门上级后,通报酒店专职户管员,请示公安局出入境管理处值班室,并按照当班值班警官要求办理,必须如实记录请示及答复情况,所有境外客人登记业务的请示及落实情况必须在境外人员入住登记工作台账上留下完整记录。

1.3 客用钥匙安全

酒店客用钥匙安全是客人人身和财产安全的基本保障。目前,大多数酒店使用的都是电子锁,电子锁比机械锁相对更安全。但不管是什么类型的门锁和钥匙,酒店管理上的疏忽都会导致客用钥匙的安全问题的发生,具体表现为:未经同意为访客提供房卡;捡拾房卡盗窃;冒充客人与访客骗取房卡,等等。

1.3.1 未经同意为访客提供房卡

案例链接

11月16日,从上海到南京出差的陈女士入住南京某五星级酒店。大约晚上8点半,喝了点酒、微醺的她回到房间休息,"门没反锁,衣服都没脱就睡下了"。然而,睡下不久,陈女士朦胧中似乎听见有人进出的声音,迷糊中"好像看见个男的背影"。陈女士对记者回忆,当时她说了一句"有人进来了?"但来人没有回应,就出了门。她瞬间惊起,于是拨打前台电话,说有人进了她的房间,十几分钟后酒店回复正帮她在查看监控。但直到事发第4日,因为迟迟收不到酒店的反馈,陈女士拨打了酒店的投诉电话,酒店才对当晚的事件做了说明。陈女士说,酒店发给她的当晚监控视频截屏显示,11月16日晚10点多,一男一女从前台拿了房卡进到她的房间,十几分钟后两人出房间门。大约两分钟后,其中的男士又单独折回,一到两分钟后走出陈女士的房间。酒店承认,他们在给其他人员房卡之前,并未向陈女士打电话征求意见。该酒店总经理向记者表示,进入陈女士房间的两人分别是活动组织方与参与方,与陈女士认识,想查看酒后的陈女士是否安好。而酒店出于对陈女士安全等考虑,才给了访客房卡。

资料来源:澎湃新闻网,2016-12.

分析

酒店来访人员进房会客一律凭身份证办理来访登记手续,为维护住店客人的隐私权,帮助访客打电话给客人,如客人同意则允许上楼,夜间由访客自行联系客人,让客人下楼来接。来访人员离访时,必须在来访人员登记表上"离访时间栏"内准确填写离访时间,楼层服务人员必须跟房查房,发现问题及时报告。晚上十一时至凌晨七时,原则上不准访客来访。本案中酒店未经客人同意为访客提供房卡的做法显然不符合规定,若出于对陈女士的安全考虑,可让酒店工作人员按照酒店规章制度的规定进行处理。

1.3.2 捡拾房卡盗窃

案例链接

唐某在市区一停车场捡到一张某酒店的房卡,即想到该酒店盗窃。当天晚上11时许,唐某窜至酒店，欲用捡到的房卡打开房门，因不会用房卡开门没有将门打开，遂到一楼吧台找到服务员谎称是该屋客人的朋友，让其帮助打开房门。服务员查验唐某手中的房卡，验证是该屋的房卡，便重新做了一张房卡给唐某。但是唐某拿着新房卡因不会使用还是打不开房门，便让服务员帮忙打开了房门。

进屋后，唐某发现屋内一人躺在地上、一人在床上醉酒熟睡，遂找来巡夜人员帮助将地上男子抬到床上。巡夜人员走后，见两名男子没有反应，唐某便开始翻桌子上的挎包，将包内人民币2万元盗走。次日8时许，唐某还清欠王某的16 000余元，剩余3 000余元则被其上网、喝酒、洗澡挥霍。

分析

在本案中，首先唐某谎称是酒店客人的朋友，让酒店工作人员帮其打开住店客人房门，酒店工作人员应当根据访客制度的规定，在征得住店客人同意后才能帮助其打开房门或让住店客人下楼接访客上楼。其次，酒店工作人员违反酒店规章制度，为唐某重新办理了一张房卡，补办房卡只有在住店客人要求的前提下，并且在总台工作人员核对住店客人的身份信息后才能帮助其补办，但唐某并非住店客人。因此，住店客人的财物被盗，酒店因没有尽到安全保障义务应当承担赔偿责任。

资料来源：威海大众网，2014 - 10 - 14.

1.3.3 冒充客人与访客骗取房卡

案例链接

一天傍晚，北京某酒店服务总台的电话铃响了，服务员小姚马上接听，对方自称是住店的一位美籍华人的朋友，要求查询这位美籍华人。小姚迅速查阅了住房登记中的有关资料，向他报了几个姓名，对方确认其中一位就是他找的人，小姚未加思索，就把这位美籍华人所住房间号818告诉了他。

过了一会儿，酒店服务总台又接到一个电话，打电话者自称是818房的"美籍华人"，说他有一位谢姓侄子要来看他，此时他正在谈一笔生意，不能马上回来，请服务员把他房间的钥匙交给其侄子，让他在房间等候。接电话的小姚满口答应。

又过了一会儿，一位西装笔挺的男青年来到服务总台前，自称小谢，要取钥匙。小姚见了，以为果然不错，就毫无顾虑地把818房钥匙交给了那位男青年。

晚上，当那位真正的美籍华人回房时，发现自己的一只高级密码箱不见了，其中包括一份护照、几千美元和若干首饰。

以上即是由一个犯罪青年分别扮演"美籍华人的朋友""美籍华人"和"美籍华人的侄子"，而演出的一出诈骗酒店的丑剧。

几天后，当这位神秘的男青年又出现在另一家酒店用同样的手法搞诈骗活动时，被具有高度警惕性、严格按酒店规章制度、服务规程办事的总台服务员和总台保安识破，当场被抓获。

资料来源：职业餐饮网，2011 - 03 - 14.

分析

冒名顶替是坏人在酒店犯罪作案的惯用伎俩。相比之下,本案中的这位犯罪青年的诈骗手法实在很不高明。总台服务员只要提高警惕,严格按规章制度办事,罪犯的骗局完全是可以防范的。

首先,按酒店通常规定,为了保障入住客人的安全,其住处对外严格保密,即使是了解其姓名等情况的朋友、熟人,要打听其入住房号,总台服务员也应谢绝。变通的办法可为来访或来电者拨通客人房间的电话,由客人与来访或来电者直接通话;如客人不在,可让来访者留条或来电留电,由总台负责转送或转达给客人,这样既遵守了酒店的规章制度,保护了客人的安全,又方便了客人与其朋友、熟人的沟通。本案例中打电话者连朋友的姓名都叫不出,令人生疑,总台服务员更应谢绝要求。

其次,"美籍华人"打电话要总台让其"侄子"领了钥匙进房等候,这个要求也是完全不能接受的。因为按酒店规定,任何人只有凭住宿证方能领取钥匙入房。凭一个来路不明的电话"委托",如何证明来访者的合法性?总台服务员仅根据一个电话便轻易答应别人的"委托",明显地违反了服务规程,是很不应该的。总台若能把好这第二关,犯罪的诈骗阴谋仍然来得及制止。

1.3.4 客用钥匙安全问题的管理

酒店客用钥匙安全问题管理主要包括访客身份的核对和房卡丢失补办等。

1. 访客身份核对的操作程序

(1) 核对姓名、房号,询问访客查找客人的姓名或房号。如姓名、房号与电脑信息不符,应根据访客提供的姓名查找,以确保查找准确。

(2) 与电脑核对姓名、房号是否一致。

(3) 在电脑中查看相应房间是否有"住客留言",及时将住店留言转告来访者。

(4) 如有"住客留言",根据"住客留言"内容处理。

(5) 询问访客姓名,以便转告客人。

(6) 接通房间电话。如没有人接听电话,应主动询问访客是否需要留言。

(7) 将访客姓名告知客人,询问是否可以接通电话。未经客人同意,不得将住客房号随意告知来访者。

(8) 晚上十一时至凌晨七时,原则上不准进行来访。

(9) 认真做好来访人员证件查验工作,并督促来访人员按时离房,发现公安机关通缉人员或有现行违法人员应立即报告,并交公安机关处理。

2. 房卡丢失补办程序

(1) 客人钥匙丢失,酒店应当尽可能帮助客人回忆房卡可能丢失的区域,以便找回。

(2) 如果客人的房卡遗留在客房内,在核对住店客人身份信息后,让酒店客房服务人员帮助其开门。

(3) 如果确定不能找回房卡,酒店前台在核对住店客人身份信息后,帮助客人补办房卡。补卡的费用根据酒店的规定,但不能明显超过房卡的实际价值。

1.4 大堂内客人人身财产安全

保障酒店客人的人身安全,是酒店对客服务的首要前提,是酒店服务实现顾客体验价值的必要保障。在前厅大堂对客服务过程中,造成客人人身财产受到损害的因素主要有大堂湿滑导致客人滑倒受伤、旋转门夹伤客人、客人突发疾病、客人财物被盗等。

1.4.1 酒店旋转门夹伤顾客

案例链接

本报9月5日讯(记者秦国玲)5日,市民陆先生反映,他在怡家客房曼哈顿店推旋转门正常走路,后面的一位女士因为旋转门致使左脚受伤缝了20多针。陆先生说,本来是酒店的物业管理没有到位,旋转门出了问题不修理造成的王女士受伤,可是却只让他一个人付医药费。

5日上午,记者在潍坊市一家医院见到了陆先生和伤者王女士。王女士躺在床上,左脚缠着厚厚的纱布,并有暗红色的血迹渗出,脚面有些浮肿。王女士说,因为缝了20多针,韧带有些拉伤,她不能下床走路,只能躺在床上。医生怕伤口有炎症,要求住院治疗,但负责曼哈顿大厦物业的壹佰物业管理公司一分钱未出,也不露面谈赔偿,电话现在也接不通,只能躺在医院的急诊室里每天挂点滴消炎。

陆先生告诉记者,3日下午14点30分左右,他赶到怡家客房曼哈顿店,就在他推旋转门进入时,忽然听到后面一声女士的惨叫,他急忙停住脚步回头一看,一名女士站在旋转门外,脸色惨白,脚面上和地上有一摊血。眼看王女士失血越来越多,陆先生只好拨打120急救电话。120救护车赶来之后,物业管理公司工作人员刘先生也一起去了医院。

但物业管理公司的人在王女士手术结束之后就离开了,说会考虑给王女士部分赔偿。可是4日,物业管理公司一名姓刘的工作人员称物业管理公司没有责任,全是陆先生的责任。4日下午,陆先生单独返回怡家客房曼哈顿店,发现酒店的门有过改动,事发当天旋转门的门刷没有多少毛,露出铝合金,所以才夹伤了王女士,但现在已经全部都换上了新毛刷,毛很厚很密,而且他们还把门下面的空间提高了,原本不到脚面高,现在能没过整个脚面。"如果不是这个门有问题,他们为何换了新的毛刷而且还调整了门的高度?"陆先生不解。

资料来源:齐鲁晚报电子版,2010-09-06.

分析

本案属于在酒店大堂内发生的客人人身伤害事件,一般来说,旋转门安全事故的发生有两方面原因:一是旋转门本身的质量问题,二是旋转门日常安全管理问题。因此,要防范旋转门安全风险,一是在购买旋转门的时候把好质量关,购买优质安全的旋转门;二是加强对旋转门的日常管理和维护,对老人和儿童予以特殊关照。本案中,王女士的左脚受伤一方面是因为客人陆先生没有观察其他客人情况推转酒店旋转门所致,另一方面是因为酒店旋转门门刷长时间没有维护所致,因此,陆先生和酒店都要承担相应的赔偿责任。

1.4.2 酒店大堂内客人滑倒

案例链接

2011年9月25日,周先生入住北京某连锁酒店,在第二天办理完退房手续,转身要走出酒店时,被酒店刚打扫的湿地板滑倒,导致腿部骨折。当日,周先生到北京市海淀医院进行治疗,住院15天,但在协商赔偿问题时,酒店却声称自己无过错,拒绝赔偿。

周先生一气之下将酒店告上法院,一审诉称,因与酒店产生服务合同关系,酒店理应保障消费者的人身安全,尽到安全保障义务,但因其酒店大堂地板湿滑进而导致原告受伤,被告理应承担相应赔偿责任。因多次找到酒店协商未果,故请求判令其赔偿医疗费、误工费、护理费、精神抚慰金、残疾赔偿金等费用共计12万余元。酒店答辩并反诉称,周先生系自己摔伤,且已经办理完退房手续,事发后酒店积极履行救助义务,不存在过错,不同意周先生的诉讼请求。事发当天酒店为周先生垫付了其在海淀医院的门诊和住院押金费用5 000元,后又于当月29日借给周先生1万元用于治疗。酒店认为,周先生作为一个完全民事行为能力人,自己外出摔伤,后果应完全自负,故反诉请求判令周先生返还垫付的治疗费用1.5万余元。周先生针对酒店的反诉辩称,首先周先生系因酒店大堂地滑原因导致摔伤,周先生的伤害结果与酒店未尽安全保障义务存在必然联系,酒店理应承担责任。虽然周先生已经和酒店办理了退房手续,但作为服务合同,酒店仍应当承担后合同义务,即安全地将周先生送出酒店,但在周先生未出酒店就被滑倒,因此依据合同法的相关规定酒店亦应承担责任。因此不同意酒店的反诉请求。

分析

根据《中华人民共和国侵权责任法》(以下简称《债权责任法》)第三十七条的相关规定,宾馆、商场、银行、车站、娱乐场所等公共场所的管理人,未尽到安全保障义务,造成他人损害的,应当承担侵权责任。酒店大堂本就是被告管理范围内的区域,被告应当承担保证大堂地面清洁、防止湿滑现象发生的责任,为保证客人出入的安全,酒店应当对大堂这样的场所加强管理,进行有效的警示和及时清洁,以防发生意外。因此酒店大堂湿滑与周先生摔伤具有因果联系,酒店应当承担赔偿责任。

1.4.3 酒店大堂保险柜项链丢失

案例链接

一对50多岁的夫妇因参加一场国际性会议入住某五星级酒店,入住当天下午3时,妻子本人到大堂保险柜租用保险箱,把一叠百元美金现钞及一串钻石项链都寄存在保险箱;但在下午5时左右,妻子在客房内更换服装、化装后去保险柜拿出保险箱时,赫然不见了那串钻石项链。保险柜是客人存放重要财物的地方,有24小时全天候的录像设施,摄像机镜头对着总台,任何细微的动作都会留在镜头里。为了证实妻子所说的存放过程,大家共同观看了录像带。只见妻子提了一个旅行袋放在柜子上,拉开拉链,取出一沓钞票放在保险箱里,再从袋子里取出一只小布袋,从小布袋里拿出一堆卫生纸包着的东西,拉开来是细细长长的,看得非常清楚,那应该是一条项链,然后就看见她把一团卫生纸一样的东西用右手团起来之后再放回小布袋,收到行李袋后,却不能很明白地看到她有将项链放进保险箱的动作。然后她就将该保险箱隔着窗栏杆交给里面的工作人员,女性工作人员将保险箱用双手托着放进了保险柜。观看录像带后,双方产生了很大的分歧。当进行谈判时,这对夫妇提出该项链价值约2万美元,但只要酒店有诚意赔偿,能赔多少都可以答应,也免得影响酒店的声誉,似乎只要出钱就能解决。但酒店考虑这不是赔偿的事,保险箱的钥匙是交给当事人自己保管的,工作人员只有一把总钥匙,没有当事人的钥匙是不可能开启的。也就是说,客人放在保险箱里的任何物品,不是她本人,任何人都不可能拿到;即使当事人的钥匙遗失,被人拾得,前来冒领也不可能拿到,因为还需要核对证件及签名。由于酒店有层层的保护措施,假若承认放在保险箱内的物件可任由第三者拿走,或可能被盗的话,问题是很严重的,所以酒店不敢承诺赔偿。但为了避免争执,酒店并没有说明在录像带未看见妻子有将项链放进保险箱的动作,只声明须报公安机关侦查,如确属酒店的责任,全部赔偿也是应该的。但酒店的这一要求被对方拒绝,声称没有时间,也不想张扬。但酒店据理力争,最后这对夫妇同意报警。酒店先请警方去保险柜勘察一切设施,并说明保险柜未遭外力破坏不可能发生失窃,然后才共同研究录像带。酒店向警方说明,虽然在录像带里确实有一条细细长长的东西,但却看不到将钻石项链放进保险箱的动作,并将录像带交警方保管,警方在询问双方笔录后,也未做处理。当事人(这对夫妇)曾委托旅行社人员继续要求赔偿,并通过其他渠道施加压力,但酒店始终坚持严正的立场,最后这对夫妇也就不了了之。

分析

  酒店前台工作人员要严格按照程序为客人提供贵重保险箱寄存服务,本案例中客人的钻石项链不翼而飞,与酒店发生了争执,要求酒店进行赔偿。酒店在查看监控后,发现并没有明显的证据证明客人将钻石项链存放在保险箱中,并且监控中也没有其他人使用外力破坏保险箱,没有客人的钥匙,其他人是无法打开保险箱的。虽然客人一再要求酒店赔偿,甚至通过报警的方式进行处理,但是酒店并无工作疏忽,因此没有承担赔偿责任。

1.4.4　酒店大堂内客人财物安全管理

  大堂是酒店和客人集中进行财物流转的场所,容易发生客人物品被盗等安全问题,主要表现为违法犯罪分子利用客人入住、结账、等车时的忙乱,趁机盗走客人放在前台上、地上的钱包和行李物品等。酒店应当在日常经营管理过程中做到以下几个方面:

  (1)酒店前台应加强对客人财物的看管,对于客人寄存的贵重物品,一定要严格按照酒店规定程序操作,提高安全管理意识。

  (2)酒店应加强大堂的安全巡逻和防范管理力度,大堂值班的保安、礼宾员和前台工作人员都应该时刻提醒客人注意自身财物的安全。

  (3)酒店消防监控室应重点监控酒店大堂区域,密切关注可疑人员,从源头上预防杜绝盗窃案的发生。

专题2 酒店客房部安全防控

客房安全是酒店服务质量的基础,也是酒店正常经营运转的保证。客房安全直接关系到住店客人和酒店员工的生命财产安全,客房作为人员高度密集的区域,是酒店安全事故的重灾区,安全管理就显得尤为重要。酒店客房安全管理的主要内容包括客人与员工的人身财产安全及酒店客房的财产安全。酒店中可能导致客房不安全的因素有很多,常见的客房安全问题包括火灾、偷盗、暴力犯罪与治安问题,客人突发疾病,客人意外伤害与死亡等。这些客房安全问题都会给客人带来不安全感,进而影响酒店的经营运作。因此,加强客房安全防控对于树立酒店形象、提高客人对酒店的忠诚度、增强行业竞争力,有十分重要的意义。

2.1 客房消防安全

客房消防安全至关重要,是酒店整体消防安全防控的重中之重。引发客房火灾的因素有很多,主要包括以下几个方面:①客人随手丢弃未熄灭的烟头;②客人卧床吸烟;③客人在房间内焚烧文件纸张;④客人携带易燃易爆品进入客房;⑤酒店客房电器设备故障或线路老化;⑥其他原因。

2.1.1 客房焚烧纸张引发火警

案例链接

1. 某天午夜,酒店服务中心接到消防监控室电话表示3916房感烟式火灾探测器,让服务员马上去看一下。服务员赶到3916房开门进去,发现两个小孩在房内玩火,燃烧报纸引起感烟式火灾探测器报警,写字台面也被烧坏,所幸发现及时,未造成更大的损失和人员的伤亡。经联系,小孩家长在棋牌室打牌,对酒店的及时处理表示感谢,客人自愿对客房损坏物品进行了赔偿。最后,客人按照与酒店协商的损坏物品价格进行了如数赔偿。

2. 某天早晨9:00左右,酒店1001房发生火灾事故,因1001房客人邀同另外5人搓麻将时,将烟头丢在床上,引起燃烧,将枕头和床单不同程度烧伤,但客人未报告服务员,将伤毁部分掩藏好,导致服务员未能发现。次日,服务员打扫卫生时,才发现并报酒店安全部。虽未发生重大火灾事故,但酒店要求客人按照损坏物品的价格进行了赔偿。

分析

小孩在酒店客房内玩火、客人随手丢弃未熄灭的烟头都是引发客房火灾的常见隐患。服务员在日常工作中必须提高警惕,消防意识要强,发现问题能及时查看、及时汇报。对于感烟式火灾探测器报警等异常情况的房间,服务员应立即查看,紧急时可不必遵循敲门规范。检查结果要及时通知酒店消防监控室和客房服务中心。

2.1.2 起火的布草车

案例链接

某日清晨,酒店3502房间,服务员小董正在清扫房间,忽听走廊里有人呼叫"布草车起火了!"随着喊声,小董迅速跑出房间,一看原来正是自己推的那辆布草车冒起了白烟。小董就近使用灭火栓内的灭火器扑灭了火情。事后,领导调查起火原因,并做了起火分析。首先,向小董询问是不是工作时间违章吸烟;二是,小董是否将房间内的烟头未检查,将未熄灭的烟头直接倒入了布草车;三是,通过监控确认是否有客人路过向布草车内扔了未熄灭的烟头。调查结果是,小董没有在工作时间吸烟,也没有客人向布草车内扔烟头,真正原因是布草车内存有从房间撤出未熄灭的烟头,是由小董违章操作而致。事后,小董受到了酒店的处罚。

分析

酒店客房服务员在日常工作的过程中,要严格按照SOP的相关规定进行操作。在本案例中,服务员小董在打扫房间的过程中,应当将客房内未熄灭的烟头熄灭,再倒入布草车的垃圾袋,这样才能避免因不规范操作导致的消防安全隐患,杜绝客房火灾的发生,维护酒店的人员财产安全。

2.1.3 客房消防安全管理

酒店客房内发生火灾的概率较高,在日常的消防安全管理过程中,应当做到以下几点:

(1) 客房内所有装饰材料应采用非燃材料或难燃材料,窗帘一类的丝、棉织品,应经过防火处理。

(2) 客房内除了固有电器和允许旅客使用电吹风、电动剃须刀等日常生活用的小型电器外,禁止使用其他电器设备,尤其是电热设备。

(3) 禁止将易燃易爆物品带入酒店客房,一旦在客房发现易燃易爆物品,服务员要立即上报。

(4) 客房内应配有禁止卧床吸烟的标志、应急疏散指示图及宾客须知等消防安全指南。

(5) 服务员如果发现吸烟客人,可以友善地提醒客人,不要躺在床上吸烟;烟头和火柴梗不要乱扔乱放,应放在烟灰缸内。

(6) 服务员应保持高度警惕,在整理房间时要仔细检查窗台上、挽起的窗帘内、沙发缝隙内及床单、被褥内,地毯压缝处,废纸篓中等处是否有火种存在。

(7) 在烟灰缸内未熄灭的烟蒂不得倒入垃圾袋或垃圾道内。

(8) 每日打扫卫生时注意检查房间内的电器、电线和插头等,如有短路、漏电、超负荷用电、线头脱露等现象,应及时采取措施并上报有关部门。

(9) 服务员应注意查看房间内的消防安全问题,发现火灾隐患要采取措施。

(10) 建立一套完善的培训制度,要求服务员掌握基本的安全防范知识。

2.2 客房内盗窃客人财产

客房内客人财产安全问题主要表现为财产盗窃。盗窃类型包括直接入室盗窃、冒充或骗取客房工作人员盗窃、员工监守自盗等。盗窃手法也是形形色色，常见方式有采用扭锁、插片等方式进入客房盗窃、跟踪客人入室盗窃、趁客人和服务员不备伺机进入房间盗窃、骗取服务员信任并帮其开门盗窃、冒充服务员盗窃等。

2.2.1 陌生来客进入客房盗窃

案例链接

某日，酒店客房部员工小张和以往一样熟练地推着工作车，礼貌地敲客人的房门。客人不在，她打开房门，开始一天的工作。这时，进来一位先生，小张礼貌地打招呼："先生，您好！"此人也非常彬彬有礼地回应道："你好，你们这边景色真的不错，像这样的房间要多少钱一晚上？"小张边打扫房间边热情地回答着客人的问题："先生，房间收拾好了，不打扰您了。"说着正想退出房间，先生急忙说："这不是我的房间，我刚才经过时看到房间的设施和我的房间不一样，想进来参观一下的。"小张听后，心一下被揪了起来。说来凑巧，就在这时，房间的主人回来了，迎面碰到一位陌生人从自己房间走出来，心里纳闷，就问服务员："他怎么会在我的房间？你们怎么可以随便让人进我的房间呢？"小张非常抱歉地解释说："对不起先生，您别生气，我以为他是和您一起来的。""你不要解释，这样的管理让我怎么放心住，一点安全感都没有。我的房间竟可以让外人进来，去叫你们经理，我要投诉。"后来大堂副理出面向客人赔礼道歉才算平息了此事。小张事后受到了严厉的批评及处分。

分析

这个案例告诉我们，小疏忽险些酿成大错。酒店客房工作人员不管在什么时候都不要放松警惕，要多问、多思考、多观察，在遇到此类情况时，一定先委婉地核对一下客人的身份，验证一下房卡或请其出示有效的住房证件，切忌盲目判断是该房客人，让其进入房间，造成不必要的风险。酒店无小事，事事须谨慎，只有在细节上注意、严格规范才能完善酒店服务，同时更让事故隐患消除。

2.2.2 访客进入客房盗窃

案例链接

某日，一位客人带着一个小孩在酒店楼道里走来走去，看见正在打扫卫生的服务员就走过来，让其打开3408房。该员工依照酒店开门程序对这位客人进行询问："先生，您是住客还是要找人？""我找人！""对不起，先生！因为您是找人，在没有得到房间主人的许可下，我们不能为您打开门，请谅解！"但客人坚持说只是把一个包放在房间里就走，不会逗留。该员工一想也不会使住店客人有什么损失，况且自己跟着进房间，便询问来访者要找的客人姓什么？客人毫不犹豫地说姓孔。经过客房中心核实身份，此房间客人确实姓孔。于是员工敲门,听房间内无客人回应,便直接打开房门并让来访者进去,自己也跟了进去。但是没有想到客人正在房间内休息,场面非常尴尬。客人相当生气且来到大堂大声投诉说,为什么没有经过他本人同意就给来访的人开门!事后了解到原来房间客人和来访客人有经济纠纷。经大堂副理和值班经理出面,对房间客人进行了道歉并赠送水果,客人情绪才稍缓和,并提出酒店一定要对员工进行安全方面的教育,不得随意打开房门。

分析

  本案例中,酒店客房服务人员视酒店规章制度不顾,擅自答应访客打开客人房门,是一种安全意识淡薄和纪律观念差的表现。酒店客房服务人员必须本着对酒店、对宾客高度负责的态度,强化规范化操作,强化安全意识,制度严明,不可有麻痹大意、自作主张的思想,否则会使服务工作陷入被动局面。

2.2.3 尾随客人进入客房盗窃

案例链接

  刘先生和夫人在"十一黄金周"时入住了某酒店的1112房间,入住的第三天上午购买了些土特产放在房间,中午就去当地有名的菜馆品尝美食。当小两口兴冲冲回到酒店,准备收拾行李返家时,却发现房内一片狼藉,有人在他们出去吃饭的时候进入了房间并洗劫了房间内的贵重物品!刘先生意识到了问题的严重性,立即通知了酒店的安全部门,安全部人员赶到了现场,据刘先生核实,丢失白金项链一条、笔记本电脑一台、人民币3 000多元,总价值超过了2万元。询问刘先生有没有将房卡交给他人,刘先生十分肯定地说就一张房卡,而且一直带在身上,出房间门时还将房门带上了。11层高的房间,又没有阳台,小偷是从哪里进来的呢?安全员边查监控录像,边对现场进行了勘查,监控录像上显示两名男子是推门而入的。仔细检查,又发现房门上有口香糖的痕迹,安全员恍然大悟,推断刘先生买完东西回来时就被小偷跟踪,趁刘先生开门后不注意,在房门的磁卡锁上粘上了一团口香糖,刘先生放下东西出门吃饭时,认为酒店门上有复位器,就随手带上门,没有核实是否关上就匆匆离开了。进一步查看录像,画面证实了这一推断:从刘先生入住起就有两名男子在楼层闲逛、踩点。刘先生买完东西回来时,尾随其后,趁刘先生不注意时将口香糖粘在磁卡锁上,刘先生走出房门认为房门已经关上后,歹徒入室作案。

资料来源:职业餐饮网,2012-02-11。

分析

  客房失窃案经常发生于各个酒店,犯罪分子利用各种手段作案。案件的发生给客人造成财产损失,并且给酒店带来极坏的负面影响。罪犯在作案之前会对楼层进行踩点、观察,利用客人外出的时间差,用各种手段打开房门,或利用客房相连、容易攀爬,或者门窗没有关上入室行窃。对于防范客房失窃事件,安全员要做好巡查,遇到可疑人员要主动盘问,对没有房卡的人员要及时进行劝离,同时消防监控室要时刻注意客房楼层的情况,发现问题及时处理。楼层服务员要有较高的警惕性,注意对可疑人员进行询问或通知安全部,对客人门窗没有关紧的要及时提醒或关闭。

2.2.4 破门进入客房盗窃

案例链接

某日,云南某律师事务所的王律师出差到宣威,入住该市某酒店607房间。入住当天,奔忙了一整天的王律师回房间休息。翌日天亮,王律师发现所带三星彩屏手机、皮尔卡丹皮带竟不翼而飞,身上的2 000多元现金也了无踪影。经仔细查看,发现防盗门扣被撬。失窃后,王律师当即向警方报了案。然而报案后,案件一直悬而未破。王律师与酒店协商不成,遂将酒店推上了被告席。王律师认为酒店疏于安全防范,导致盗贼入室行窃,使自己蒙受损失,要求法院判令酒店赔偿人民币5 480元。

采访中,消费者普遍认为,既然客人在酒店花了钱,不论住宿、存车还是吃饭,酒店都有责任保护客人的财产安全。东西丢了,他们当然要赔偿客人损失。对此,酒店则认为,酒店前台有明显提示,贵重物品要交由酒店保管,否则失窃损失该由客人自行负责。如果确系酒店责任引发客人失窃,理应由酒店赔偿;要是因为客人原因引起失窃,酒店没有理由进行赔偿。

有关旅游人士认为,在酒店遭窃,酒店究竟有没有责任这个问题要从两方面看:如果是因为酒店的失职而使客人的财产受损失,如让酒店看管的行李丢失,窃贼破门或破窗而入等,酒店当然要赔;如果是因为客人自己的原因而丢失了钱物,酒店则有义务协助公安部门取证调查,根据调查结果来具体分析酒店是否应进行赔偿。酒店前台都有警示,贵重物品应交酒店保管。客人一旦如此做,就和酒店确立了一种托管关系,如此时发生丢失,酒店必须赔偿。

资料来源:职业餐饮网,2011 - 03 - 23.

分析

客人入住酒店后,酒店和客人之间有个合同问题,他们是租赁和服务的关系。根据《民法》《消费者权益保护法》和《合同法》的规定,酒店有责任在客人入住时提醒对方要注意安全,如果酒店没有做到这一点则是失职,客人有权要求赔偿。对于客人而言,在住店时,一是带数量较多的现金要按规定存入酒店前台;二是要有安全意识;三是一旦发生情况要及时反映,并配合公安机关调查,尽可能取得酒店协助。酒店在日常经营管理过程中,首先一定要提醒客人注意安全,而且必须明示,要在显眼位置张贴警示牌,必要时还要告知对方;二是发生情况后要注意免赔条款,如在不可抗力情况下发生意外,酒店可以不赔偿,但要积极取证;三是要买保险,目前有一种公共责任险对酒店来说很有利,值得投保;四是要加强管理,尤其是安全方面的管理。

2.2.5 客房盗窃问题管理

(1)酒店客房服务员要实时掌握客房动态,发现可疑人员、可疑物品和可疑情况要立即报告酒店安全部。

(2)酒店客房服务员打扫房间时,应当将工作车拦在客房门口,防止陌生人员进入客房。

（3）酒店客房服务员不得随意为声称"住店客人"或其亲朋好友打开房门，应按照酒店规定程序，请客人出示证件，验明身份后，方可为客人打开房门。

（4）酒店保安应加强对客房楼层的巡视，确认房门是否关闭，防止闲杂人员进入楼层，发现可疑人员，应及时跟进并采取相关措施。

（5）酒店保安在巡视过程中，如果发现客人房门虚掩，应轻敲房门，确认房间内是否有客人，在征得客人同意后，将房门关闭。如果房内无客人，应立即通知客房部并查明房间是住客房还是空房——若是住客房，保安应会同客房部人员检查房间是否存在异常，无异常应帮助客人关闭房门，有异常应及时通知安全部经理和客房部经理，并保护好现场；若是空房，应通知客房部协助调查，查明房门未关的原因。

（6）酒店保安在酒店发现偷盗行为，应立即报告安全部经理，并采取行动制止、捉拿偷盗人员；通知保安监控布控和酒店各出口布控，以防盗窃分子逃走；抓到盗窃分子后，应询问情况，视情节轻重移交当地公安机关处理；若是员工偷盗，则应详细审问，一般由酒店内部处理，但应防止发生侵犯人权的事件，情节严重者，应交由公安机关处理。

2.3　客房内侵犯客人人身安全

酒店客房内侵犯客人人身安全的行为一般包括凶杀、故意伤害、抢劫、强奸、绑架、敲诈勒索、侵犯隐私等。在行为方式上，一般都是违法犯罪分子精心跟踪、尾随客人进入酒店，趁客人不注意或不够警觉，直接使用暴力、借助药物或谎称酒店服务人员入室进行施暴侵犯客人人身安全。由于酒店的监控区域仅限于公共区域，因此违法犯罪分子在酒店客房内作案具有隐蔽性，酒店也不能在第一时间发现并制止，违法犯罪分子得手后也比较容易逃脱。

2.3.1　骗入客房杀害女客

案例链接

某酒店服务员在客人睡着的情况下，擅自开门将一名陌生男子让进房间，结果入住客房的女士惨遭歹徒谋杀。根据警方查明，在受害人洪某遇害前，曾经在一家酒店吃饭时认识了当地的无业人员李某，随后，李某等人邀请洪某到酒吧玩至次日凌晨2时许，其间，李某发现洪某比较有钱，心生羡慕之心。于是李某在同伴的协助下很快打听到洪某入住的酒店名称及房间号。凌晨3时许，李某借口洪某的朋友，有紧急事情商量，叫客房部服务员打开503房门，服务员在没有请示洪某的情况下，为李某开启了503房门并随即离开。此时，洪某正处于睡梦之中。李某进入房间后，洪某惊醒，发现李某不怀好意后立即反抗呼叫，并与对方发生厮打。李某依仗自己力气大，强行将洪某按倒在床上，并用双手卡住她的颈部直到她丧失抵抗能力，后见洪某还有动静，再次对洪某卡颈，直至死亡。期间，酒店方没有任何反应。作案后，李某将房门反锁逃离现场。直到次日早上，酒店方面才发现洪某遇害。经法医鉴定：洪某是受钝性暴力阻塞呼吸道致机械性窒息死亡。案发后，李某四处躲避，但最终被缉拿归案。

资料来源：开源国际酒店管理公司人力资源部. 酒店安全管理案例汇编[Z]. 开源国际酒店管理公司，2005.

分析

本案中,受害者洪某到酒店住宿,酒店负有保障受害者洪某的人身安全、财产安全的义务,酒店服务员在未进行身份确认且未征得受害人洪某同意的情况下擅自打开503房门,致使犯罪分子李某进入受害者洪某的房间并导致了悲剧的发生。因此酒店方的过错是明显的,且这种过错和损害后果之间的因果关系也是明显的。

2.3.2 尾随客人进入客房实施抢劫

案例链接

许先生在2004年8月11日下午17时,入住某酒店1101房,当他开门进房时,突然旁边冲出两名男子,各用一把尖刀顶住其腹部、颈部将其推入房间,随后歹徒用胶带捆绑了他的手和脚,并封住了他的嘴巴,劫走他随身携带的现金5 000元、一只欧米茄手表和两部手机还有公文包。歹徒逃离房间后,许先生挣脱捆绑拨通服务台求救,报警后警方在查看监控录像时发现两个行踪可疑的男子在抢劫前已在酒店逗留多时且跟踪过另外两名酒店客人。

分析

本案中,受害者许先生被两名犯罪嫌疑人尾随,在进入客房时被暴力劫持至房间内,随身财物被抢走。事后许先生将该酒店告上法庭,认为该酒店未尽到安全保护义务,致使其遭受到财物损失和精神伤害,酒店应承担相应的赔偿责任。但酒店辩称,酒店本身是人流量大的地方,犯罪分子进入酒店是在发生劫案后才被警方发现的,在这之前酒店已尽到安全保护义务。显然,酒店的辩称具有瑕疵,因为酒店具有排查处理外来可疑人员的安全保障义务,但本案的两名犯罪嫌疑人在酒店逗留多时且形迹可疑,酒店却没有及时发现处理,应当就受害者许先生的损失承担赔偿责任。

2.3.3 客房强奸醉酒女客

案例链接

2015年3月6日22时许,办案民警在某酒店内将桑某抓获。经审讯,桑某很快就交代了自己与受害人成某系小学同学,平时关系较好。2015年3月5日,其与另一男子桑某某一同玩耍时,打电话约成某进城一同玩耍。3月5日22时许,由于降雨无法返回,随即桑某、桑某某二人带着成某在某酒店住下。3月6日上午9时许,桑某某、桑某二人醒来后商量用酒将成某灌醉后实施强奸。随即,桑某外出买来一箱啤酒在酒店客房内三人一同玩扑克喝酒,玩牌期间两人故意使诈让受害人多喝酒,从未喝过酒的受害人成某几瓶啤酒下肚后,就已醉得不省人事;随后桑某某、桑某二人趁受害人成某酒醉之际在酒店客房内先后实施了强奸。

资料来源:中国甘肃网,2015-03-15.

分析

本案中，受害人成某与犯罪分子桑某、桑某某系同学关系，在入住的酒店客房内，将受害人成某灌醉并强奸。酒店在为客人提供入住登记时要严格按照相关法律法规的规定，超过客房规定入住人数，要根据访客制度规定进行登记管理。酒店消防监控室的工作人员要时刻观察客房区域的监控情况，一旦发现可疑情况，立即向安全部和客房部汇总，在第一时间排查可疑人员，防范杜绝此类事件的发生，免除或降低酒店的赔偿责任。

2.3.4　客房针孔摄像头侵犯客人隐私

案例链接

2019 年 6 月 15 日 16 时许，黄先生和女友入住郑州某酒店，2 小时后，他准备充电时，发现充电插座上安装了一个针孔摄像头，"充电器怎么都插不上，我用手电筒一看，很明显就是个摄像头"。

黄先生当即拆下了插座保护壳，但没有工具将摄像头拆下来，他立马找了酒店前台，还报了警。黄先生称，酒店工作人员前来后，一直对监控摄像头的来源语焉不详。警察来到后，又随机对酒店的 4 间大床房、1 间标间进行了抽查，结果在其中 1 间大床房内同样的位置又查到了一个针孔摄像头。"插座就在电视机下面，正对着床头，不敢想象拍了多少视频，有没有流传出去，这对我女朋友的声誉会造成很大影响。"黄先生对此表示担忧。

2019 年 6 月 18 日，酒店销售经理代表酒店方向公众道歉，并称已再次检查，未查出其他房间安装有针孔摄像头，并一直在推脱责任。

分析

本案中，作为酒店经营者，对于酒店客人的人身财产安全，本应负有安全保障义务，在提供服务的过程中，应当保障客人的隐私权不受侵犯。但是，酒店方面却一直以不是他们自己安装的针孔摄像头为由，拒绝承担相应的责任。酒店的理由显然是站不住脚的，因为酒店在日常经营管理过程中，应当为客人提供一个安全的入住环境，对客房内的不安全因素应当进行排查消除，不能以不是酒店安装为由推卸责任。

2.3.5　客房内客人人身安全管理

（1）酒店要提醒客人，晚上睡觉前一定要将房门反锁，并将防盗扣扣好；有陌生人员来访时，应首先通过门窥镜确认来客，通过门缝收取物品，夜间不要轻易打开房门，等等。

（2）酒店应加强客房员工的安全防范意识，随时留意外来可疑人员和房间动态，一旦发现异常，应立即通知酒店安全部。

（3）酒店安全部应加强夜间对客房楼层的巡视，加强对外来可疑人员的排查力度，对于女性客人和外籍客人要尤其关注，他们比较容易成为犯罪分子的目标。

（4）酒店安全部一旦接到凶杀、抢劫、绑架、强奸等事件报告后，安全部经理应在第一时间赶往现场，并安排人员保护现场、控制局势、疏散人员、避免围观，并立即通知公安机关。对伤者应立即送往医院救治。

（5）酒店安全部应协助公安机关进行调查，寻找提供证据材料，并将调查处理结果汇报酒店总经理。对外做好保密工作，不要向媒体和公众透露任何信息。

2.4 客房内客人意外伤亡

酒店客房内还存在客人滑倒受伤、客人醉酒死亡、客人突发疾病伤亡、客人自杀等意外安全问题。客人在客房滑倒通常是因为没有使用防滑垫、瓷砖较滑、年龄较大行动不便等。客人醉酒死亡通常是因为饮酒过量引发自身疾病致死或呕吐物堵塞气管窒息死亡。客人自杀通常是在客房内服用药物或割腕的方式。

2.4.1 客人在客房内滑倒受伤

案例链接

国外一位舞蹈演员K女士来我国内地探亲后，准备很快从某大口岸城市出境回国。当她到某家涉外酒店办好住宿手续，被领进客房时，发现房间并未打扫好，于是把行李放下，到航空公司去拿飞机票并去商场购买纪念品，直到晚上才回来。看到床上的被单和浴室里的浴巾已换上干净的，但地板、废纸篓、烟灰缸还没有清扫整理干净，她本想叫服务员来补课，但时间已不早，人也疲倦了，于是熄灯入睡了。第二天清晨，她刚醒来，朦胧地感觉有人在房间内拖地板，但马上又翻身入睡。不知过了多长时间，忽然听见有人敲门。她匆忙披衣起来，没有立稳就急忙去开门，由于地板打好的蜡尚未干，她一下子滑倒在地，脚后跟摔扭了一下，感到很疼痛。经过服务员向经理室汇报后，客房部经理来到客房向K女士口头做了慰问和道歉，并同意请一位医生来为她检查治疗。此时K女士感到不满意。她进一步提出申诉索赔说："如果医生检查后发觉伤势严重，无法走动，一切住院医疗费用应由你店负责。此外，我原本决定在后天回国，如果因受伤而不能演出的话，一切经济损失也要由你店负责赔偿！"客房部经理这下子傻眼了，不知所措。总算是不幸中之大幸，医生检查后说幸而没有引起骨折……

资料来源：职业餐饮网，2006-12-26.

分析

酒店中的客户未经过彻底打扫整理干净就让客人住进去是绝对错误的，甚至可以说是一种欺诈行为。事后据客房部经理了解，K女士住的那间客房是两天前已腾空，检查人员也口头确认已清扫完毕。但事实上该酒店在客房管理、清洁服务方面存在漏洞。发生事故后需要追查责任时没有书面证据可查。此外，客房管理员与总台之间不通气，将客人领进还未清扫好的客户更是错误的。最后客房管理员和服务员既然已经知晓有客人入住，当客人醒来之前，任意进入客房在地板上打蜡，又始终不想办法提醒客人注意防滑，店方有不能逃脱的责任。保护住房客人人身财产安全是酒店的头等大事。不管主客观原因如何，当客人受了伤，酒店就有一定的责任。如果不能防患于未然，等事故发生再来议论是非，总会陷于被动。该酒店应该理解K女士的心情，除了使客人在精神上得到慰藉以外，在物质方面也要考虑合理适当地予以补偿，当然更重要的是改进管理制度，吸取事故的教训。

2.4.2 客人醉酒猝死客房

案例链接

2009年11月22日上午9时许,某市一家酒店的客房内,一名男性客人醒来后发现同在一室的朋友已经死亡多时。据了解,死者年龄在40岁左右。公安机关随即对男子的具体死亡原因展开了进一步调查。

通过调查了解到,死者21日晚和朋友饮酒后回到客房休息。22日上午9时许,与死者同在一室的朋友醒来后发现,床位靠墙的死者掉在了床位和墙壁之间的地板上,同室朋友呼唤半天不见其清醒,遂拨打110、120呼救,待120急救人员和派出所民警赶到现场时发现中年男子已经死亡多时。

资料来源:兰州晨报,2009-11-23.

分析

酒店客房服务员如发现客人在房间喝醉酒或在外面喝醉酒回来时,应上前询问客人入住的房号,有无同伴,掌握客人醉酒的程度。通过客人的房卡,以及有效证件,与电脑资料核对、确认房号。把确认后的客人送入房间,调节空调温度,设法使客人保持安静。询问客人或同伴是否需要去看医生。对醉酒客人专人负责,耐心照顾,防止发生不良后果。在客人躺的床头旁放好垃圾筒,方便醉酒客人在客房内走动,帮助倒杯温水放在控制柜上。将床头、台灯、过道灯及卫生间灯打开,方便客人辨别方位。

在安置醉酒客人回房休息后,客房服务员要特别注意其房内的动静,以免客房的设备及家具受到损坏或因其吸烟而发生火灾。将醉酒客人的房号及处理过程记在交接本上,做好交接。晚间可与安全部联系,请监控注意,如有异常随时通知客房服务中心。

2.4.3 客人自杀身亡

案例链接

2018年7月,小丽(化名)入住珠海市银某旅馆,后从该房间跳楼自杀。小丽死亡后,她的父母向珠海市斗门区人民法院起诉银某旅馆及其品牌授权方,要求银某旅馆及其品牌授权方连带赔偿269 788.8元人民币。银某旅馆答辩称其已尽到应尽的责任,小丽死亡是其自主行为,与旅馆无关,对小丽父母提出的赔偿理由不认可,不同意承担赔偿责任。

此外,根据建设部《民用建筑建设通则》关于临空窗台低于80 cm时应采取防护措施的规定,小丽入住的酒店房间窗台高度98 cm,不属于必须安装防护措施的范围,且该窗台符合民用建筑窗台净高度90 cm的标准。该窗门为单边固定扇形开合,并安装限位装置限制窗门完全打开,窗门扇形打开后最大宽度仅有16 cm,正常的完全民事行为能力人不会失足坠下。

分析

本案例小丽自杀系其个人主动追求死亡结果的行为,与银某旅馆及其品牌授权方无关,银某旅馆及其品牌授权方没有任何过错,无须对小丽的死亡承担赔偿责任。但是,值得警示的是,银某旅馆及品牌授权方作为酒店这一公共场所的管理者、盈利者,对包括小丽在内的入住消费者应当尽可能地尽到更大安全保障义务。

2.4.4 客房内客人意外伤亡管理

(1)客房服务员在打扫客房时一定要对洗手间进行防滑处理,同时张贴防滑提升标贴,配置防滑垫,防止客人滑倒受伤。

(2)客房服务员在整理客房时,若发现客人服用一些特殊药物,要及时向客房部领导汇报。如果住店客人年纪较大,要重点关注其起居。

(3)客房服务员发现客房异常,如请勿打扰牌长时间悬挂,应立即通知客房部和安全部查询住客信息。在多次敲门后,如仍无人应答,客房服务员则应在保安陪同下,将客房房门打开。

(4)客房服务员发现客人在房间病倒、昏迷不醒时,应立即通知客房部经理抵达现场,并及时送往医院救治。

(5)客房服务员发现客人有自杀倾向时,应立即通知酒店安全部并及时进行阻止。

(6)客房服务员发现客人在客房内自杀身亡时,应立即通知安全部经理,并保护好现场,待安全部经理抵达现场后,协助其做好善后工作,并立即通知公安机关。

(7)客房服务员遇到醉酒客人躺在客房楼层走廊等公共区域时,要及时通知客房部和保安,在保安的陪同下将客人送到房内,留意客人是否有意外情形,提高警觉以防客人醉酒死亡。

专题3 酒店餐饮部安全防控

酒店餐饮是对客经营的主要场所,管辖范围包括各类餐厅、酒吧、娱乐、会展等。餐饮经营场所和餐饮设施设备是酒店客人消费和活动的重要区域。因此,酒店餐饮部安全防控是现代酒店安全管理的重要组成部分。酒店餐饮部安全问题主要包括餐饮服务安全问题、餐厅刑事治安问题、消防安全问题、食品卫生安全问题等,主要表现形态包括客人食物中毒、餐饮器皿设施伤及客人、打翻菜肴烫伤客人、盗窃客人财物、打架斗殴、醉酒闹事、厨房火灾等。

3.1 餐饮服务安全

酒店餐饮服务员为客人提供面对面的服务,其服务安全是客人在酒店消费享受服务的首要要求。因此,餐饮服务安全问题不仅直接关系到客人的人身财产安全,还关系到酒店的声誉和形象,从而直接影响酒店的客源和经济效益。

3.1.1 酒店用餐被烫伤

案例链接

某日,蒋小姐约上一个朋友,一起到位于宁波天一广场附近的某五星级酒店就餐。事先她在网上团购了两张该酒店日餐厅的自助餐券,价格共436元。当时她和朋友坐着聊天,服务员端了汤上来,一不小心就把汤撒在了她的身上。"当时我穿着短裤,汤洒的地方正好在大腿根部,我只感觉下身剧痛,低头一看,短裤已经湿了一大片。"蒋小姐要求酒店赔偿餐费、裤子、路费总计1 000元。而酒店表示,如果蒋小姐要去医院,酒店会找人陪同,医药费也可以由酒店来出,至于其他的费用,酒店不能接受。

记者采访到了该酒店日餐厅的王经理。"当时医生说,蒋小姐的伤情其实也无大碍,也没有起水泡,就是有点红,回家冰敷就行了,可她就是不依不饶,非得要我们赔偿1 000元。"王经理说:"本来服务员上汤的时候,是准备直接放在桌子上的,可她却伸手要去接,不做出这个动作还好,一接服务员没端稳,她也没接住,汤就翻了。"最后,在消保委工作人员的调解下,酒店赔偿了蒋小姐裤子、餐费和打车费用,总共796元。

资料来源:宁波晚报,2017-07-28.

分析

本案例中,客人蒋小姐在酒店用餐时被烫伤,是由于服务员提供餐饮服务时不慎导致,酒店应当承担相应的赔偿责任。根据相关法律法规,被烫伤的客人可以要求餐饮赔偿的范围包括:医疗费、误工费、伙食费、护理费、交通费、住宿费、营养费,以及遵照医嘱可能产生的后续治疗费等,构成伤残的话还可以要求精神损害金赔偿。法律规定对医疗费部分的赔偿以正规医疗机构出具的医疗证明和医疗花费票据为标准,赔偿权利人只要能够提供医院的医疗证明和医疗费用证明,所产生的费用就可以得到支持。

3.1.2 酒店用餐误吞玻璃碴

案例链接

某日,小王到义乌出差,入住到一家半岛世界酒店。第二天早上,他在酒店吃早餐。但是吃到一半的时候他发现不对劲。小王称:"我在吃的过程中突然发现嘴巴里有异物,吐出来居然是两块玻璃碴,于是赶紧联系酒店。后来酒店方陪着去医院拍了CT,发现胃里还有两块玻璃碴。"对于这件事酒店方面解释,可能是盛放肉松的器皿在客人取餐过程中发生破裂,导致玻璃碴掉进肉松里,而恰巧被他给吃了下去,从而导致了这起事故的发生。而小王表示,医生检查后发现有两块玻璃碴在胃里面,不排除内脏会被玻璃给划伤,酒店出现这种疏忽实在是不应该。所以他需要酒店方面赔偿他5 000元的补偿费用。可酒店经理表示"最多赔偿500元,不过愿意减免房费和承担治疗的费用。这次已经检查过了,没有什么大碍,关于这个玻璃碴,只要后期排泄出来就好了,不会对人体造成什么影响的。"对此小王认为:他吃进去的那一刻已经对他的身体造成影响了,如果赔偿500元就了事的话可以叫店长自己吃下试试。

分析

本案例中,酒店在提供自助早餐时,存放肉松的玻璃器皿破裂导致玻璃碴掉进肉松,客人小王食用了肉松后误吞玻璃碴。酒店以客人取餐过程中将玻璃器皿打破为由要求免责,显然是不恰当的。客人在酒店消费用餐,酒店就有义务保障客人的人身安全,即使是客人打破了玻璃器皿,酒店也应当及时发现并进行正确处置。客人因此花费的治疗费等依法应当由酒店承担的费用,酒店不应该推脱。

3.1.3 餐饮服务安全问题管理

(1) 酒店平时要加强餐饮服务人员的培训,提升基本服务技能,了解客人的消费需求。

(2) 当酒店餐饮服务人员的服务工作出现失误时,餐厅管理人员应立即采取应对措施,并向客人做好道歉解释工作。

(3) 如果客人对餐饮服务进行抱怨、投诉,应当先聆听并安抚客人的情绪。

(4) 如果造成客人人身伤害的,应立即陪同客人赴医院进行检查诊治,随时向酒店领导汇报客人就诊情况。

(5) 酒店餐厅管理人员应有理、有利、有节地处理对客矛盾,尽可能满足客人合理的要求,承担在自己过失范围内的合理的赔偿责任。

(6) 涉及酒店多部门合作处理的餐饮服务安全问题,多部门应相互配合做好善后处理工作,将事件的消极影响降到最低。

(7) 如果客人提出的要求远远超出正常的合理程度,在向领导汇报并得到同意后,可以通过法律途径解决。

3.2 餐厅刑事治安安全

酒店餐厅是对客服务的主要场所,也是酒店安全管理的重点区域。酒店餐厅刑事治安问题主要包括盗窃财物、打架斗殴、诈骗、醉酒闹事等。维护酒店餐厅刑事治安安全,为客人提供安全的就餐环境和消费场所,是酒店保障客人人身安全和财产安全的首要前提。

3.2.1 婚宴手机被盗

案例链接

2004年5月20日晚上,某酒店一场大型婚宴正在喜庆中准备着,参加婚宴的客人陆续进入了开元厅。刘老师为祝福新人,也早早地来到了婚宴现场。新人亲朋好友很多,刘老师便随意找了个座位,热情的服务员及时为刘老师送上茶水。这时一位穿西装的年轻人坐到了刘老师的身边,年轻人很热情,介绍自己说是新人的同事,特地从杭州赶来参加他们的婚礼。聊了一会,年轻人便拿出手机打电话,对着手机讲了几句后,年轻人很歉意对刘老师说:"我的手机没有电了,有一个朋友在门口来参加婚礼,找不到我,能不能借你的手机用一下,让我告诉他我在哪儿?"刘老师没有多想,便把手机递给了他,年轻人一边连声道谢,一边用刘老师的手机打起了电话。"我在开元厅,5楼,哦,你到了,你在哪儿呀?我怎么看不到你?在门口?出来找你?好的。",说着,年轻人便起身快步向门口走去。刘老师原以为他过一会儿就会出现,结果等来等去,始终不见年轻人的踪影。刘老师这才恍然大悟,自己上当了,手机被骗。

资料来源:开源国际酒店管理公司人力资源部.酒店安全管理案例汇编[Z].开源国际酒店管理公司,2005.

分析

在各类酒店餐厅中举办婚席，宴请亲朋好友，由于人员较多，婚宴安全也成为酒店安全管理的重点内容。在婚宴中，酒店应加强安保的巡查力度。尤其在人员较多、复杂的情况下，婚宴各类偷窃、诈骗层出不穷，婚宴的安全显得尤其重要，酒店服务人员更要具有较强的安全防范意识，及时为婚宴客人提供椅套服务，提醒客人随身携带手机等贵重物品，以免发生类似情况。

3.2.2 就餐打架斗殴

案例链接

新郎程某与新娘吴某在某酒店宴会厅举办婚宴。婚宴进行到一半，新郎程某的儿子(前妻之子)因心有怨恨，于是叫过来六七名社会上的朋友来婚宴现场捣乱。这时婚宴将近结束，大部分参加婚宴的客人已离店，其儿子与新郎发生口角。因是其内部事务，加上亲朋好友又都在劝架，当时服务员也不好直接干预此事，后发展到在争吵中其儿子用小刀将新娘的哥哥腹部捅了一刀，后背处划了两刀。这帮人肇事后迅速离开酒店。酒店保安接到报警后，当班主管小朱立即召集岗位上当班保安于3分钟后火速赶到3楼现场，至3楼客梯口时碰到一位满身血渍的客人(新娘哥哥)被四五个人拥扶着进了电梯，并送往医院(后在中心医院查明系轻重伤，无生命危险，住院治疗)。当班主管小朱向服务员了解相关情况并找到新郎征求处理意见，新郎考虑到事情的严重性，最后报警处理。

分析

本案例中，新郎程某的儿子因对新郎再婚不满，召集社会闲散人员在婚宴上闹事，最后造成了新郎哥哥受伤的严重后果。酒店在本案中有两点做得不到位：一是有社会闲散人员进入酒店，没有及时发现并做好预防管理工作；二是当新郎儿子与新郎发生口角时，酒店服务员不能因认为其是家庭矛盾，而不采取任何应对处置措施，任由形势恶化，最后造成客人受伤的严重后果。酒店应当承担在没有尽到安全保障义务的范围内的赔偿责任。

3.2.3 大堂吧香烟诈骗

案例链接

大堂吧内，阳光透过高大的玻璃门，客人们三三两两地坐在靠窗户的位置，品茗、聊天，享受着阳光的爱抚。服务员穿梭于客人中间，优雅地添茶水、送点心。此时，一个西装革履的"客人"，左手提一个手提包，右腋窝里夹个公文包，不紧不慢地走进了大堂吧。落座以后，服务员立即上前，询问道："先生，你需要喝点什么？"这位"客人"想了想，说道："先来杯绿茶吧，我在等我的客户洽谈一笔生意。他马上就要来了。"说罢手提包放在了脚下，公文包放在桌子上，悠闲地跷起了二郎腿。他从身上掏出半包中华烟，抽出一支，准备点上，突然又叫住了转身离去的服务员，说道："等等，我的烟不够了，今天客户比较多，你先拿两条中华烟给我吧。""好的,先生,请你稍等。"不一会儿,服务员从吧台拿出两条中华烟,连同一杯绿茶一并给这位客人送上。一支烟抽完了,没有人来。两支烟抽完了,还是没有人来。客人显然是等得不耐烦了,站起来在窗前踱步,掏出手机打了起来:"喂,吴总啊,你现在在哪里啊?哦,已经在车上了,我就在XX酒店的大堂吧里。什么?哦,好好,我在门口迎接你们。"说话间,客人顺手拿起桌子上的烟,不紧不慢地朝大堂走去。两个看起来档次较高的包还在客人刚坐过的位置上放着。5分钟过去了,不见客人回来。一刻钟过去了,还是不见客人回来。服务员终于忍不住了,去大堂里一看,哪里还有那个客人的身影?连忙打电话通知安全部。保安赶到后,掂起包,打开一看,大包里放的是一些饮料瓶等杂物,小包里放的是一些报纸。

资料来源:职业餐饮网,2011-03-15.

分析

本案例中,从"客人"进大堂吧的时候起,大堂吧服务员就犯了一个错误,就是以貌取人,认为"客人"有这种派头,再加上两个包在身上,就放松了警惕。当"客人"提出要先拿两条中华烟时,服务员更应该婉拒,因为不管客人说什么,他还没有付账。"客人"走出去后,大堂吧服务员没有去阻拦,认定"客人"两个"重要"的包放在桌子上,不会走远。结果正是服务员这一步步地判断失误,才导致了这类案件的发生。这种诈骗犯一般单独作案,他装出的派头比较大,往往带一个大包或一个公文包,在大堂或餐厅内单独点菜,中途要高档的烟和酒,将携带的包放于明显的地方让服务员看到,迷惑服务员,然后装作打电话或上楼趁机溜之大吉,而包内往往是空的。遇到这种情况,服务员必须跟随,及时通知酒店安全部。

3.2.4 醉酒男子酒店闹事

案例链接

2018年5月12日21时许,三亚市公安局吉阳分局荔枝沟派出所接到报警称:保险箱有一醉酒客人在辖区某酒店大厅前台处闹事打砸。接警后,值班民警唐业立即带人赶往现场。到达现场后,民警发现在酒店大厅前台有一名在辱骂他人、打砸前台电脑显示器与收银牌的醉酒男子。随后,民警依法将该男子带回派出所并约束至酒醒。

后经了解得知,因该男子想使用他人的身份证办理入住,服务员在核验后发现身份证与本人不符,便要求其出示本人身份证,但男子并不出示自己的身份证,还进行辱骂、打砸等行为。经调查,违法行为人吴某青(男,32岁)如实陈述其寻衅滋事的违法事实。根据《中华人民共和国治安管理处罚法》的相关规定,市公安局吉阳分局依法对违法行为人吴某青予以行政拘留15日,并处罚款1 000元。

资料来源:三亚市公安局网站,2018-06-13.

分析

酒店工作人员在遇到醉酒客人闹事时,应避免与其发生正面冲突,在保护自身安全的同时,第一时间通知酒店安全部,安全部工作人员应立即到达现场,并控制现场局势,保护酒店客人与员工的人身安全,并根据现场事态决定是否需要报警处理。

本案例中醉酒客人在打砸酒店电脑的同时,不断辱骂酒店工作人员,酒店的报警处理比较恰当,醉酒客人吴某在接受行政处罚后,还应当赔偿酒店因其打砸造成的财产损失。

3.2.5 餐厅刑事治安管理

(1) 酒店餐饮部应定期对服务人员进行各类安全事件应急预案的培训,提升服务人员的安全防范意识和处置安全事件的能力。

(2) 酒店餐厅应划分责任区,服务人员在岗时应时刻关注责任区的安全情况,对进入餐厅的人员保持警惕,防范盗窃事件的发生。

(3) 客人用餐时,服务人员应及时提醒客人注意并看管好随身携带的个人贵重物品。若发现客人遗留物品,应及时收回上交,并做好记录工作。

(4) 餐厅出现刑事治安安全事件时,服务人员应及时处理上报,并及时通知安全部,待保安到达现场后,协助处置事件。

(5) 酒店保安应按照巡楼规定加强餐厅巡视,发现安全隐患或可疑人员应当及时处理,禁止脱岗等现象出现。

(6) 重要客人、外宾和团队用餐时,酒店服务人员应重点关注,确保客人的人身财产安全。

3.3 餐饮消防安全

酒店餐饮场所是消防安全管理的重点区域,其中厨房区域是消防安全防控的重中之重。酒店餐饮场所常见的火灾类型包括违章动火用火引发火灾、排油烟管道长期未清洁引发火灾、电器故障引发火灾、使用固态酒精引发火灾等。

3.3.1 违章动火引发火灾

案例链接

2019年5月25日,位于南京新街口的一家高层商业综合体正在装修的酒店起火。事后查明,火灾系现场施工工人吴某等人违章切割油烟管道,引燃可燃物质所致。火灾发生后,公安机关将负责拆除作业的项目负责人袁某等5人依法传唤审查。目前,袁某、吴某等5人因涉嫌重大责任事故罪,已被南京市秦淮公安分局依法刑事拘留。南京市公安、应急管理、消防等部门表示,要对消防安全生产违法违规行为,坚持"零容忍"和追责到底。各单位务必增强消防安全意识,压实消防安全责任,落实消防安全制度,严格电焊等动火作业安全操作规程,加强火灾隐患排查和整治力度,最大限度减少火灾事故发生,全面提升城市安全发展水平。

资料来源:荔枝新闻网,2019-05-26.

分析

本案例中,由于施工人员在切割拆除作业前没有对抽油烟机及其管道里面的油垢进行清理,导致在整个切割拆除过程中起火。同时,由于切割作业人员在情急中,采用水进行灭火,导致油垢随水流散,形成流淌火,随即引燃周边可燃物。此外,负责现场切割拆除作业的施工人员与施工单位报备的动火证上的人员并不相符。所幸施工作业区域的自动喷淋灭火系统并没拆除,在现场温度达到设定值后,迅速启动,阻止了火势向大厦内部蔓延。切割作业人员没有第一时间报警,施工作业区域的消防自动报警设施被拆除,如果这时大厦内部巡逻人员再晚一点到达现场,其后果不堪设想。

3.3.2 违章操作引发火灾

案例链接

某酒店晚举办婚宴,餐饮部将婚宴的出菜放在二楼员工餐厅的厨房进行,并安排汤某等人负责出菜工作。6点10分左右,小汤在炉台进行油锅加热,由于工作责任心不强,在油锅还在加热时离开炉台至备餐间询问上菜时间,导致炉台在烧却无人在场。由于锅较大,受热面积广,加热速度也较快,小汤离开不久,油锅里的热油就因为温度较高起火,厨房打荷小关首先发现火情,小汤闻声赶来,及时跑去取来灭火器进行灭火。忙乱中小汤并未及时将灭火器打开,后在同事的协助下打开灭火器进行灭火,但在灭火过程中未及时关闭电源导致火势越烧越旺,火苗窜至排烟管道。为防止引起更大火灾,当即使用了干粉灭火器进行灭火,在其他人员的帮助下,将火扑灭。

资料来源:开源国际酒店管理公司人力资源部. 酒店安全管理案例汇编[Z]. 开源国际酒店管理公司,2005.

分析

本案例中,酒店餐饮部工作人员汤某操作不符合规定,缺乏消防安全意识,擅自离开正在加热的油锅,导致油锅起火。在发生火灾后,不会正确使用灭火器,以至于在灭火过程中未能及时打开灭火器,延缓了灭火的时间,幸好在其他工作人员的帮助下,成功将火扑灭,避免火势蔓延至排油烟管道,造成更大的火灾。这在一定程度上也反映了酒店平时对员工的消防培训不到位,员工掌握消防安全知识不扎实。

3.3.3 电器故障引发火灾

案例链接

某晚,酒店酒吧营业结束,服务员关了灯,锁好门下班了。凌晨3点钟左右,安全部保安巡逻至酒吧门口,发现门缝内有浓烟冒出。发现情况不妙后,保安赶紧通知值班室,拿来钥匙开门进去查看,只见吧台上的加热器已经烧焦,吧台被烧了一个大窟窿,木质的吧台已经着火而且火势正向旁边的电脑蔓延。保安当机立断,马上切断电源,使用就近的灭火器迅速扑灭了火,控制了火势。事后查明,这是酒水员下班时忘记把加热器的电源关掉,致使水壶内的水烧干,炽热的金属加热器使吧台木板温度过高自燃而引起了这起事故。幸亏保安及时发现,否则后果不堪设想。

分析

酒店使用电器频率是很高的,而员工有的由于刚刚上岗,有的由于专业水平限制,有的由于责任心不强,对酒店的一些设施设备的操作存在着一定的盲区。因此,加强对员工的电器等设施设备的使用、维护、保养等方面的培训是酒店各部门安全管理的一项重要工作。同时,提高员工责任意识,严格劳动纪律,加强检查、巡检力度也是控制和避免酒店电器故障事故发生的有效手段。

3.3.4 煤油炉爆炸引发火灾

案例链接

2003年2月2日17时58分,黑龙江省哈尔滨市某酒店工作人员在取暖煤油炉未熄火的状态下,加注溶剂油,引起爆燃导致火灾,造成33人死亡,10人受伤,直接财产损失158 393元。哈尔滨市消防支队于当天18时22分将火扑灭,并先后抢救、疏散100余人。事故发生后,党中央、国务院领导高度重视,立即指示当地要采取紧急措施,全力抢救受伤人员,做好有关善后工作,并尽快彻底查清火灾原因。

经过仔细、认真的调查,祁胜利、祁胜东、祁艳华3人在经营管理该酒店期间,违反了《中华人民共和国消防法》(以下简称《消防法》)和中华人民共和国国家标准《建筑设计防火规范》的规定,没有在酒店内安装火灾自动报警、自动喷淋、机械防排烟系统。在接到公安机关消防监督机构指令后,他们仍然拒绝改正。最终,因为工作人员操作失误,引发火灾后,因为没有这些报警和自动灭火、排烟系统,酒店瞬间变成火场,成为一片死地,最终的结果,就是33人死亡,10人受伤,直接财产损失158 393元。2004年7月27日在哈尔滨市道外区人民法院一审宣判,6名被告分别被判处有期徒刑。

资料来源:哈尔滨天潭大酒店火灾安全事故.中国国家应急广播网,2017-04-23.

分析

本案例中,据消防专家现场勘察和幸存就餐者证实,初步认定火灾是服务员为煤油炉加油时操作不当引起的。根据这种煤油炉的使用规定,加油时必须熄火冷却,可是事发时该酒店的服务员却在没有熄火的情况下加油导致爆炸,引起大火。据了解,火灾中3层楼的酒店过火面积只有200多 m²。过火面积小却造成这么大的人员伤亡,主要是因为取暖煤油炉所用燃料在空气中燃烧时挥发大量有毒气体,造成人员中毒死亡。同时,酒店从来没给员工进行消防常识和必要的消防自救手段的培训。

3.3.5 酒店餐饮消防安全管理

(1)餐厅服务人员和厨房员工应掌握基本消防知识,参加并通过酒店的消防培训,能够熟练使用消防设施设备,按照规定严格操作使用明火。

(2)餐厅服务人员在工作过程中要注意查看火种和未熄灭的烟头等火源,并进行及时处理。

(3)按照规定使用酒店易燃物品,避免造成火灾隐患,对火锅等使用明火的餐具要进行重点监控。

（4）发现客人携带易燃易爆物品进入餐厅时，应立即劝阻客人，并及时通知安全部人员进行处理。

（5）餐厅服务人员在结束营业前应进行离岗安全检查，关闭所有电源，确保无消防安全隐患后方可离开。

（6）厨房应按照规定执行专业的消防安全检查，工程部人员应定期对厨房的电气线路、设施进行检查和维护，保证厨房的电气安全，避免设备带故障运行。厨房员工发现电器或线路故障时，应立即通知工程部，由工程人员进行维修。

（7）厨房员工不得离开工作岗位，油锅、烤箱温度不宜过高，严防溢锅着火，引发火灾。

（8）厨房应至少每半年清洗一次油烟管道，清洗时要由专业人员操作，卸下管道清洗时应避免接近明火。

（9）厨房员工下班前要认真检查厨房区域的安全情况，关闭门窗，切断电源，关闭电器设备和煤气阀门，并做好记录。

3.4 食品卫生安全

食品卫生安全管理是保证菜品和饮品质量、防止污染、预防食物中毒的重要手段。酒店餐饮部门应加强卫生管理，对食品的原料、储存、加工、烹调、厨卫设备、餐具、环境、员工卫生等各环节和因素进行严格把关，确保客人在酒店消费的食品安全卫生。

3.4.1 食源性食物中毒

案例链接

1. 2010年10月8日上午8时许，一众广州旅行团游客在四川海螺沟景区食用当地酒店提供的早餐后出现中毒症状，其中一名女性广州游客病情严重，于送院后不久死亡。据了解，该旅行团为稻城亚丁、海螺沟、成都双飞七天团。10月2日从广州出发，原计划昨天下午返回广州。该团一行13人在酒店食用酒店提供的中式自助早餐后，出现头晕呕吐等不适症状，包括酒店员工及全国各地其他游客在内总共一百余人须送院治疗，其中游客谭女士经抢救无效证实死亡。有关此次集体食物中毒的原因尚不确定，但怀疑是由旅客所食的腊肉含有过量的亚硝酸盐所致。

资料来源：10·8四川海螺沟食物中毒事件．百度百科．

2. 2018年8月26日7时许，桂林市某大酒店发生了一起食源性疾病事件，桂林市政府、七星区政府立即启动食品安全应急预案。市、区两级食品药品监督、卫生计生部门及市疾病预防控制中心等有关部门立即开展相关工作。截至8月27日18时，共有159人在有关部门的督促关心下到医院接受检查，92人入院治疗。经全力有效治疗，大部分患者病情好转，无危重及死亡病例。目前，仍有20人留院观察。事件发生后，涉事酒店餐厅已停业整顿。有关部门全力开展救治、安抚工作，依法依规正在开展调查。目前，根据桂林市疾病预防控制中心初步判断，这是一起由沙门氏菌感染引发的食源性疾病事件。

资料来源：桂林市七星区人民政府网站，2018-08-28．

分析

上述两个案例中,客人发生大规模食源性食物中毒事件,主要原因是酒店在食品原料选择、食品的加工和烹调的过程中没有按照相关规定进行严格操作,最终造成了客人伤亡的后果。酒店应当按照《食品生产企业危害分析与关键控制点(HACCP)管理体系认证管理规定》的相关内容,建立和实施卫生标准操作程序,保障酒店的食品产品符合安全卫生的要求。

3.4.2 员工投毒致食物中毒

案例链接

2008年4月16日中午,常州一家酒店23名员工在食用工作餐后陆续出现嘴唇发紫、腹痛、胸闷等中毒症状。据一名中毒员工回忆,当日上午10时30分左右,酒店的员工陆续开始吃工作餐,吃过饭后不一会儿时间,身边的同事开始出现呕吐、嘴唇发紫、浑身无力等症状。有人连忙拨打110、120请求救援。据常州市一院急诊室医护人员介绍,当时送到该院的患者症状都非常相似,均表现为出现紫绀、呼吸困难症状,初步诊断为亚硝酸盐中毒。经治疗,2008年4月22日,23名中毒的酒店员工结束治疗陆续出院。

资料来源:常州酒店员工被辞怀恨在心投毒致23人中毒. 迈点网.

分析

本案例经过警方侦查,确定是人为投毒。该酒店原员工王某因涉嫌投放危险物质罪于2008年5月4日被逮捕。经查明,王某是酒店负责冷菜的小工,因被辞退心怀不满,于是将"硝"投进了食盐罐里。厨师后用含亚硝酸盐的食盐烧制员工餐,导致该酒店的23名员工食用后中毒。投毒者王某因犯投放危险物质罪被常州钟楼法院依法判处有期徒刑3年。被告人王某赔偿附带民事诉讼原告人白某等人共18 475.48元。

3.4.3 食品卫生安全管理

(1) 厨房工作人员应更衣、洗手后方可进入操作间进行加工。

(2) 厨师加工食物前应认真验收加工原料是否新鲜。

(3) 加工原料清洗完毕后应分类存放,并按存放时间进行先后加工。操作时执行"生与熟隔离、成品与半成品隔离、食物与杂物隔离、食物与天然冰隔离"的制度,防止交叉污染。

(4) 熟食要低温、短时储存。熟食品在加工食用前必须煮熟炸透,彻底灭菌。

(5) 热菜及凉拌菜制作完毕后应立即供给客人食用,严禁提前加工。

(6) 工作结束后,调料加盖,调料瓶、炊具、工具、用具、灶上、灶下、台面应清洁整理干净,地面清扫拖净。

(7) 操作间内应配备有盖的污物桶、潲水桶,每日工作后的垃圾应日产日清,污物桶、潲水桶存放点随时保持干净整洁,定期进行消毒杀菌。

专题 4 酒店康养部安全防控

酒店康养是客人进行保健养生娱乐的场所。五星级酒店大多都有游泳、健身、KTV、桑拿、SPA、足浴等多种康养服务项目。酒店康养服务项目越多,来往的人流就越复杂,管理难度也越高,安全问题发生的概率也就越高。酒店康养安全事故的主要表现有游泳池溺水伤亡、桑拿高温烫伤、健身扭伤拉伤等。

4.1 游泳区域安全

酒店游泳池是酒店客人经常使用的康养区域,也是酒店安全事故发生较为频繁的区域,主要表现为客人因游泳池地面湿滑滑倒受伤、客人游泳溺亡、未成年人违反规定游泳伤亡、游泳池卫生不达标导致感染等。

4.1.1 客人游泳池滑倒

案例链接

酒店客人水某于 2010 年 5 月 18 日因公差入住某酒店,21 日早上去酒店健身中心游泳,由于游泳池湿滑摔倒,回房后水某立即电联酒店客服中心,大堂经理陪同其前往福州协和医院就诊,诊断为左手尺骨不完全骨折并用石膏外固定。水某于 21 日下午因公返回上海后,病情恶化,先后到上海龙华医院、上海第六医院进一步诊治,最终确诊为左手尺骨冠状突骨折,医疗费、交通费等损失合计 23 万余元。之后水某要求酒店赔偿全部损失,酒店在赔偿数额上与水某没有达成一致,水某起诉到法院要求酒店赔偿。

资料来源:新浪司法网,2015 - 10 - 30。

分析

法院审理后认为,本案中水某与被告酒店双方依法成立酒店服务合同关系,被告酒店负有安全保障义务,但游泳池场所没有安全救护人员及时提供救助,且游泳池四周未铺设防滑走道,故没有尽到安全保障义务,理应承担主要赔偿责任。同时,水某作为完全民事行为能力人,理应尽到一定的注意义务,因自身未尽到注意义务导致滑倒,具有一定的过错。最终法院依法判决被告酒店承担 70% 的赔偿责任。

4.1.2 女子游泳池溺亡

案例链接

赵女士于去年 10 月到位于北京市海淀区的一酒店开设的游泳池游泳,却不幸溺亡。赵女士的家属认为事故发生时酒店的救生员并没有在岗,未尽到安全保障义务,而且酒店并未建立深水区游泳管理制度,并在醒目位置予以公示。死者家属近日起诉到法院,要求酒店承担全部赔偿责任,共计赔偿死亡赔偿金、丧葬费、被抚养人生活费、精神损害抚慰金、交通费、误工费130万元。在庭审过程中,店方则有不同说法,认为酒店就此次事故并不具有过错。事故发生时,两名救生员在岗,已经尽到了安全保障义务,因此酒店无须承担任何责任。

资料来源: 中国法院网,2017-06-01。

分析

法院经过审理,认为根据我国《侵权责任法》第三十七条的规定,宾馆、商场、银行、车站、娱乐场所等公共场所的管理人或群众性活动的组织者,未尽到安全保障义务,造成他人损害的,应当承担侵权责任。根据相关管理规定,人工游泳池应按照水面面积配备2名以上的专职水上救生员,在游泳池开放期间现场值班。酒店作为游泳馆的管理人,理应按照规定在游泳馆配备充足、尽责的救生人员以保证在发生意外事件时受害人能够在第一时间内得到救治。虽然酒店确实在游泳馆配备了救生人员,但救生人员疏于履行围绕游泳池周围实时在岗巡视的义务,导致未能及时发现赵女士的不良状况、在第一时间施救,影响了救援的及时性和有效性,这应视为酒店违反了安全保障义务,理应承担相应的赔偿责任。

4.1.3 酒店游泳池安全管理

(1)酒店游泳池救生员及工作人员必须经过健康体检和卫生知识培训,持有效健康合格证和卫生知识培训合格证,方可上岗工作。

(2)更衣室、淋浴室和卫生间设有机械抽风装置,并每日定期清洁消毒衣物保管柜等客人经常接触的极可能受到污染的地方。

(3)加强游泳池水质管理,每间隔2~4 h检测池水余氯含量。营业期间,余氯含量必须保持在0.3~0.5 mg/L。室内游泳池、水上游乐池每日的最小补充水量不小于总水量的3%,室外游泳池则不小于5%。对游泳池水进行沉淀吸污,尤其是没有自动循环系统的场所。儿童池须每天换水一次。

(4)浸脚池水的余氯含量应该保持在5~10 mg/L,并至少每4 h换水一次。

(5)禁止患肝炎、心脏病、皮肤癣疹(包括脚癣)、重症沙眼、急性结膜炎、中耳炎、肠道传染病、精神病等疾病的患者和酗酒者进入游泳池。场中加强巡视监护,发现有以上疾病的可疑患者,劝阻其进入游泳场。

(6)做好防滑处理和警示标志张贴,预防溺水及其他游泳池事故和意外伤害事故的发生。

(7)做好游泳池突发事件应急预案的制定与培训工作,一旦发生安全突发事件,能够及时有效地处理。

4.2 健身区域安全

酒店健身房包括跑步机、健身车、椭圆车等健身器材,是客人在酒店健身锻炼的重要区域,也是健身扭伤、跑步机摔倒等健身安全事故多发的区域。这就要求酒店对于运动量较大或较危险的健身项目,加强保护措施,配备充足的健身教练和服务员,在客人操作前加强操作提示和保护措施,以免客人发生健身事故。

4.2.1 健身房运动受伤

案例链接

1. 田先生在一家高星级酒店健身房花 2 500 元办了一张年卡。他在第一次体验健身服务时,教练因没有给田先生进行现场指导,也没有人告知田先生使用健身器材的注意事项。结果,田先生健身时被器材夹伤了一条腿。田先生觉得是酒店的过错致使自己受伤,遂向酒店要求赔偿。经理却称酒店已经尽到了安全保障义务,不承担任何责任。

2. 陈女士在酒店健身房上动感单车课,这天来了一名新教练,音乐刚刚响起,陈女士的脚就脱离了踏板受伤,后被诊断为左距骨及左踝骨骨折,须住院治疗一个星期,花了 3 680 元医疗费。伤好之后,陈女士找到健身房负责人,对方却称,这是由于她自身原因造成的,与健身房无关。

资料来源:人民日报网,2018 – 05 – 24.

分析

上述两个案例中,酒店应负主要责任。酒店作为经营者,客人受伤与其管理过错有直接因果关系。首先,酒店并没有安排专业的健身教练进行现场指导及协助或即便安排了教练也没有在健身前进行事先指导;其次,没有人进行健身风险提示,也没有标明正确使用健身器械的方法;最后,在客人自行进行健身时,也没有工作人员来进行适当的劝告。所以,酒店健身房没有尽到安全保障义务,对于两位客人所受的伤害,应该承担赔偿责任。

4.2.2 健身房运动猝死

案例链接

苏州昆山一男子张某在酒店健身房内聘请私教健身,却在健身过程中猝死。原来,该男子患有冠心病,而他在办卡时却向健身房隐瞒了自己患病的事实。出事后,该男子的亲属起诉酒店索赔 100 多万元,理由是酒店健身教练并无国家相关职业资格证书,且在健身风险提示方面,未对张某做到具体和有针对性的告知,因此存在瑕疵。昆山法院审结了该起生命权纠纷案件,认定此次事故所造成的损失约为 120 万元,并判令由被告健身房承担 10% 的赔偿责任。

资料来源:扬子晚报网,2017 – 09 – 03.

分析

法院认为,酒店健身房在为客人办卡时已经健身房向其提供了健身问答表,并在问答表内用了大量篇幅列明了健身可能对身体状况造成的影响,已经尽到了风险告知义务,且酒店健身房并非医疗机构,不具备相应技术和设备对张某的身体进行检查,只能依据张某自行提供的信息来了解其是否患有身体疾病,并以此为基础制订健身方案,但张某隐瞒了自己患有冠心病的情况,系疏于对身体进行管理的表现,因此,张某应负此次事故的主要责任。

但是,由于张某所聘请的酒店该名私教并无国家相关职业资格证书,只是该健身房自行培训上岗,且在健身风险提示方面,未对张某做到具体和有针对性的告知,因此存在瑕疵,健身房应该承担相应的10%赔偿责任。

4.2.3 健身房安全管理

(1)健身房工作人员应当熟练掌握各种健身器材的使用方法、功能及保养常识,按说明正确使用健身器械,不得违规操作,不得随意使用器材,以免造成伤害。

(2)健身房工作人员应当介绍、示范健身运动,首先介绍设备的性能和操作方法,当客人要求辅导时,工作人员应主动示范。

(3)健身房工作人员应坚守岗位,注意安全,严格执行健身房规定,注意客人健身动态,随时给予正确的指导,确保客人安全运动,礼貌劝止一切违反规则的行为。

(4)健身房工作人员要做好清洁卫生工作,保持环境卫生和设备卫生,保持环境的整洁和空气的清新。

(5)18周岁以下未成年人及不具备独立操作能力的人,在锻炼时应有成年人监护,以免受伤害。严禁在器械上做危害他人的工作,若给他人造成伤害,由其承担相应民事责任。

(6)以健身房工作人员下班前要检查水、电、门窗,做好防火、防盗工作。

4.3 洗浴区域安全

酒店洗浴康养服务除了传统的桑拿浴,现在还包括温泉浴、SPA、足疗、汗蒸等。随着社会经济的不断发展、人民生活水平的不断提高,对于洗浴康养服务的消费需求越来越大。酒店在提供服务时要时刻注意客人的人身财产安全,如预防客人因地面湿滑摔倒、提醒客人因身体问题引发伤亡、重点关注醉酒客人的状况等。

4.3.1 醉酒客人桑拿死亡

案例链接

2018年5月15日凌晨,刘某与其友人晚餐饮酒后前往酒店处洗桑拿,进入酒店后,刘某无视酒店大厅入口等处放置、张贴告示"请勿空腹、过度疲劳、酒后泡温泉""醉酒者、高血压、××、皮肤病患者谢绝入内消费"的提示,还要继续洗桑拿。期间因刘某在酒店休息时出现腹胀、腹痛、呕吐等症状,经酒店服务员送往医院抢救后无效死亡。事发后,酒店为死者刘某垫付赔偿金和丧葬费5万元。事后,死者家属向法院提起诉讼,要求酒店赔偿医疗费210元、丧葬费33 490元、死亡赔偿金433 524元、被抚养人生活费32 600元、交通费1 000元、鉴定费7 000元、精神抚慰金35 000元,共计54万余元。

资料来源:昆明中院网,2020-03-19.

分析

法院在审理后认为酒店有义务保障刘某在洗桑拿过程中的人身安全。酒店未能按照规定及时提醒并阻止刘某进入酒店洗桑拿,没有尽到合理范围内的安全保障义务,存在过错,应当在其过错范围内承担赔偿责任。刘某饮酒后进入酒店洗桑拿后死亡,自身存在重大过错,应当承担主要责任。最终法院判决:酒店对刘某的死亡承担10%的责任,酒店在先期支付赔偿金和丧葬费5万元的基础上,另行支付死者家属27 000元。

4.3.2 客人桑拿财物被盗

案例链接

1995年1月4日,李某去江苏某大酒店用桑拿浴,随身携带人民币3 000余元和2 000多元的债券及其他一些贵重物品。因数额较大,李某要求大酒店服务员代为保管,可服务员却以无此先例为由,拒绝了他的要求。李某将这些财物放入更衣箱内上锁。用完桑拿后李某却发现箱内的财物不见了,当即向酒店报案并要求赔偿。酒店认为接受桑拿服务的客人应当与住店客人区别对待,对于非住店客人的贵重物品的丢失酒店不负责任。为此李某起诉到法院,要求赔偿。

分析

从酒店和客人的权利义务关系来看,只要客人提出在酒店消费,而且酒店接受了客人的消费要求,酒店就有责任保管好客人随身携带的物品。客人在酒店内用桑拿浴不可能将随身携带的物品带入浴室内,酒店也不可能要求客人不能携带物品进入酒店。所以客人在用桑拿时,要求酒店提供安全地方存放物品是合理合法的,酒店也有义务保管好客人的物品。因此,酒店有保管客人贵重物品的责任,应当承担主要赔偿责任。

4.3.3 洗浴区域安全管理

(1) 时刻保持酒店洗浴区域的清洁卫生,地面禁止有任何异物,出现积水须马上清理,客人使用完的一次性用品如有散落地面应马上处理,防止磕绊滑倒情况发生。

(2) 提醒身体不便、无人照顾的老人最好不进入洗浴区域。儿童进入洗浴区域后应提醒其家人注意安全。老人和儿童进入洗浴区域后应重点关注,密切关注其状态,随时做好应急准备。

(3) 醉酒客人是酒店洗浴区域不可避免的消费人群,在其进入洗浴区域后除进行正常提醒外,应马上通知当班主管,并在其洗浴过程中定岗关注,直至客人离开洗浴区域。

(4) 酒店洗浴区域要重点关注电器设备安全,在对客营业过程中要进行严格的安全检查,下班后应及时关闭相关电器设备。

(5) 时刻关注排查洗浴区域的可疑人员,严禁通过偷拍等方式侵犯客人隐私。一旦发现可疑人员,及时与酒店安全部联系,由安全部进行处理。

(6) 加强对洗浴区域工作人员的安全培训,使其掌握相关安全突发事件应急预案的内容,能够正确处置安全突发事件。

专题5 酒店工程部安全防控

酒店工程部是专门负责酒店电力、电梯、空调、给排水、锅炉等系统的运行管理和负责设备设施的维修保养等职责的后勤保障部门,也是维持酒店正常营业不可或缺的重要部门。酒店工程设施设备包括配电、照明、空调、锅炉、给排水、电梯、电视音响、网络通信、消防设施设备、楼宇自控等。酒店工程部安全问题的主要类型有消防安全问题、设施设备故障导致安全隐患、施工作业的人员伤亡、外包施工事故等。

5.1 工程消防安全

酒店人员密集,存在大量可燃物和火源,如家具、地毯、窗帘;天然气、各类植物油;各类电器设施设备;工程施工产生的明火等。因此,酒店工程部在日常工作过程中应当时刻保持警惕,严格按照工作流程运行、维修和改造酒店相关设施设备,消灭消防安全隐患,杜绝火灾发生。

5.1.1 施工人员违章施工起火

案例链接

夏季来临,气温升高,工地更是直接暴露在高温下施工,稍有不慎易引发火灾事故。新乡一酒店违规施工引发火灾,3名责任人被拘留。2019年5月29日11点40分,新乡市长垣县博爱路与杏坛路交叉口东南角的某酒店楼顶,3名施工人员在拆解招牌作业时,砂轮摩擦铁片产生火花,引燃下方杂物引发火灾。施工人员立即报警,并使用灭火器、消火栓进行灭火。联华城市广场位于该酒店对面,是区域联防单位。火灾发生后,联华城市广场微型消防站立即出警灭火。11时50分,辖区消防大队接到报警后迅速赶到现场进行处置。11点57分,火灾被扑灭,无人员伤亡。经调查,该火情系施工人员违规作业引发周围可燃物起火所致。3名责任人员被依法行政拘留14日。

资料来源:大河报网,2019-05-31.

分析

酒店施工现场使用的安全网、保温材料等要符合消防安全规范,不得使用易燃可燃材料;施工时应当按照安全管理规范存放、保管施工材料,严禁存放易燃易爆物品,施工中使用易燃易爆化学危险物品时,应当制定相应的防火安全措施。同时,酒店应当建立健全用火安全管理制度,施工现场应有防火负责人监督巡查。酒店应当建立健全用电安全管理制度,电焊、气焊施工人员应持有职业资格证,加强对现场作业人员的安全教育培训。

5.1.2 电气短路引发火灾

案例链接

2019年8月24日晚,共有115名客人入住黑龙江某汤泉酒店。8月25日4时20分左右,酒店锅炉工陈淑春给室外汤泉加完水,走出E区北门便闻到烧焦气味,观察发现二期温泉二楼平台有火光后立即进行呼救,并电话向工程部经理巩永利报告。保安宋大勇听到陈淑春呼喊后,电话通知了保安队长张立彬。张立彬接到电话后,先跑到E区北门观察,确认发生火情后,到消控室通知消控员吕永胜。4时27分51秒,哈尔滨市公安局110指挥中心接到住宿旅客报警,称酒店起火。4时29分10秒,哈尔滨消防指挥中心接到酒店厨师周中宝关于酒店发生火灾的报警电话。6时40分开始,哈尔滨市政府政务值班室相继接到市110指挥中心、市安全监管局、松北区政府关于酒店火灾事故报告后,立即向市政府相关领导报告,并通过黑龙江省政府应急平台向省政府总值班室报告了事故信息。

资料来源:黑龙江省应急管理厅文件《关于哈尔滨北龙汤泉休闲酒店有限公司"8·25"重大火灾事故结案的通知》(黑应急发〔2019〕12号)。

分析

起火原因经过现场勘验、调查询问、现场指认、视频分析及现场实验等工作,认定起火原因是二期温泉区二层平台靠近西墙北侧顶棚悬挂的风机盘管机组电气线路短路,形成高温电弧,引燃周围塑料绿植装饰材料并蔓延成灾。火灾根本原因为酒店消防安全管理混乱,消防安全主体责任不落实。酒店法律意识缺失、安全意识淡漠,自酒店开始建设直至投入使用,始终存在违法违规行为,消防安全管理极为混乱,最终导致事故发生。

5.1.3 酒店工程消防安全管理

(1)酒店工程部负责对所有消防设施设备进行维修保养,使设备常用常新,永远处于准工作状态,并协助安全部工作人员操作、检查消防设备。

(2)酒店工程部对大功率电器,重点设备设施,厨房区域,煤、油、烟、气管道进行经常性的核查,对客房、餐厅、公共区域等重点区域进行重点检查。

(3)对酒店高风险区域和部位加强管理,制定责任制,落实到人,责任到位。

(4)酒店工程部将日常维修计划抄送安全部,由安全部监督计划的执行情况,并协助工程部完成维修任务。

(5)酒店消防控制中心的所有设备由安全部使用,由工程部负责维修保养。发生火灾时对各类电器设备进行应急处理。

(6)应加强对工程部工作人员的消防安全培训,定期开展应急演练。

(7)酒店工程部应制定详细的部门规章制度和工作任务流程,加强工程消防安全管理工作。

5.2 工程设施故障安全

酒店客房、餐厅和娱乐场所内的诸多设施既要美观、实用,还要稳定、安全,以方便客人使用。由于使用频繁、利用率高,酒店的很多设施设备因长时间使用、不维护保养等原因导致出现安全隐患,如电梯故障困人、淋浴水温不稳烫伤客人等。

5.2.1 酒店电梯故障困人

案例链接

2014年5月18日晚上8时许,福清市音西街道清昌大道一酒店电梯突发故障,酒店内18名客人被困电梯内。事发后,酒店没有第一时间报警,而是试图自行救人,约1小时后才报警。其间,一名男子突发心脏病。昨天,男子仍在医院治疗中。当晚9时25分许,福清市消防大队接到酒店报警,赶到现场救援时,因为轿厢内闷得太久缺氧,其中一名年长男子突发心脏病,已陷入昏迷状态。经查,电梯悬停在一楼至二楼之间,而且无法对其实施迫降,加上该部电梯没有其他的逃生出口,消防员只能利用液压扩张器对电梯顶部进行破拆。10分钟后,一个直径约50 cm的逃生窗口被打开。为避免被困人员在营救过程中被铁皮割伤,消防员将头盔和衣服脱下让被困人员穿上,再将被困人员逐一拉出电梯。经过40多分钟的营救,18名被困人员成功获救。18人年龄都在50岁以上,轿厢内那名心脏病人被送往医院,其余人员并无大碍。大伙都抱怨酒店在电梯发生故障后并没有第一时间选择报警求助,而是试图自行将大家从电梯内救出来,中间耽误了1小时。

资料来源:海峡都市报,2014-05-20.

分析

酒店发生电梯故障,工程部人员应在第一时间赶到现场,与电梯内被困客人保持沟通交流、稳定客人情绪的同时,立即通知电梯维保厂家赶到现场解救被困人员。告知客人切勿强扒梯门、上下跳跃、脚踹梯门等,以保障客人人身安全为前提,将事件影响控制在最小范围内。本案例中,酒店在发生电梯故障后,没有及时联系电梯维保厂家,并且工程部工作人员自行解救客人长达1小时且没有成功,从中能够看出日常的培训演练不到位。

5.2.2 酒店淋浴水温不稳

案例链接

1月23日晚上10时许,达州市民李女士和家人到南充旅游,下高速后入住嘉陵区一家酒店,但酒店的服务设施却让李女士"不敢恭维"。李女士回忆,当天办好入住手续后,发现房间内的空调不制热,电视没信号,房间服务电话损坏不能使用。在与前台服务员协商未果后,想到外面天气寒冷,另找酒店也很麻烦,李女士便决定和家人凑合住一晚。接下来的事情让李女士彻底发怒了。李女士说,自己在洗澡过程中,没想到淋浴的热水突然降温变冷了,由于当时正值严寒天气,她感觉身体受凉有些不适,遂要求退房。11点半左右,服务员为其办理了退房手续,但称因超过1小时,要求按钟点房支付88元房费。随后,李女士和服务员发生言语冲突。"那晚上就因为淋浴水温太冷,后来感冒了,而且想到还被要求给房费。这事让我心里太堵了。"回到达州后,李女士抱着试一试的心情,于1月27日将此事电话投诉至南充12315。接到李女士的投诉后,南充嘉陵区工商质监局消保股工作人员很快与李女士取得联系,并让其提供了住宿费收据等相关证据。

资料来源:成都商报,2016-03-15.

分析

酒店工程部员工必须充分意识到酒店的经营特点,树立高质量标准,加强对设备维护保养的力度和巡视巡检力度,努力保持设备设施处于良好的运行状态,为酒店的正常经营提供有力保障,努力维护酒店的良好声誉。本案例中,酒店空调不制热、电视没信号、房间服务电话损坏不能使用、淋浴水温不稳等设施设备故障导致了客人无法正常享受酒店产品,并且由于水温不稳导致生病感冒,酒店应当承担相应的赔偿责任,最后退还了李女士当晚的住宿费,并且承担了李女士的医药费和精神损失费共计200元。

5.2.3　酒店设施设备安全管理

(1) 酒店工程部应当建立严格的工作程序,做好日常维修,对于客人及前台提出的紧急报修,必须做到快捷、高效的完成。

(2) 及时更换不安全的设施设备,如损坏的客房门锁、不牢固的窗户插销等。

(3) 做好设备、设施的计划维修工作,改变"头痛医头、脚痛医脚"的临时维修方式,根据设备设施的使用情况和酒店的经营要求等,对各区域、各种硬件设施及系统设备进行科学合理的预防性维修。

(4) 发生设备事故时,应首先保证客人的人身安全,如当发生电梯困人时,应及时解救被困客人,同时安抚客人的情绪,查明事故原因,并向酒店领导汇报事故处理的全过程。

(5) 一般事故由事发部门召开事故分析会,事故责任人和工程部人员及部门领导必须到场,分析事故原因,加强防范措施,并在部门内部进行通报。重大事故由分管领导主持召开事故分析会,责任部门、工程部及有关部门的经理和有关人员参加,对事故进行处理,落实防范措施,并在酒店内进行通报。

5.3　外包施工安全

酒店外包施工安全问题主要包括施工资质不符合要求、施工程序不符合规定等引发工程事故。往往外包施工造成的事故比酒店内部造成的安全事故要大得多、严重得多,导致的人员伤亡和财产损失更大。因此,酒店工程部对于外包施工安全要严加管理,杜绝任何形式安全事故的发生。

5.3.1　违章施工导致酒店坍塌

案例链接

2020年3月7日19点30分左右,福建省泉州市鲤城区某酒店发生坍塌事故,该酒店为新冠肺炎疫情隔离点。公开信息显示,酒店于2018年6月开业,酒店内拥有多种类型客房共计80间。据鲤城区政府的最新通报,截至3月7日晚23时16分,酒店楼体坍塌事故已救出38人。通报证实,该酒店系省外疫情重点地区来鲤人员集中医学观察点。一份文件截图显示,酒店所在的社区居委会曾发出通知,自2月18日以后,来自湖北(武汉)、温州市乐清市、泰顺县鹿城区、龙湾区、瓯海区、瑞安市、永嘉县等地返回鲤城区人员将实行集中隔离,而隔离点正是该酒店。事故发生后,福建省委省政府、泉州市委市政府负责人到现场组织搜救,调动消防救援和医院等方面力量参加救治,已出动吊车、起重机、挖掘机等应急救援车辆36部,消防车辆67部,救护车15部,现场消防、医务及其他救援人员700余人参与救援。接到事故报告后,应急管理部有关负责人立即到部指挥中心视频连线现场,调度福建省应急管理厅、消防救援总队,要求全力组织救援、救治伤者,尽最大可能降低事故致死致残人数。

资料来源:财经杂志,2020-03-08.

分析

坍塌的酒店建筑的一层为汽车维修、销售店铺,二层至六层为酒店,七层为员工宿舍。2017年之前,每一层都是一个开阔的大厅。楼上要开酒店,2017年开始拉来水泥和砖,把宽敞的大厅砌墙,隔成了一个一个的小房间,2018年酒店开始营业。酒店在装修期间,就曾引发同楼商户对承重能力的担忧。在酒店装修的那两三个月,因为压力问题,一楼商户的门窗玻璃被挤压炸裂五六块,此次事故发生的期间正处于一层汽车4S店装修改造期间。4S店在装修中拆毁承重墙,可能导致坍塌事故发生。

5.3.2 外包施工安全管理

(1)酒店严格核定外包施工队伍的施工资质,严禁不合格的施工人员进入酒店进行施工。

(2)焊接、电器维修、管道维护、疏通下水道等专业工种应具备施工资质证书,对这些工种应进行重点核查。

(3)外包单位应保证进场职工的身体状况正常,酒店工程部对其进行监督,凡是不合格及老、弱、病、残、童工应坚决清退,严禁录用。

(4)酒店在审核合格后应给外包施工人员制作外来人员施工证,外来人员进入酒店后应佩戴到位,严禁将施工证转借他人。

(5)进行焊接等特殊作业时,酒店工程部应进行专项检查和监督,避免火灾等突发事故发生。

(6)酒店工程部对外包施工人员应进行专门的培训,明确施工人员的工作范围和出入线路,避免对酒店正常经营活动造成干扰。

(7)酒店工程部应与外包单位签订责任合同,明确双方的权利义务。

同步训练

一、单选题

1. 下列不安全因素不属于管理因素的是(　　)。
   A. 是否有明确的管理制度,如巡逻制度、定期检查安全设施制度、会议制度
   B. 是否有严格执行相关制度
   C. 相关的培训是否已经到位
   D. 是否按规定穿制服和使用规定的工具

2. 下列对外来施工人员管理不正确的是(　　)。
   A. 问清外来工作人员的工作内容,根据其具体内容联系相应人员进行对接
   B. 外来人员须在客用区域活动且逗留时间超过2小时,须填写入场登记表
   C. 任何外来工作人员进场必须佩戴工作牌
   D. 外来工作人员离场,应做好现场的卫生,清除现场所有的垃圾和材料

3. 针对客人丢失财物的处理,以下错误的是(　　)。
   A. 接到客人报告失窃事件应立即报警

B. 调阅酒店监控录像,仔细查看每个细节
C. 读取门锁信息,以查阅失窃时间段的开门记录
D. 集合进出失窃房间的所有人员,了解相关情况并一一判断

4. 电梯故障应急处理程序是(　　)。
   A. 发现故障——解救客人——报告故障——故障处理——善后处理
   B. 发现故障——报告故障——解救客人——故障处理——善后处理
   C. 发现故障——报告故障——故障处理——解救客人——善后处理
   D. 发现故障——解救客人——故障处理——报告故障——善后处理

5. 客房或楼层发生暴力事件时,以下现场处理正确的是(　　)。
   A. 发生暴力事件立即向酒店总经理报告
   B. 控制、限制其他人员的活动远离事故现场,以减少危险
   C. 立即报警,安抚客人情绪
   D. 前台电话逐个通知房间客人尽快疏散

6. 酒店发现精神病人,我们应该(　　)。
   A. 联系医院、公安机关
   B. 联系医院,其后联系家属或朋友
   C. 打电话报警,其后联系家属或朋友
   D. 尽量先联系家属或朋友;如无法联系则通知医院、公安机关

7. 以下不安全因素属于人的因素的是(　　)。
   A. 是否有足够的、明显的提示牌或标志
   B. 是否按规定穿制服和使用规定工具
   C. 是否有严格执行相关制度
   D. 消防设施和监控系统是否正常

8. 下面关于酒店钥匙的管理,表述不正确的是(　　)。
   A. 酒店楼层卡可以用作服务员清扫客房时临时取电之用
   B. 各类钥匙须建立交接记录,要有明确的控制权限,并必须具备备用钥匙箱
   C. 前厅经理随身保管备用钥匙,备用钥匙箱内有酒店总卡和客用保险箱通用钥匙
   D. 制作默认退房时间为12:00,退房房卡按标准时间注销

9. 前厅为客人提供贵重物品保管服务中,每个保险箱有(　　)把钥匙。
   A. 1　　　　　　B. 2　　　　　　C. 3　　　　　　D. 4

二、判断题

1. 酒店礼宾员在为客人提供行李服务时应与客人核对行李的外观和数量。(　　)
2. 酒店前台工作人员在为客人提供入住登记服务时,不需要每个客房一人一证。(　　)
3. 发现网上通缉犯来酒店前台登记入住,应立即进行抓捕。(　　)
4. 酒店电梯发生故障时,工程部应第一时间报警。(　　)
5. 酒店前台人员应一律拒绝为醉酒人员办理入住登记。(　　)
6. 酒店客人损坏酒店设施设备,应照价赔偿。(　　)
7. 未经过入住客人同意,不得将客人入住信息透露给第三人。(　　)
8. 酒店楼层服务人员应核对客人身份无误后,再为其开房门。(　　)

9. 高血压患者不得进入酒店桑拿洗浴区域。（ ）
10. 贵重物品保险箱是酒店为住店客人无偿提供临时存放贵重物品的一种专门设备。（ ）

三、思考题

1. 酒店前厅安全事件类型主要有几种？表现形式是什么？
2. 如何保证客人的行李安全？
3. 酒店前台工作人员如何接待访客？
4. 酒店餐饮部如何处理醉酒客人？
5. 如何防止客房内客人隐私的泄露？
6. 客人房内财物被盗如何处理？
7. 结合自身所遇所闻，说说酒店主要部门在安全防控方面的案例。

模块 4
酒店常见安全突发事件应对

知识目标
- 了解酒店常见安全突发事件的类型。
- 熟悉酒店常见安全突发事件的发生原因。
- 掌握酒店常见安全突发事件的应对程序。

能力目标
- 能够提高酒店安全意识,在工作过程中发现、消除酒店安全隐患。
- 能够运用酒店常见安全突发事件的应对程序处置事件,最大程度减少人员伤亡和财产损失。

借鉴我国的《突发事件应对法》,将酒店业安全事故划分为四大类型,分别为:事故灾难、公共卫生事件、社会安全事件和自然灾害。其中事故灾难主要分为消防事故、设施设备事故和施工事故等;公共卫生事件主要包括食物中毒、突发疾病与死亡等;社会安全事件涵盖的内容主要有刑事治安事件、人员冲突事件及非正常伤亡等;自然灾害主要包括气象灾害、地震等各类自然灾害及由此引起的二次灾害等。

酒店容易发生火灾、盗窃、凶杀、意外伤亡及自然灾害等安全突发事件,如何及时有效地预防与应对安全突发事件是所有酒店在运营过程中必须面对的一个问题。为此,酒店必须根据自身情况制定一整套应急预案,以便在遇到上述突发事件时能够从容响应、正确处置,最大程度降低酒店因此所造成的人员伤亡、财产损失和负面影响。本模块针对火灾、盗窃、食物中毒、电梯故障等 10 个酒店常见安全突发事件进行分析,提供具体的应对之策。

专题 1　酒店火灾事件应对

火灾是指在时间或空间上失去控制的灾害性燃烧现象。在各种灾害中,火灾是最经常、最普遍地威胁公众安全和社会发展的主要灾害之一。没有安全就没有效益,酒店体量庞大、人员密集、可燃物多,一旦发生火灾事故,火灾和烟气蔓延迅速,极易造成群死群伤的公共安全事故。

1.1　火灾类型及典型案例

中华人民共和国国家质量监督检验检疫总局和中国国家标准化管理委员会联合颁布的

2009年4月1日正式实施的国家标准《火灾分类》(GB/T 4968—2008)规定,火灾根据可燃物的类型和燃烧特性,分为A、B、C、D、E、F六大类。不同类型火灾的发生原因各不相同,对火灾类型及其酒店典型案例的分析有助于我们了解酒店火灾的发生原因、及时发现火灾隐患、采取正确的防范措施。

1.1.1 酒店火灾类型及特点

1. 酒店火灾类型

酒店火灾根据可燃物的类型和燃烧特性,分为A、B、C、D、E、F六大类。

(1) A类火灾:指固体物质火灾。这种物质通常具有有机物质性质,一般在燃烧时能产生灼热的余烬,如木材、干草、煤炭、棉、毛、麻、纸张等火灾。

(2) B类火灾:指液体或可熔化的固体物质火灾,如煤油、柴油、原油、甲醇、乙醇、沥青、石蜡、塑料等火灾。

(3) C类火灾:指气体火灾,如煤气、天然气、甲烷、乙烷、丙烷、氢气等火灾。

(4) D类火灾:指金属火灾,如钾、钠、镁、铝镁合金等火灾。

(5) E类火灾:指带电火灾,如物体带电燃烧的火灾。

(6) F类火灾:指烹饪器具内的烹饪物(如动植物油脂)火灾。

2. 酒店火灾特点

(1) 火灾荷载大。酒店内部存在大量的可燃、易燃装饰材料及生活用品,一旦发生火灾,大量可燃材料将导致火灾迅速蔓延;大多数可燃材料在燃烧时还会产生有毒烟气,给住店客人逃生造成极大不便。

(2) 火势蔓延迅速。酒店火灾蔓延迅速的因素很多,一是没有良好的防火分隔和隔阻烟火措施;二是客房的密闭性很强,起火后不易及时发现;三是内部楼梯间、电梯井、电缆井、垃圾道等竖井林立,一旦发生火灾,极易产生烟囱效应。

(3) 火灾扑救难度大。酒店多为高层建筑,发生火灾后存在火势蔓延迅速、供水困难、疏散救人和控制火势难等诸多因素,扑救难度大。

(4) 疏散和施救困难。酒店人员多且较为集中,进出频繁,且大多数是暂住的旅客,对建筑物内的环境、出口和消防设施等情况不熟悉。同时,发生火灾时,被困人员心情紧张,极易迷失方向,拥塞在通道上,造成秩序混乱,给疏散和施救工作带来困难,往往造成重大伤亡。

相关链接

火灾等级标准

为贯彻执行国务院颁布的《生产安全事故报告和调查处理条例》(国务院令493号,自2007年6月1日起施行,以下简称《条例》),按照《条例》的有关规定对火灾等级标准调整如下:

一、火灾等级增加为4个等级,由原来的特大火灾、重大火灾、一般火灾3个等级调整为特别重大火灾、重大火灾、较大火灾和一般火灾4个等级。

二、根据《条例》规定的生产安全事故等级标准,特别重大、重大、较大和一般火灾的等级标准分别为:

特别重大火灾是指造成30人以上死亡,或者100人以上重伤,或者1亿元以上直接财产损失的火灾;

重大火灾是指造成10人以上30人以下死亡,或者50人以上100人以下重伤,或者5 000万元以上1亿元以下直接财产损失的火灾;

较大火灾是指造成3人以上10人以下死亡,或者10人以上50人以下重伤,或者1 000万元以上5 000万元以下直接财产损失的火灾;

一般火灾是指造成3人以下死亡,或者10人以下重伤,或者1 000万元以下直接财产损失的火灾。

注:"以上"包括本数,"以下"不包括本数。

资料来源:2007年6月26日公安部下发的《关于调整火灾等级标准的通知》.

1.1.2 酒店火灾典型案例

1. 酒店电气短路引发火灾

案情 哈尔滨太阳岛景区酒店火灾

2018年8月25日凌晨,黑龙江省哈尔滨市松北区太阳岛景区北龙温泉休闲酒店发生火灾事故,截至8月26日14时,已造成20人死亡。据悉,火灾系二楼厨房起火引发,过火面积约400 m²。事故调查组认定,起火原因是二期温泉区二层平台靠近西墙北侧顶棚悬挂的风机盘管机组电气线路短路,形成高温电弧,引燃周围塑料、绿植、装饰材料并蔓延成灾,是一起责任事故。事故调查报告对有关责任单位和责任人员的处理提出了建议。其中,有20人被追究刑事责任。

北龙汤泉酒店实际控制人、实际出资人、燕达宾馆董事长、总经理李艳滨;北龙汤泉酒店法定代表人张伟平;北龙汤泉酒店原法定代表人王冠林;燕达宾馆副总经理张清伟等人,因涉嫌消防责任事故罪,已被松北区检察院批准逮捕。

北龙汤泉酒店一级总监程兴伟、北龙汤泉酒店事故发生当日值班消控员吕永胜、北龙汤泉酒店三层客房主管张磊,因涉嫌重大责任事故罪,被松北区检察院批准逮捕或取保候审。

松北公安分局治安大队民警张成祥、巡警大队综合中队中队长刘刚、治安大队大队长王力、副局长郭克明,松北区城市管理和行政综合执法局松浦执法大队负责人李新兴,松北消防大队副大队长张洪涛,涉嫌玩忽职守罪,已被检察机关批准逮捕;松北消防大队大队长杨丹,涉嫌玩忽职守罪,建议移送司法机关追究刑事责任。

资料来源:微信公众号-酒店安全管理,2019-06-12.

思考:如何预防酒店的电气火灾?

经验交流

酒店电气火灾预防措施

1. 严格按照国家有关消防法律法规设计、施工,从源头避免火灾隐患。

2. 运用先进技术检测。使用先进的技术手段,定期对电气线路和设备进行检测,是做好电气线路设备防火工作的有效措施。

3. 对电气设备加强管理。经营管理中,必须把电气设备的消防安全作为一项重要内容,并根据不同设备的性能特点,采取切实有效的管理措施。

4. 加强对建筑电气的漏电保护。在防漏电的具体技术措施上,可在建筑物电源进线处设置带漏电保护功能的断路器,即在一般断路器内增加零序电流互感器和脱扣器。

5. 加强雷击火灾预防。建筑防雷不但要在建筑外部装有接闪器、引下线和接地装置,建筑内部也应有相应的防感应雷、防雷电反击措施。

2. 酒店员工违规操作引发火灾

案情 哈尔滨天潭大酒店特大火灾

2002年2月2日,羊年大年初二17时58分,哈尔滨市道外区靖宇街236号天潭大酒店发生特大火灾事故。火灾造成33人死亡,其中男性15人,女性18人,10人受伤。33名死者均为黑龙江人,死者年龄最大的75岁,最小的仅13个月。

哈市公安消防支队于当日17时59分接到报警后,派出36辆消防车迅速赶到现场。经189名指战员奋勇战斗,不到20分钟将火扑灭,在周围群众的支持和帮助下,先后抢救疏散220多人。哈市卫生局、哈市第四医院、哈医大一院等在20分钟内迅速调集近200名医护人员,对伤员紧急施救,日夜护理。10名伤员中,2人骨折,1人轻度烧伤,其余受轻伤。

据事故处理领导小组专家组成员王希庆研究员介绍,根据2天的调查取证分析,初步确定"2·2"特大火灾起火原因为酒店员工违规操作,明火向煤油炉内注油引发燃爆,导致火灾。起火地点处在天潭大酒店一层正门门厅,起火点在门厅西北角约2 m² 处。烟火从门厅往里烧,从一楼向二楼蔓延,引燃室内可燃材料,使室内严重缺氧,产生大量有害气体,致使在场人员窒息或中毒死亡。

2004年7月27日在哈尔滨市道外区人民法院一审宣判,6名被告分别被判处有期徒刑。法院以消防责任事故罪判处被告祁某利、被告祁某东有期徒刑5年,判处被告祁某华有期徒刑3年。3名被告共同偿还哈尔滨市道外区政府垫付的赔偿款人民币741 810.65元。

法院还以非法经营罪判处被告人赵某礼有期徒刑2年零6个月,并处罚金人民币30 000元;判处被告人郭某有期徒刑1年零6个月,并处罚金10 000元;判处被告人沈某有期徒刑1年零8个月,并处罚金10 000元。

资料来源:中国青年报,2003-02-08.

思考:如何加强酒店员工的消防安全培训?

经验交流

酒店员工应当熟悉掌握的消防知识

1. 熟悉有关消防法规、制度和操作规程。
2. 熟悉本单位、本岗位的火灾危险性和防火措施。
3. 熟悉有关消防设施设备的性能和灭火器材的使用方法。
4. 熟悉报火警、扑救初起火灾及自救逃生的知识和技能。

3. 酒店厨房排油烟管道油垢引发火灾

案情 南京中心大酒店火灾

2002年2月19日中午11时许,南京消防指挥中心接到报警称,该市新街口的中心大酒店失火了。数分钟后,大批的消防队员和公安干警赶至事发地点。只见该酒店二楼内浓烟滚滚,保安正在紧急疏散客人和服务人员。跑出险境的人们均是泪流满面,且不停咳嗽。消防队员迅速冲入二楼,但由于浓烟遮眼,没法辨明着火点,便急忙调集排烟机迅速排烟。同时,消防人员用强光照明灯照射火场,为灭火队员指路,经过30分钟的努力,大火终于被扑灭。

据在场的消防人员介绍,失火的原因是该酒店一楼威尼斯西餐厅烤比萨饼,溅出的火星引燃了排油烟管道,火苗顺着相通的一、二楼油烟管道迅速窜起来。由于管道内的油垢较多,加上火势迅猛,所以释放出了很浓的烟雾。目前,此次火灾的损失情况不详。对此,该市消防部门有关人士认为,春节期间,各大宾馆饭店生意十分火爆,有些饭店老板只顾赚钱而忽略了安全。据介绍,2月中已有多家饭店因排油烟的管道不能及时清理,因油垢太多引燃大火。先是10日新金满楼,11日建邺路的莲园饭店,接着是16日光华东街的一家餐厅,17日丰富路上旺地潮汕菜馆,韶山路南京中国饭店,直至中心大酒店。据了解,该市消防部门将依法对有火灾隐患和发生火灾的单位及责任人进行处罚。

资料来源:江南时报,2002-02-20.

思考:如何加强酒店厨房用火安全管理?

经验交流

加强酒店厨房用火安全管理的措施

1. 加强餐饮部和厨师长对厨师的安全培训。厨师应正确认识厨房灶台着火所造成的后果的严重性。

2. 厨房出菜量(尤其宴会)、锅的口径、油占锅的比例应有严格的安全管理规定,量化规范标准,严禁违规操作。

3. 除餐饮部外,安全部门日常加强厨房的安全检查,监督和指导厨房的日常安全管理工作,发现隐患问题立即整改。

4. 厨房灭火器的配备数量、大小(千克数)和位置,应符合规范标准。

5. 星级饭店厨房应全部配备灶台灭火系统。

6. 对灭火毯的应用局限性有正确的认识。灭火毯厚度不够导致密封不严或处置时机不对,容易导致覆盖火源失效。

7. 注意厨房烟道的定时清洗。灶台着火引燃烟道,会造成更大的火灾。

4. 酒店客人安全意识薄弱引发火灾

案情 北京市凯迪克大酒店火灾

2002年7月13日晚,在北京市凯迪克大酒店发生的导致香港2名女学生身亡的火警,起因已查明,是入住该酒店1020房间的香港游学团成员、男童邓某和李某在房间内玩火柴所致。

据悉,发生火警的1020房间当时入住的是香港赴京游学团的2名男生——12岁的邓某和14岁的李某。他们在各自监护人的陪同下接受警方调查时承认,7月13日晚22时40分左右,他们曾在案发现场酒店房间内划火柴戏耍,在没有确定是否在室内留有火警隐患后离开房间。

22时52分,酒店的感烟式火灾探测器发出警报,事件中3名伤者被立即送往医院救治,其中住在1022房间的2名伤者——香港女中学生——17岁的刘某儿和12岁的蔡某欣经抢救无效死亡。警方发言人相信,2名男生并非故意纵火。

另据报道,北京市有关方面已经批准在火灾中丧生的2名香港女生的遗体运回香港。2名罹难女孩的家属昨天已分别领取30万元的旅游意外伤害赔偿,其中包括10万元港币和20万元人民币。

资料来源:南方都市报,2002-07-19.

思考:如何提高客人的安全意识?

经验交流

加强对客人的安全引导,提高客人的安全意识

在酒店发生的各类安全事件中,有很多案发原因与客人安全意识薄弱有关,如将贵重物品不存放在前台,而是随便放在客房内,令犯罪分子有可乘之机;让陌生异性进房,结果是引狼入室,招来杀身之祸。在维护客人和酒店安全时,客人也有责任。例如,为防止意外,每间客房门后都贴有一张安全疏散图,目的是指示客人在火灾等紧急情况下顺利逃生。但在正常情况下,许多客人对这张图并不太在意,而一旦遭遇万一,酒店采用的应急措施首先是断电,此时,这张图事实上已经失去了它原有的意义。目前国际上一些著名的饭店集团已经开始采用液晶显示的安全图,以确保客人在任何紧急情况下安全逃生。总之,对客人的安全引导的内容应包括:帮助客人提高安全意识,明示他们的安全防范义务,告知他们在一旦发生意外时如何寻求保护和安全逃生。

1.2 酒店火灾应对程序

没有安全,就没有旅游。酒店火灾的日常防控和及时应对,从根本上来说,是保证客人生命和财产安全,这是酒店最大的社会效益。

1.2.1 酒店主要火灾隐患与防控措施

1. 酒店主要火灾隐患

(1) 违规装修施工。酒店进行装修改造施工,由于用火、用电、用气设备点多量大,加之个别施工材料不符合消防安全的规定,一旦工人操作失误或处理不当,就容易导致火灾的发生。

(2) 电气设备老化。酒店电气线路老化或配置不合理,容易引发火灾。例如,大量使用单层绝缘绞线接线板,这种电线没有护套,易因挤压或被动物咬噬而发生短路;客房内的电熨斗、电暖气、热得快等电热器具,客人使用不当、违章接线或忘记断电而使电器设备过热引燃周围可燃物造成火灾,等等。

（3）厨房违规操作。例如，在炉灶上煨、炖、煮各种食品时，浮在上面的油质溢出锅外，遇火燃烧；在炉灶旁烘烤衣物或用易燃液体点火发生燃烧或爆炸，等等。此类火灾蔓延速度快，扑救困难，特别是油类火灾，无法用水进行扑救。

（4）住店客人安全意识不强。客人在酒店客房卧床吸烟是诱发火灾的重要因素；少年儿童如无同行成年人的监督，容易因玩火而引发火灾，且事后易惊慌失措，到处躲藏，隐瞒火情，错过遏制火情的有效时机。

（5）消防设施设备不全或失效。目前，部分酒店存在安全出口锁闭或数量不足，疏散通道被堵塞、占用，消火栓被圈占、遮挡，自动报警、喷淋设施损坏或未按要求安装，疏散指示标志不足，应急照明损坏，灭火器过期等现象，一旦发生火灾，得不到及时扑救，最终酿成事故。

（6）消防安全制度不健全，责任制落实不到位等，也是引发酒店火灾发生的原因之一。

2. 酒店火灾防控措施

（1）按有关规定建设完善消防设施。酒店客房内所有装饰、装修材料均应符合消防的相关规定。要设置火灾自动报警系统、消火栓系统、自动喷水灭火系统、防烟排烟系统等各类消防设施，并设专人操作维护，定期进行维修保养。要按照规范要求设置防火、防烟分区，疏散通道及安全出口。安全出口的数量，疏散通道的长度、宽度及疏散楼梯等设施的设置，必须符合规定，严禁占用、阻塞疏散通道和疏散楼梯间，严禁在疏散楼梯间及其通道上设置其他用房和堆放物资。

（2）建立健全消防安全制度。酒店要落实消防安全责任制，明确各岗位、部门的工作职责，建立健全消防安全工作预警机制和消防安全应急预案，完善值班巡视制度，成立消防义务组织，组织消防安全演习，加大消防安全工作的管理力度。

（3）强化对重点区域的检查和监控。酒店消防安全责任人和楼层服务员要加强日常巡视，发现火灾隐患及时采取措施。餐厅应建立健全用火、用电、用气管理制度和操作规范，厨房内燃气燃油管道、仪表、阀门必须定期检查，抽烟罩应及时擦洗，烟道每半年应清洗一次。厨房内除配置常用的灭火器外，还应配置灭火毯，以便扑灭油锅起火引起的火灾。

（4）加强对员工的消防安全教育。酒店要加强对员工的消防知识培训，提高员工的防火灭火知识，使员工能够熟悉火灾报警方法、熟悉岗位职责、熟悉疏散逃生路线。要定期组织应急疏散演习，加强消防实战演练，完善应急处置预案，确保突发情况下能够及时有效地进行处置。

（5）加大消防监管力度。消防部门要按照《消防法》的规定和国家有关消防技术标准要求，加强对酒店的监督和检查；旅游行政主管部门要通过行业标准等手段，实施对酒店的消防安全监管。

（6）强化对客人消防安全的提示。要加强对住店客人的消防安全提示，要设置禁止卧床吸烟和禁止扔烟头、火源入废纸篓的标志；要告知客人消防紧急出口和疏散通道的位置；要提醒住店客人加强对同行的未成年人和无行为能力人的监护，防止其不慎引发安全事故。

1.2.2 酒店火灾的应对程序

1. 火灾报警

（1）发现火情时，应立即按下最近的消防手动报警设备，如果属于初期火灾，则要取附近的灭火器进行灭火。

（2）消防监控室接到火情的烟感温感探测器报警、手动报警、消防栓报警、电话或来人报警时，应当立即通知巡视人员赶到现场展开火情调查，确认火情。

（3）确认火情后，消防监控室用对讲机呼叫安全部主管和巡逻保安赶到现场组织扑救火灾。同时启动消防设备、迫降电梯、准备疏散广播。电话通知总机，告知火情已经确认，按照程序进行操作。

消防监控室火灾报警处理流程如图4.1所示。

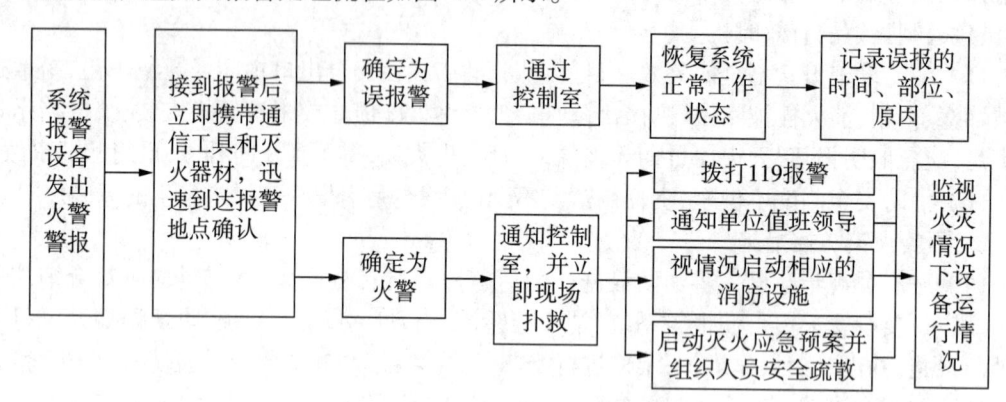

图 4.1　消防监控室火灾报警处理流程

2. 各部门应对火灾的行动

（1）总体原则

① 发现火灾的员工在一分钟内形成第一灭火力量，就近使用灭火器材灭火，并大声呼叫周边员工报警、增援。

② 消防监控室收到任何途径的报警信号后，立即通知安全部工作人员携带对讲机、手电筒到达现场查看，确认火情后使用附近灭火器材进行初起火灾扑救。

③ 消防监控室立即将火警信号的地点通报安全部及总机，并发布预警铃。

④ 总机接到消防监控室火警电话后，立即通知总经理及安全部经理（夜间值班经理）并发布第一遍火警通知。

⑤ 安全部在接到消防监控室火警电话后，立即通知当班义务消防队员，携带装备到－1F客梯厅集合。

⑥ 酒店总经理、安全部经理（夜间值班经理）立即赶往消防监控室组成火灾指挥部，根据现场情况决定是否报119并指挥下一步行动。

⑦ 如火灾不可控制，总指挥立即下达全体人员疏散指令，总机通知各部门有序组织客人和员工安全疏散。

（2）房务部

① 立即打印在店客人报表，收集客人入住登记表、账夹等并随身携带。

② 切断各种电器的电源。

③ 将现金、支票及重要票据从保险柜内取出集中保管好。

④ 总台员工应留在自己的岗位上正确地回答客人的讯问。

⑤ 妥善保管好客人存放的行李，礼宾工作人员将客人存放的行李移至酒店外的安全区域由警戒组看管。

⑥ 总台员工立即阻止客人上楼，并安排客人在酒店外安全区域等待。

⑦ 驾驶员应赶至车辆附近待命。
⑧ 总机确保店内通信畅通。
⑨ 密切注意收听疏散撤离指令。
⑩ 电脑操作人员停止操作，收集整理好当日账单、客遗物品登记本及保险箱钥匙。
⑪ 客房中心通知各楼层服务员尽可能地返回自己工作的楼层，暂停客房清扫工作并清除通道上的杂物（垃圾桶、布草车、工作车等）。
⑫ 准备适量的湿毛巾。
⑬ 统计各楼层客人人数。

（3）餐饮部
① 收银台员工收藏好所有现金、支票、账单等，以便随身携带。
② 检查消防疏散通道是否畅通无阻；立即收集高档酒水存入酒水库、柜并上锁。
③ 切断各种电器的电源。
④ 收集好客人资料并随身携带。
⑤ 厨房迅速关闭煤气阀门、炉灶、通风阀门和开关，妥善处理好食油和其他易燃物品。
⑥ 密切注意收听疏散撤离指令。

（4）工程部
① 接到总机第一遍火警电话后，工程部通知相关专业人员到达消防设备层做好应急处理准备。
② 根据实际情况做出控制或切断煤气、供油、空调、区域供电等。
③ 保证喷淋泵和消防泵的供水，确保应急发电机、送风、排风设备正常运行。
④ 会同安全部组织指挥灭火、救人、抢救物资。
⑤ 其他人员在工程部办公室门口集合待命。
⑥ 完成上述任务后，应立即向指挥部报告。
⑦ 如果电梯中有客人被困，应立即派人前往电梯机房协助解救客人。
⑧ 安排熟悉设备的人员赶至大堂切断自动门电源，手动打开自动门。

（5）行政部
① 准备好酒店员工花名册、排班表等资料，以便随身携带，并统计在店员工人数。
② 员工餐厅妥善处理好食油和其他易燃物品，迅速关闭煤气阀门、炉灶、通风阀门和开关。
③ 及时通知附近医院做好救护伤员的各项准备。
④ 切断各种电器的电源。

（6）财务部
接到总机第一遍火警电话后，镇定地继续工作，提高警惕，以观事态发展。全体员工听从本部门经理的指令，并且立即行动如下：
① 收藏好所有的重要文件及现金、支票、账单等以便随身携带。
② 电脑内重要资料保存U盘或移动硬盘，按程序关闭电脑，由操作者随身携带，并切断各种电器的电源。
③ 密切注意收听疏散撤离指令。

(7) 营销部

① 收集好酒店客户资料，以便随身携带。

② 切断各种电器的电源。

3. 火灾疏散

各部门工作人员在接到火警疏散信号（有警铃长时间鸣响及应急广播的通知）后，立即按分工进行疏散。

(1) 房务部

① 大堂内各岗工作人员立即引导在大堂的客人向安全区域疏散。

② 总台员工携带好重要文件（账夹单、登记单、在店客人报表）。

③ 携带好现金、支票及重要票据。

④ 电话总机工作人员确认通信设备畅通后进行人员疏散。

⑤ 礼宾、总台根据实际情况各留一至两人外，其余全部疏散。

⑥ 驾驶员应将车辆驶离火灾区进入安全区域。

⑦ 疏散人员全部从消防通道步行至1F至酒店外安全区域集合。

⑧ 在集合点由当日当班各部门经理/主管清点上班员工数。

⑨ 到达集合点后，前厅工作人员立即按照在店客人报表清点已疏散客人数。

⑩ 客房工作人员利用喊话与敲门的方式逐一告知住店客人撤离酒店并引导被疏散的人员从安全通道进行疏散。

⑪ 楼层主管检查本楼层所有客房确保房内无客人滞留，带走当日工作报表。

⑫ 部门文员携带好当日部门员工考勤。

⑬ 库管人员携带二级库库存物资的盘存表撤离。

⑭ 洗衣房人员携带当日账单及各类盘存表撤离。

⑮ 公共区域卫生清洁员须将清洁设备盘存表带走方可撤离。

(2) 餐饮部

接到火警疏散信号后：

① 楼层服务员立即引导用餐客人疏散。

② 部门文员携带好当日部门员工考勤。收银台人员疏散时应携带上现金、支票及重要票据。吧员在疏散前应确认酒水库、柜已上锁。

(3) 工程部

接到疏散撤离警铃信号后，工程部经理指挥工程部员工立即如下行动：

① 携带当日考勤及各设备间钥匙前往集合地点。

② 检查设备状态是否正常。

③ 在完成上列各项工作后立即向消防指挥部报告，镇静地疏散至安全地点集合。

④ 工程部经理向总指挥报到，协助指挥中心工作。

(4) 行政部

接到火警疏散信号后，行政部工作人员携带酒店花名册、排班表、当日部门员工考勤立即向1F安全区域疏散。

(5) 财务部

接到火警疏散信号后：

① 出纳员携带好所有重要文件、现金、支票、账单,进行撤离。
② 部门文员收集好当日部门各岗位员工考勤并随身携带到疏散集合点。
(6) 营销部
接到火警疏散信号后,部门工作人员携带好客户资料及部门重要资料立即疏散。

4. 抢险救援

① 灭火组成员穿着消防战斗服乘坐消防电梯至着火层下一层,徒步走消防楼梯前往着火报警层进行火灾扑救。
② 救生组成员到达着火现场进行伤员急救,将伤员抬至安全地点,立即拨打120与救护中心联系。
③ 疏散组成员携带电筒、湿毛巾,引导现场客人从安全出口疏散。
④ 通信组成员到达总机房,确保通信畅通。
⑤ 警戒组成员立即封锁现场,禁止无关人员进入,指引公安消防队进入着火楼层和消防控制室。
⑥ 运输组在120救护车未到之前,将急重伤员送往就近医院,并提供所需车辆待命。
⑦ 抢险组成员转移火灾现场贵重物资,阻断可燃物资链防止火灾蔓延。
⑧ 保障组成员切断非消防电源,保证喷淋泵和消火栓泵供水,应急发电机和送、排风机设备正常运行。
⑨ 消防控制室根据火灾指挥部的命令,启动防烟排烟装置、消防主机投入自动联动状态,总指挥决定是否立即对酒店区域全体人员进行疏散。

5. 善后处理

① 火灾扑灭后,视情况听从公安消防部门的指令或由总指挥下达解除火警命令。消防控制室接到总指挥的命令后通知总机,由总机电话通知各部门恢复正常工作,未得到恢复工作的指令之前,疏散人员应在安全区域集结待命,不得随意进入大厦或离开集合地点。
② 安全部负责对事故原因进行调查(或配合公安消防部门的调查),失火现场的责任部门检查财产损失情况并上报总经理室。
③ 工程部负责与自来水公司、煤气公司等单位联系,并安排人员对各类设备系统进行检查,根据受损情况逐步恢复供电、供水、供气等,对启动的消防设备进行复位处理。
④ 总经理室牵头组织善后工作小组,做好酒店客人和员工善后工作。

专题2 客人食物中毒事件应对

食品安全是关系到人民健康、社会稳定及经济发展的重大问题,而食物中毒仍然是我国食品安全的重要问题之一。食物中毒是由于摄入了含有生物性、化学性有毒有害物质的食品或把有毒有害物质当作食品摄入后出现的非传染性的急性、亚急性疾病,但又并不是所有的因为食品所引起的疾病都是食物中毒。酒店食物中毒事件不仅危害客人安全,还会对酒店声誉产生较负面的影响。

2.1 客人食物中毒事件类型及典型案例

从相关的新闻报道和临床案例来看,食物中毒事件的发生越发频繁。中毒的症状主要包括头晕、头痛、腹泻、腹痛及恶心、呕吐等,情况严重的甚至可能出现死亡。中毒事件对人们的健康与生命安全造成了极大伤害。

2.1.1 酒店食物中毒类型及特点

1. 酒店食物中毒类型

① 细菌性食物中毒。在各种原因导致的食物中毒事件中,细菌性食物中毒的发生率最高,其主要是指人食用含有细菌毒素的食物而引发的中毒。枯草杆菌、魏氏梭菌、变形杆菌、副溶血性弧菌、致病性大肠杆菌及沙门氏菌等,是引起食物中毒的主要细菌。如果食物、餐具或饮食环境中存在这些细菌,就很容易导致人们发生食物中毒。由于春、夏季细菌的活动最为频繁,所以很多细菌性食物中毒都发生在这两个季节。

② 真菌性食物中毒。真菌性食物中毒指的是谷物、油料或植物等在储存过程中,由于存放的环境不卫生或存放的时间过长发生变质,而又未进行适当的处理,人在食用过后而发生的中毒。大部分的真菌性食物中毒是可以避免的,只要人们不食入已经发霉变质的食物就不会中毒。

③ 动物性食物中毒。动物性食物中毒指的是人们食用了含有有毒成分的动物性食物后发生的中毒。动物性食物中的有毒成分可能来自两个方面:一是其本身含有的毒素,如河豚、鲐鱼等本身含有毒素;二是动物摄入了有毒物质,导致其体内含有了有毒成分。

④ 植物性食物中毒。植物性食物中毒指的是人们因食用含有有毒成分的植物性食物发生的中毒。例如,食用有毒的蘑菇、发芽的马铃薯、菜豆、桐油、苦杏仁等,都有可能导致植物性中毒现象的发生。

⑤ 化学性食物中毒。很多食物都含有添加剂,只要添加剂安全可靠,且严格控制用量,便不会对人体产生有害影响;但如果添加剂本身就存在安全问题,或用量超出了限制,就可能会引起化学性食物中毒。另外,如果食物中含有农药或其他有毒化学物质(尤其是蔬菜),就更容易导致化学性食物中毒。

2. 酒店食物中毒特点

① 潜伏期短,发病急骤。一般在进食后较短时间内(多在半小时至 24 小时内)很多人同时或先后发病,发病比较急骤。

② 与食入某种食物有明显的关系。病人在相近的时间内食用过同样的有毒食物。凡进食过这种食物的人大都发病,而没有进食这种食物的人则不发病。

③ 一般没有人与人之间的直接传染。停止这种有毒食物的供应或是污染源除去后发病很快停止,发病曲线在突然上升之后呈突然下降趋势。

④ 中毒病人一般具有相似的临床症状。常常出现恶心、呕吐、腹痛、腹泻等消化道症状。这些病人进食的是同一种中毒食品,病源相同,因此患者的临床症状也基本相同,由于个体差异,其临床症状可能有些差异。大多数的细菌性食物中毒以急性胃肠道症状为主要表现。

相关链接

酒店尝试减少食物浪费:自助餐将成为历史吗

为了减少浪费的食物,俄勒冈州摩纳哥波特兰金普顿酒店(Kimpton Hotel Monaco

Portland)停止在其 Red Star Tavern 餐厅提供免费面包和餐点。实验开始4个月后,酒店注意到它每周减少了22.5磅的生面团,每月减少了65磅的生奶油。面包仍然是收费的,但是如果客人对此有所抱怨,他们将免费获得面包。然而,抱怨的人并不多。

WWF食物垃圾经理Monica McBride表示,他们没有发现客人在质量或满意度方面存在任何差异。该组织鼓励酒店尝试面包的产品研发和消费。这使面包师腾出了时间去做其他比生产面包更有价值的任务。

减少几磅的面包和黄油并不能解决世界的环境问题,但是酒店业是食品的主要生产商之一,许多剩菜最终被填埋,产生了温室气体排放。用于生产食物的劳动力、水和能源也是一种损失。这也有其人道主义方面的考虑,酒店意识到他们正在扔掉餐厅、宴会厅和会议室的食物,而门外还有一些人需要食物。

环保已成为旅游业的一大目标,酒店正在加紧努力,尤其是取消了塑料吸管和小的洗发水一次性容器。但是现在也有一种需求,即只生产他们需要的客人食物,或者如果不这样做,就以不会损害环境的方式进行处理。自我反思的原因多种多样——利他主义的和成本。

米高梅国际酒店集团拥有30家物业的企业可持续发展副总裁Yalmaz Siddiqui说:"多年来,我们已经意识到,我们有很大一部分食物要进入垃圾掩埋场。解决这个问题既有道德责任,也有商业责任。"

美国食品和药物管理局估计,美国30%~40%的食物供应都浪费了。根据2010年最新数据,约合1 330亿英镑和价值1 610亿美元的食品。

SH集团旗下1 Hotels是一个以生态为中心的品牌,在纽约和迈阿密都设有酒店,旗下的餐厅都由名厨经营。SH集团总裁Matt Erickson说:"酒店、餐馆和超市是食物浪费的三大罪魁祸首,而我们经营其中的两个业态——酒店和餐馆,所以对我们来说非常重要。"

许多大酒店的大部分收入都来自会议,这意味着它们必须一次坐下来为数百甚至数千人提供食物。许多酒店还提供自助餐,尤其是在早餐时作为卖点,这意味着很多食物都以漂亮的方式摆放,但不一定可以食用。

世界野生动物基金会(World Wildlife Fund)与美国酒店及住宿协会(American Hotel and Lodging Association)合作,于2017年创建了HotelKitchen.org,以教授该行业减少食物浪费的方法。在洛克菲勒基金会的资助下,世界自然基金会吸纳了10家酒店,其中包括摩纳哥波特兰金普顿酒店,以开展试点项目,学习如何明智地使用食品及如何以可持续的方式处理剩菜。

希尔顿、万豪国际、凯悦、洲际和雅高都参加了该计划。华盛顿特区的费尔蒙也参加了该计划,该酒店在2019年前3个月有15~22 kg(约33~49 Lb)的未食用食物,第四季度计划从15.8 kg(约35 Lb)降低到12.7(约28 Lb)。该酒店现在提供单点和自助餐。宴会生意兴隆,厨师与活动和会议筹划者合作,试图更好地确定食物需求。将未食用的食物堆肥或转化为肥料,然后运往垃圾填埋场。

雅高家族成员、酒店女发言人Diana Bulger表示:"我们过去一直非常关注能耗和节能,并且一直致力于回收利用,但现在我们真正专注于食物浪费。"

改变人们的行为

测量浪费的食物数量是弄清酒店如何减少消费的最好、最困难的方法。改变厨师购买产品和烹饪的方式及人们的饮食方式也是一个挑战。

Erickson 表示:"减少食物浪费涉及人类的大部分互动。在酒店里,您可以安装 LED 灯,可以安装能源管理系统,更换杯具。您不必一定要改变人们的行为。当涉及食物浪费时,您必须改变人们的行为。您必须每天更改其标准操作程序。"

　　大多数酒店公司不会透露生产或浪费了多少 kg 的食物。他们说,他们没有测量能力,尽管希尔顿和万豪等少数公司已经设定了减少浪费的数字目标。希尔顿在全球拥有 6 000 家酒店,正在测试技术以量化其食物浪费。它设定了一个目标,即通过"减少、捐赠、转移"模型,到 2030 年将食物浪费减少 50%。它的许多酒店使用诸如 Winnow 和 Leanpath 之类的技术来帮助厨师测量和监控他们使用的食材。例如,Leanpath 提供内置的秤和摄像头功能来跟踪厨师正在使用的食物量。

　　希尔顿企业责任高级经理 Caitrin O'Brien 表示:"从环境和社会角度而言,食物浪费都将产生重大影响。我们知道粮食浪费是森林砍伐、水提取及生境和生物多样性丧失的唯一最大原因。"

　　洲际酒店集团还在许多酒店中使用 Winnow,通过其基于人工智能的智能仪表对食物浪费进行监控和跟踪,该仪表可以分析食物准备过程中的食材并将盘子送回厨房。

　　IHG 企业责任副总裁 Catherine Dolton 表示:"这将建立起一堆数据,进而为我们的厨师做出购买决定及他们的菜单计划提供支持。"

　　世界上最大的酒店公司万豪也在测试这种技术。它的酒店内部和网上都有一张海报,展示他们应该如何处理食物浪费。万豪可持续发展和供应商多元化总监 Denise Naguib 指出:"我们不只是想在前端减少食物垃圾。这是一个解决方案,但不是主要的首要解决方案。"

　　这就是他们的建议。首先,厨师应该研究过去的客人所消费的食物并适当地衡量他们的需求,然后他们应该向其他人捐赠食物、向农场捐赠食物来喂养动物,然后再进行堆肥。万豪将 2020 年定为应对这一问题的巅峰之年,并计划到 2025 年将食物浪费减少 50%。

　　资料来源:迈点网,2019-12-03。

2.1.2　酒店食物中毒典型案例

1. 酒店细菌性食物中毒

案情　某酒店突发集体食物中毒事件!"元凶"竟是一道凉菜

　　桂林帝禾国际大酒店发生的集体中毒事件引起全国关注。经相关部门调查取证,事件"元凶"竟是一道凉菜——卤水拼盘!8 月 23 日-26 日,桂林举办第二十一届中国计算机辅助设计与图形学、第十一届全国几何设计与计算联合学术会议。来自北大、清华、北理工、浙大、中大、大连理工等国内知名高校的图形学界大腕儿及师生赴会。25 日的会议晚宴上,约 500 人共同在桂林帝禾国际大酒店餐厅就餐,现场约有 50 桌。然而,晚宴过后,有许多人开始出现腹泻、呕吐、发烧等症状,随后前往医院救治。8 月 28 日,桂林市七星区人民政府网站发布桂林市食药局通报称,截至 8 月 27 日 18 时,共有 92 人入院治疗。据悉,中毒者以各大高校教授、研究员和学生为主,其中还疑似有一位刚刚怀孕的女性。有参会者称,胎儿可能会受影响。

　　事件发生后,涉事酒店餐厅已停业整顿。根据桂林市疾病预防控制中心初步判断,这是一起由沙门氏菌感染引发的食源性疾病事件。食品药品监管部门第一时间对涉事酒店的餐饮加工操作场所、可疑食品、餐饮具、食品采购票据等进行查封取证;责令涉事酒店立即停止所有餐饮经营活动;对涉事酒店的厨师及管理、服务人员逐一进行调查询问,对外购熟食开展溯源追查并进行抽样。

经过数日的调查取样,疾控部门于29日在涉事酒店留样食品"卤味拼盘"、患者和厨师粪便中检出同型的肠炎沙门氏菌。公安机关29日依法对酒店3名相关责任人员进行行政拘留。

资料来源:搜狐网,2018-09-11.

思考:什么情况下会产生沙门氏菌?

经验交流

什么情况下会产生沙门氏菌

沙门氏菌病是各种动物由沙门氏菌属细菌引起的疾病总称,临床诊断上多表现为败血症和肠炎。感染沙门氏菌的人或带菌者的粪便污染食品,可使人发生食物中毒。

据统计,在世界各国的多种细菌性食物中毒中,沙门氏菌引起的食物中毒常列榜首。我国内陆地区也以沙门氏菌为首位。

沙门氏菌中毒的症状主要由急性肠胃炎为主,潜伏期一般为4~48小时,短期是数小时,长期是两三天,前期症状有恶心、头疼、全身乏力和发冷等,主要症状有呕吐、腹泻、腹疼,粪便为黄绿色水样便,有时带脓血和黏液,一般发热的温度在38℃~40℃,重病人出现打寒战、惊厥、抽搐和昏迷的症状。

沙门氏菌引起人体食物中毒的来源是由动物性食品,特别是肉类(如病死牲畜肉、熟肉制品)引起,也可以由家禽、蛋类、奶类食品引起。

沙门氏菌在水中不易繁殖,但可生存二三周,而冰箱中则可生存三四个月,在自然环境的粪便中也可存活一两个月;另外,沙门氏菌最适繁殖温度为37℃,在20℃以上即能大量繁殖。

据2013年统计,美国已有30个州几百人因生食了从墨西哥进口的带有沙门氏菌的新鲜西红柿而中毒,患者中至少48人因病情严重住院,其中1人死亡。

结合上文,我们不难看出,新鲜蔬果和熟肉制品就有可能会携带沙门氏菌,而众所周知,在各种制作凉菜用到的原料和食材里,新鲜蔬果就占有很大比例,批量制成的肉类凉菜,也有可能会携带沙门氏菌。

2. 原因不明食物中毒

案情 14人酒店用餐后食物中毒,原因不明酒店仍被判赔

王某是广州某仪器有限公司员工。2009年6月12日,他参加了公司在广州天河区嘉逸皇冠酒店举办的庆典聚餐,共有130人参加。没想到,用餐后有14人出现恶心、呕吐、头晕、腹痛等症状。当晚,酒店工作人员陪同他们到天河区中医院就诊,被诊断为食物中毒和急性肠胃炎。

王某等14人分别将酒店告上广州市天河区法院。他们认为,这件事给自己造成重大的

身体和精神痛苦。酒店提供餐饮服务应当符合保障人身安全的要求,保证食品安全,其食品应当无毒、无害,对人体健康不造成任何急性、亚急性或慢性危害。

"酒店侵犯了我们的人身权利,应当依法承担侵权的民事责任。鉴于公司已经支付了医疗费用,故向酒店索要精神损害抚慰金每人2 000元,并书面赔礼道歉,承担全部诉讼费用。"同时,公司作为原告也起诉酒店,索要自己为员工支付的医疗费用等。

常规检测,判定"原因不明"

一场聚餐撂倒14人,究竟是怎么回事?难道是酒菜惹祸?

事发第二天,公司向广州市天河区卫生局疾病预防控制中心、卫生监督所报告。卫生局立即派人进行现场监督检查、流行病学调查和实验室检验。同时,卫生局对患者及酒店从业人员采集的肛拭子、酒店当天供应聚餐的留样食品和17份公用餐具分别进行了食物中毒常规致病菌及有机磷农药检测,实验室均未能检出致病因素。

天河区卫生局认为,综合流行病学调查情况、实验室检验结果及病人潜伏期和临床表现,依据《食物中毒诊断标准及技术处理总则》的相关规定,经过讨论分析,判定为"原因不明食物中毒"。

资料来源:凤凰网,2011-02-11.

思考:原因不明食物中毒酒店是否需要赔偿?

经验交流

原因不明食物中毒酒店是否需要赔偿

1. 一审败诉,原告空手而归

酒店方认为,检测结果是"原因不明食物中毒",就说明不是酒店的食物所致,而且中毒后未出现严重后果,拒绝赔偿精神抚慰金等。

原告代理律师罗荣重则认为,卫生局的检测并不全面,检测报告中显示当天菜谱中的一个汤品和饮用的茶水并没有检测,对含有植物的食物也没有全部进行农药检测。"技术上查不出食物中毒的原因,不等于否定食物中毒。而且,周年庆典活动请了公司在珠三角各地市的商业伙伴,中毒事故给公司形象造成很大影响。"

天河区法院一审后认为,酒店从业人员均持有效健康证明上岗,卫生局疾控中心经检测未能检出致病因素,故酒店对本次食物中毒事件并未有明显的过错。其次,酒店积极配合王某等人去医院就诊,王某等人也未举证因本次事件造成严重后果。综上,原告诉求依据不足。

一审判14人败诉,还要分别承担案件受理费150元。

2. 二审胜诉,获抚慰金200元

王某等人不服提出上诉。广州中院日前做出二审判决,14人转败为胜,每人获精神抚慰金200元。广州中院认为,本案因餐饮消费引发纷争,适用《消费者权益保护法》。王某被医疗机构和相关疾病预防机构确认为"原因不明食物中毒",作为消费者已完成举证责任。虽然酒店提供的检验报告表明留样食品已检验的项目符合标准,但同时显示检验只是常规项目检验,并不必然证明商品完全符合安全要求。根据事件的高度盖然性,酒店提供的食物与王某的损害有一定的因果关系,应承担一定赔偿责任。

具体金额上,二审认为,因没有造成严重后果,要求精神抚慰金2 000元过高,法院酌情确定为200元。对于原告诉求的书面赔礼道歉,法院认为酒店没有损害的主观恶意,也积极配合就医,因此不予支持。案件受理费150元由原、被告各承担一半。

3. 何为高度盖然性?

2002年4月1日起实施的《最高人民法院关于民事诉讼证据的若干规定》第七十三条规定:"双方当事人对同一事实分别举出相反的证据,但都没有足够的依据否定对方证据的,人民法院应当结合案件情况,判断一方提供证据的证明力是否明显大于另一方提供证据的证明力,并对证明力较大的证据予以确认。因证据的证明力无法判断导致争议事实难以认定的,人民法院应当依据举证责任分配的规则做出裁判。"本条就是关于"高度盖然性"的证明标准的规定。源于民事诉讼理论中公认的诉讼理念:法官不得以无从发现证据为由而拒绝裁判。法官应该做到的是在诉讼法规定的期限内,根据已经搜集到的证据来认定争议事实,而不是无限制地进行调查,延长做出判断的准备期限。

所谓"高度盖然性"证明标准,是将盖然性占优势的认识手段运用于司法领域的民事审判中,在证据对待证事实的证明无法达到确实充分的情况下,如果一方当事人提出的证据已经证明该事实发生具有高度的盖然性,人民法院即可以对该事实予以确认。

2.2 酒店食物中毒应对程序

酒店的餐饮规模在缩减,也受到了社会餐饮层出不穷的新花样的冲击,但餐饮业务一直是饭店收入的重要来源,做好餐饮管理是酒店经营管理的重要环节。对消费者来说,酒店餐饮的基本核心功能就是提供安全的食品,所以酒店必须要从原材料采购、储存和成品销售等环节确保食品卫生和食品安全,预防食物中毒。

2.2.1 酒店食物中毒隐患与防控措施

1. 酒店食品安全隐患

① 餐饮原料供应渠道的安全隐患。酒店的采购人员应该从优质和高质量的供应商处购买原材料,通过横向对比多家原材料供应商的价格、品质及供应商是否有劣迹等方面的因素,选择其中有实力的供应商展开长期合作。但是,目前许多酒店采购的唯一考虑因素就是价格,不选对的只选便宜的。原材料市场的价格实时变化,因此酒店食材的质量也会有较大波动。

② 餐饮材料的储存过程存在缺陷。食品和饮料须要进行分门别类、有条理的储存,对有温度要求极易变质的材料应及时处理冷藏保存。食品仓库的卫生条件不好,不注重细节。气候和通风不良,仓库潮湿,对食物储存非常不利。

③ 餐饮员工的安全意识薄弱。厨房负责餐饮的员工是酒店食品安全的重要执行者,其制作过程是否符合标准,是否安全卫生直接影响到食品的最终质量。然而员工缺乏这种安全意识,员工更在意的是食物的味道及卖相,安全意识较差。在安全生产上有所疏忽,例如不戴帽子进入厨房操作间,手也不干净,甚至不洗手直接切菜,这将直接导致食品安全事故。

④ 星级酒店餐饮食品安全缺乏统一管理。我国酒店发展较快,酒店餐饮行业的发展也较为迅速,但酒店餐饮没有相关的行业标准及制作流程,酒店在制作方面只是执行自身的标准,缺乏统一管理,容易出现食品安全事故。

2. 酒店食物安全事件防控措施

① 完善食品安全监管制度，制定相关标准。酒店须加强对上游产业链的质量管控，谨防各种各样的漏洞出现。酒店餐饮处于食品生产链的最末端，上游环节食品安全对餐饮食品安全的影响非常大。所以酒店在选择上游供应商时需要谨慎，尽可能选择一些影响力大的供应商品牌，这些品牌的形象能深入人心是建立在品质保证上的。

此外，酒店还须加强对供应商资质的审查和管理，采取更有效手段来强化上游企业的违约责任。通常情况下，酒店应该对供应商有一定的考察，包括合格证、企业的资质、合格的证明等，需要重视的是加强对这些环节的监督管理。

同时，酒店应大力建设酒店自己的监督管理体系，许多环节中是存在潜在的食品危害因素的。酒店应组建食品安全监督人员，对酒店餐饮内重点区域及员工的标准化作业、安全化作业进行监督并使用技术手段不时监督酒店内的关键区域，并监督员工是否按照操作规范和程序进行操作。

② 严格执行原料储存和厨房操作规范。原材料的保存至关重要，员工需要严格执行原材料放置规定，并对仓库环境进行保护，注意仓库的通风、冷藏功能，仓库保管人员须不时检查仓库的卫生状况，严格防范蚊鼠。进入厨房的员工必须戴帽子和口罩，按照标准方法仔细洗手。所有这一切都必须写入规则和条例，并随时检查，以确保规章制度的有效性。

③ 加强酒店员工食品安全培训和管理。食品安全关系到客人的生命安全和健康保障，稍有不慎将危及酒店可持续发展，为此酒店应引起高度重视，通过入职培训、公共宣传、主题活动等形式，开展食品安全的宣传教育，普及食品安全知识，增强员工忧患意识和责任意识，不断提高食品安全水平，提升对客服务品质。

④ 加强对内部采购环节的监督。现在有些酒店出于成本方面的考虑，采购上存在品质要求降低的情况，如采购只看价格等。而食品类材料的采购更要仔细，采购员对物品供求信息和特性须深入了解。针对采购工作的特殊性，采购人员的法制、思想道德、职业道德教育也须进一步加强，提高其抵制不正之风的自觉性。

2.2.2 酒店食物中毒的应对程序

① 任何员工若发现或获知有客人或员工出现食物中毒症状，发现人应首先了解中毒者国籍、人数、症状程度等基本情况，然后向总机和前厅经理报告，并看护中毒者，不要将病人单独留下，不挪动任何物品，保护好现场。

② 总机接到报告后，要问清时间、地点、中毒人数、中毒程度、症状并记录，简明扼要向总经理报告并通知有关部门负责人到场，同时向市急救中心求援。

③ 立即成立由总经理领导的应急处置指挥机构，了解情况，并视情况决定是否向相关的疾控中心、公安机关及上级部门报告。

④ 根据具体情况决定是否将中毒者送往医院抢救，或等待急救中心专业人员处理。

⑤ 如有投毒怀疑，安全部经理须请示酒店总经理决定是否向公安机关报告，并视情况决定是否划定警戒区，及对相关的厨房、餐具、食品进行封存。

⑥ 值班经理、前厅经理对中毒者的钱物进行清点，经公安部门确认后交予公安部门或由酒店暂存。

⑦ 做好其他客人的解释、安抚工作，稳定客人情绪，必要时，通知中毒者同行人员或家属到场。

⑧ 做好相关善后工作，尽快恢复现场秩序。
⑨ 严格保密，对外沟通及信息传递由应急小组指定专人负责。

专题3　客人伤亡事件应对

酒店是人员较为密集区域，若发生客人或员工在酒店内伤亡事件必须谨慎处理，并通知当地有关部门参与处理工作。一旦处理不当，将对酒店经营产生重大影响。

3.1　客人伤亡类型及典型案例

为进一步加强人身损伤程度鉴定标准化、规范化工作，最高人民法院、最高人民检察院、公安部、国家安全部、司法部联合发布《人体损伤程度鉴定标准》，自2014年1月1日起施行。公告对伤亡类型有明确的鉴定。

3.1.1　客人伤亡类型

1. 轻伤事故

轻伤事故指只发生轻伤的事故。轻伤是指造成职工肢体伤残，或者某器官功能性或器质性程度损伤，表现为劳动能力轻度或暂时丧失的伤害。

2. 轻微伤事故

轻微伤指各种致伤因素所致的原发性损伤，造成组织器官结构轻微损害或轻微功能障碍。

3. 重伤事故

重伤使人肢体残废、毁人容貌、丧失听觉、丧失视觉、丧失其他器官功能或其他对于人身健康有重大伤害的损伤，包括重伤一级和重伤二级。

4. 死亡事故

死亡是生命（或事物）系统所有的本来维持其存在（存活）的属性的丧失且不可逆转的永久性的终止。人的死亡一般以心跳停止和呼吸停止及脑死亡为识别标志。

3.1.2　客人伤亡典型案例

1. 客人酒店摔倒

案情　黄某英与青岛良友国宴厨房制造餐饮有限公司生命权、健康权、身体权纠纷

2013年2月14日中午，原告黄某英到被告青岛良友国宴厨房制造餐饮有限公司（以下简称良友国宴厨房）处三楼118房间就餐，至下午14时许结束。原告由其女儿搀扶离开房间，经过三楼拐角处时有一台阶，原告一脚踩空摔倒，后有人拨打120急救电话，原告被120急救车送至青岛市骨伤医院门诊就诊，支付救护车车费80元，门诊诊断为右股骨粗隆间骨折，原告支付门诊医药费387元；当日原告根据医嘱办理住院手续，入院诊断为：①右股骨粗隆间骨折，②糖尿病，③冠心病。住院后，原告被实施了闭合复位内固定术。2013年3月5日，原告出院，出院诊断同入院诊断。原告住院费用32 416.90元。出院医嘱为继续服药、每2周复查、1年后视骨折愈合情况给予拆除内固定物，如有肢体肿疼或其他异常

及时复诊。

　　法院认为,原告黄某英在被告良友国宴厨房就餐,原告即是被告良友国宴厨房的消费者,被告良友国宴厨房酒店作为经营者,为消费者提供服务,应当对消费者尽到安全保障义务,造成消费者或其他受害人人身伤害的,应当赔偿医疗费、护理费、交通费等为治疗和康复支出的合理费用,造成残疾的,还应当赔偿残疾生活辅助器具费和残疾赔偿金。但原告系成年人,具备完全民事行为能力,应注意保护自己的人身安全,对自己受伤也应承担相应的民事责任。原、被告的责任比例应按5:5为宜。

　　资料来源:中国裁判文书网.
　　思考:如何预防客人摔伤?

经验交流

酒店防滑预防措施

1. 住客自己要提高防滑意识,看到地面有水时行走要缓慢一点,可以扶下旁边的墙,减少摔倒概率。
2. 酒店提供带有防滑的拖鞋。
3. 卫生间做好干湿分离,减少洗澡时水溅到其他地方。
4. 地面材料可以选择具有存防滑效果的。
5. 在原来的地面上涂上防滑剂。
6. 及时清理湿滑地面,并设置警示牌提醒客人。

2. 客人酒店自杀

案情 程某与镇平县地毯总厂及内乡县裕隆花园酒店健康权纠纷

　　2005年5月11日17时左右,原告程某登记入住内乡县裕隆花园酒店406房间,当晚该房间只有原告一人居住,该房间的窗户没有安装防护栏,23时左右,原告从该房间的窗户坠落楼下,被告内乡县裕隆花园酒店发现原告坠楼后,派人将原告送入内乡县人民医院抢救治疗,垫付医疗费540元,并向公安机关报案。公安机关对该房间进行了现场勘验检查,未发现犯罪线索。原告自2005年5月12日入院治疗至2005年5月26日出院,支付医疗费11 262.17元,后原告因经济拮据,无钱继续住院而出院,原告住院期间其父母在医院护理。原告在院外治疗花费344元,2005年6月13日,原告的伤情经法医鉴定为重伤,构成二级伤残,送审的4张票据合计金额为11 262.17元。

　　法院认为,程某以客人的身份入住该酒店,双方的服务合同依法成立,作为经营者的酒店应当保证客人的人身和财产安全,但作为上诉人程某并无证据证明其在该酒店住宿后系他人加害而造成伤害。关于酒店窗户是否应当设置安全防护措施问题,因法律对酒店或高层建筑的窗户是否应当设置防护栅栏并无强制性规定,建筑设计也并无强制性规范。在消防防火常识中,窗户也属逃生的通道之一,《消防法》第二十八条也明确规定人员密集场所的门窗不得设置影响逃生和灭火救援的障碍物,并不能以此认定酒店未尽安全保障义务。但鉴于程某所受伤害的场所是在裕隆花园酒店内,考虑到程某受伤后所花医疗费用巨大及今后的经济生活困难等因素,从构建和谐社会的理念及人道主义角度出发,裕隆花园酒店应适当补偿程某生活困难补助费共计25 000元为宜,因裕隆花园酒店的法人单位系上诉人镇平县地毯总厂,故镇平县地毯总厂应当承担连带清偿责任。

资料来源:无讼案例网.

思考:如何预防客人酒店自杀行为?

经验交流

预防客人酒店自杀行为

1．酒店设备完善。无论是从酒店安全性还是住客安全性来看,在一些安全设施上酒店都不能偷工减料,感烟式火灾探测器、消防设备、医药箱等酒店都应该备好,以防万一。

2．细化并严格执行与客人安全相关的SOP。按照行业标准做好入住登记,前台和客房人员尽量留意客人,若发现神情恍惚或行为怪异的客人,应主动问询需要什么帮助。如果经过简单询问不能排除对其的怀疑的,应及时上报上级,然后根据需要,加强对该房间的关注,客房主管每次路过该房间可特别留意房内动静。如有明显的异常迹象,可以找借口致电该房间询问情况,乃至敲门查询。特别注意的是,每次询问相关人员都要按规定写入工作日志,已备后查。

3．制定并定期演练相关安全事故发生的应急预案。该预案是用来规范事发后酒店方面的处置方法的。若无此预案,受个体经验的限制,酒店经理难免会忙中出错。制定该预案时必须事前充分研究各种负面风险,并逐一给出应对措施。预案制定后,一定要择机演练。

4．做好员工培训。要对员工做好培训,以免员工遇事慌乱,耽误客人救治。

3.2 酒店伤亡事件应对程序

酒店安全是酒店一切工作的保障。保障入住客人的人身安全是酒店最重要的职责。

3.2.1 酒店客人伤亡隐患与防控措施

1. 酒店引发伤亡事件的主要隐患

① 酒店设施设备质量有瑕疵。一些宾馆饭店的浴室玻璃门材质不合格、拖鞋不防滑、地面材质反光易滑、楼梯设置不合理、酒店装饰太过突兀未考虑到安全因素、酒店旋转门质量问题等,都容易导致客人受伤。

② 客人安全意识不足,对安全隐患认识不够,马虎大意。例如,在旋转门处拥挤,容易被旋转门夹伤;走路时玩手机不慎摔伤;醉酒时下楼梯,不慎踩空受伤,等等。

③ 酒店安全管理不到位,导致客人受伤。例如,地面湿滑,未及时清理导致客人摔伤;行动不便的老人和小孩住店,没有予以特殊照顾;酒店未在安全隐患处设置安全警示标注提醒客人,等等。

④ 对员工的安全培训不到位,员工违规操作致人受伤。

2. 酒店伤亡事件防控措施

① 配备安全防范设施设备,主要有:电视监控系统,由摄像机、录像机、手动图像切换、电视屏幕等组成,一般安装在酒店出入口、电梯内、客房走道及其他敏感部位,用于发现可疑人员或不正常现象,以便及时采取措施,对犯罪分子可造成心理威慑,给酒店的安全带来保

证;安全报警系统,在酒店的总服务台、消防通道、财务部等重要位置必须安装这套系统,防止盗窃、抢劫、爆炸等事故的发生;通信联络系统,指以消防监控室为指挥枢纽,通过呼唤等无线电话通信器材而形成的联络网络,使酒店的安全工作具有快速反应的能力;电子门锁系统,该系统对酒店的安全管理能起到很好的作用,为加强对智能盗窃团伙的防范,目前的电子门锁系统已得到进一步改进,即在电子锁上安装自动破坏解码器的装置,当犯罪分子将解码器插入电子锁时,该装置就能将解码器毁坏并报警。

② 建立一套完善的培训制度,包括:新员工入店上岗前培训,要求他们掌握基本的安全防范知识及相关器材的操作技能;加强员工的岗位培训,提高应对突发事故的能力;对员工进行职业道德教育和违纪违规教育,造就一支高素质的员工队伍,在工作中知法不犯法、守纪不违章;针对一些典型人身伤亡案例,通过各种宣传教育方式强化全体员工的安全意识;对全体员工实行安全考核的制度。

③ 强化对客人的安全提示。要加强对特殊客人的照顾,如对老人、儿童及其他行动不便人群的照顾;要在安全隐患处设置明显的提醒注意的警示标志;要提醒住店客人加强对同行的未成年人和无行为能力人的监护,防止其不慎引发安全事故。

3.2.2 酒店伤亡事故的应对程序

① 任何员工发现酒店区域内有人身意外伤亡事件发生时,必须立即报告前厅经理和安全部,同时注意保护现场。

② 前厅经理和安全部接到报告后,应记录时间、地点、报告人身份及大概伤亡性质,如工伤、疾病、意外事故等,并立即到现场,同时通知值班经理和总经理。如涉及设备导致的工伤,应通知工程部;如遇死亡事件,应向公安部门报告。

③ 安全部到现场后,应立即设立警戒线封锁现场,疏散围观人员。如是设备导致的工伤,由工程部关掉有关设备。

④ 如人员未死亡,应立即组织抢救,安全部酌情向伤员了解情况,前厅经理联系就近医院和急救中心。伤员送往医院,酒店须派人同往,同时要求客人的亲属/同事/领队一同前往。

⑤ 如确定是意外死亡,安全部应立即将现场与外界隔离,遮挡尸体并注意观察和记录现场情况,并立即向公安部门报告。

⑥ 公安部门到达后,安全部负责向公安部门报告情况,并配合公安部门进行拍照、访问目击者和知情人等相关工作。公安部门勘察完毕后,应立即将尸体转移至医院太平间存放。

⑦ 尽快查清客人的姓名、性别、年龄、地址、所属单位、接待单位、死亡日期、事件地点、原因、医生诊断情况和目击者等情况,由公安部门同接待单位或死者工作单位、家属取得联系。

⑧ 无论人员当时是否死亡,酒店必须坚持将其送往医院进行抢救。

⑨ 对酒店内人员伤亡的情况,除向上级领导和公安部门汇报外,任何人不得对外泄露。

⑩ 尽快处理善后工作,安全部和前厅经理清点客人财物;安全部负责协助公安部门调查、记录事件发生经过等;工程部负责恢复有关设备;行政部负责提供药品、车辆;房务部负责清理现场。

专题 4　客人丢失财物事件应对

酒店不仅要保障客人的人身安全,还要保障客人的财产安全。客人入住后,酒店对客人的财物有一定的安全保障义务,防止客人丢失财物事件的发生。

4.1　客人丢失财物类型及典型案例

4.1.1　客人丢失财物类型

客人在酒店遗失物品的概率不低,客流量大时,酒店可能一个月就要处理十几件客人物品遗失的事件,如果处理不好,那么酒店就容易得到差评,甚至造成直接经济损失。那么酒店客人财物丢失主要有哪些情况呢?

1. 客人丢失财物类型

(1) 客人寄存酒店的物品丢失

例如,客人范某入住假日酒店时,将一手包寄存在酒店总服务台,当班服务员清点了物品,为其办理了寄存手续。第二天,当范某拿着取包的号牌领取手包时,发现手包已被他人领走。

(2) 酒店客房财物丢失

例如,据客人邢先生说,自己前几天来杭州出差,搜索了很久之后找到了一家看起来还不错的酒店。邢先生对酒店没啥太多的要求,干净整洁并且没有安全上的隐患就行了。把东西放进房间后邢先生就出门吃饭了,没多久就回到了房间,刚进门就发现自己的东西丢失了,并且明显是被人给翻动过了。

(3) 酒店停车财物被盗

例如,客人在酒店里住了一夜后发现自己爱车的后车窗玻璃被人砸了,而车内上万元贵重物品都被人给偷光了。

相关链接

遗失物与遗忘物

我国《中华人民共和国民法通则》(以下简称《民法通则》)第七十九条第二款规定:"拾得遗失物、漂流物或者失散的饲养动物,应当归还失主,因此而支出的费用由失主偿还。"《物权法》第一百零七条、一百零九条至第一百一十三条对遗失物拾得人的权利与义务、无人认领遗失物的归属等内容做了规定,也没有涉及遗忘物。这里都明确采用了"遗失物"一词。由此可以看出民法中未对遗忘物进行法律规制,而依照我国《刑法》第二百七十条的规定:将他人的遗忘物或埋藏物非法占为己有,数额较大,拒不交出的,处两年以下有期徒刑、拘役或罚金;数额巨大或有其他严重情节的,处两年以上五年以下有期徒刑,并处罚金。刑法中是以拾得遗忘物为规范对象的,而非以拾得遗失物为调整对象。由于民法与刑法分别采用两个不同的术语,因而民法学界有人认为遗失物与遗忘物应当加以区分,这种区分主要表现在：

　　1. 从占有人丧失对物的占有时的心理状态而言，遗失物占有人遗失动产时，往往是无意识的，事后也一般难以准确回忆或说明遗失发生的具体地点；而遗忘物的占有人均是有意识地将物放置于某地，事后也能准确地回忆或说明物所遗留的具体地点或场所。

　　2. 从拾得人的主观心理状态而言，拾得人对于所拾之物是遗忘物还是遗失物，往往会有直观的判断。侵占遗失物与侵占遗忘物所负法律责任迥然，一个只是作为民事纠纷来调解，而另一个要遭受国家刑罚。原因就在于，如果这两种拾得人将拾得物据为己有，主观恶性是不同的。侵占遗失物的主观恶性小，所以只赔偿；侵占遗忘物的主观恶性大，所以要受刑罚惩罚。

　　3. 从占有变动模式上，遗失物为"占有－无人占有"模式，而遗忘物采取"占有－占有"模式。正是遗忘物物主的遗忘行为造成场所管理人对遗忘物自动取得占有，不管管理人是否发现并拾取遗忘物。

　　4. 从法律效果上，遗失物的拾得人享有费用或报酬请求权，而遗忘物的拾得人或发现人不享有费用或报酬请求权。

　　资料来源：华律网．

4.1.2　客人丢失财物典型案例

　　1. 寄存在酒店的东西丢失

案情　寄存在酒店的东西丢了白丢

　　大连市一市民向济南市高新区12315投诉，称其2个月前在济南市高新区某酒店住宿时寄存了2箱红酒，价值3 000多元。寄存之后一直没能回济南取回。6月4日，他拿着住店时酒店给的寄存卡去取物品，被酒店告知物品已丢失。他要求酒店方给个说法，店方称，其酒店内的物品寄存卡上有明确规定——"住店时寄存物品超出2个月，酒店有权自行处理并对物品丢失不负任何责任。"

　　接到投诉后工商执法人员立即联系该酒店，经与该店工作人员核实消费者投诉情况属实，店方称其没有过错，并提供了消费者住店时的寄存卡，该卡片的格式条款上有明确规定，客人住宿寄存到酒店的物品丢失后酒店不负任何责任，属于行业内惯例。工商执法人员告知该店负责人，该条款属"霸王条款"，违反了《合同违法行为监督处理办法》中经营者不得在格式条款中免除自己责任的规定，店方表示积极改正违法行为，并当场表示同意赔偿消费者，经双方协商酒店方赔偿消费者等值干红葡萄酒3箱，工商部门同时对该酒店给予3 000元罚款的处罚。

　　资料来源：新浪新闻，2012－06－07．
　　思考：格式条款的定义及效力。

经验交流

格式条款

　　格式条款又称为标准条款，是指当事人为了重复使用而预先拟定，并在订立合同时未与对方协商的条款。例如,保险合同、拍卖成交确认书等都是格式合同。

《合同法》对其适用性做出特别规定,以保证另一方当事人的合法权益,主要体现在以下几个方面:

1. 采用格式条款订立合同的,提供格式条款的一方应当遵循公平原则确定当事人之间的权利和义务。

2. 格式合同的提供方有提示或说明的义务。《合同法》规定:提供格式条款的一方应采取合理的方式提请对方注意免除或限制其责任的条款,按照对方的要求对该条款予以说明。

3. 免责条款的无效。根据《合同法》第四十条的规定:格式条款凡是具备合同绝对无效条件之一的,一律无效;凡是规定造成对方人身伤害而予以免责的,规定因故意或重大过失给对方造成财产损失而予以免责的条款一律无效;凡是免除提供格式条款一方当事人主要义务,排除对方当事人主要权利的,一律无效。

4. 歧义条款不利于表意者解释的原则。《合同法》规定,对格式条款的理解发生争议的,应当按照通常的理解予以解释。对格式条款有两种以上的解释的,应当做出不利于提供格式条款一方的解释。

5. 约定条款优先原则。格式条款和约定条款不一致时,应当采用约定条款。

格式合同无效的情形如下:

1. 提供格式条款的一方免除其责任、加重对方责任、排除对方主要权利的格式条款无效。

2. 格式条款具有《合同法》第五十二条规定的情形时无效(如损害社会公共利益的格式条款无效、违反法律的强制性规定的格式条款无效、以合法形式掩盖非法目的的格式条款无效)。

3. 格式条款具有《合同法》第五十三条规定的情形时无效(如造成对方人身伤害的免责条款无效、因故意或重大过失造成对方财产损失的免责条款无效)。

2. 酒店停车财物丢失

案情 酒店停车财物被盗,谁该承担责任

2015年10月3日,杨某驾驶一辆商务车来到澄迈县,与海口某投资公司的多名员工入住当地精品酒店。杨某在当天22时40分把车停在酒店前的停车场。没想到,就在停好车后十几分钟,杨某发现车辆左后侧玻璃被砸碎,车内物品被盗。杨某当即报警并称被盗物品包括3箱15年茅台白酒、15条软中华香烟及1台笔记本电脑。公安机关向杨某出具了受案回执,制作了询问笔录并进行现场勘查。杨某认为,车被砸、财物被盗发生在入住酒店的过程中,酒店并没有做任何的安保措施,这才导致了车辆中的财产遭到巨大损失。于是,杨某将该酒店告上法庭,请求法院判令酒店赔偿损失9.85万元。

针对杨某提出的要求,该酒店的经营者梁华不认同。梁华说,杨某一行人当天入住时,酒店就向他们出具了旅客入住登记表,该表中客户须知明确指出:"本酒店总台设有免费寄存保险箱,烦请客人将贵重物品及现金寄存,因未寄存所导致的失误由客人自行承担,本酒店概不负责;本酒店仅免费提供停放车辆场地及监控看护装置,恳请各位客人自行锁好双保险防盗锁具,本店概不负责您意外丢失、盗窃或损坏的赔偿责任。"

梁华认为,杨某一行人在看到酒店告示的情况下,没有将车内贵重物品随身携带或寄存

到酒店，也没有将上述物品放置车内的情况明确告知酒店，并在车内物品被盗之后无法提供充分证据证明车内放置了原告所述的财物，酒店不应担责。据了解，涉案车辆停放位置画有停车位，案发时酒店无保安值班，酒店监控未能拍摄到案发经过。

澄迈县法院审理认为，酒店对盗窃案件的发生存在一定的过错，应认定为未尽到安全保障义务。但杨某明知车内有贵重物品，既不主动要求酒店保管，又未自行妥善保管，应对财物丢失承担主要责任，且杨某提供被盗财物的收据并非商家出具的正式发票，无法证明案发时其丢失物品的具体情况，应承担举证不能的不利后果。故澄迈县法院驳回杨某诉讼请求。

法官表示，被告在旅客入住登记表中的免责声明是无效的。酒店停车场无保安值守、被盗车辆停放处画有停车位，但监控视频并未拍摄到该位置，被告存在一定的管理失位。因此，被告酒店对盗窃案件的发生应认定为未尽到安全保障义务，但原告对财物丢失承担主要责任，且举证不能，故法院不予支持原告杨某的诉讼请求。

资料来源：中国普法网，2017-06-20。

思考：何为安全保障义务？

经验交流

酒店安全保障义务

我国《侵权责任法》第三十七条规定"宾馆、商场、银行、车站、娱乐场所等公共场所的管理人或组织群众性活动的组织者，未尽到安全保障义务，造成他人损害的，应承担侵权责任。因第三人的行为造成他人损害的，由第三人承担侵权责任；管理人或者组织者未尽到安全保障义务的，承担相应的补充责任。"

根据上述法律规定，我们可以知道安全保障义务人主要包括宾馆、商场、银行、车站、娱乐场所等公共场所的管理人或组织群众性活动的组织者，其负有创造安全活动环境，消除或防范不安全因素，保障具有一定关系的当事人人身和财产安全的法定义务。违反安全保障义务致使他人受到人身或财产损害的，安全保障义务人应承担侵权责任。

"安全保障义务"的界限

实践中，住客在酒店住宿时因为与他人发生争执导致意外伤害将酒店诉至法院索赔损失，住客在酒店餐厅就餐手机、钱包被盗，住客在房间内洗漱摔倒引发伤害与酒店对簿公堂的事件时有发生，在法院审理中酒店是否尽到了"安全保障义务"成为案件审理的焦点。那么酒店等公共场所管理人"安全保障义务"的界限在那里？

《最高人民法院关于审理人身损害赔偿案件适用法律若干问题的解释》第六条规定：从事住宿、餐饮、娱乐等经营活动或其他社会活动的自然人、法人、其他组织，未尽合理限度范围内的安全保障义务致使他人遭受人身损害，赔偿权利人请求其承担相应赔偿责任的，人民法院应予支持。从该法条可以看到，酒店等公共场所管理人的安全保障义务并非是没有界限、无限扩大的，而是一个"合理限度范围内"的安全保障义务。这种"合理限度范围内"的安全保障义务，在法院审查中一般体现在宾馆、商场等公共场所不应出现危险隐患、设计缺陷和人为的管理混乱，如果出现上述问题导致他人损害的后果，一般会被认定为"存在过错"和"未尽到安全保障义务"。

3. 酒店客房财物丢失

案情 游客住酒店遗失5.7万元戒指

2月15日,李女士带着妈妈还有女儿入住锦江之星武汉取水楼酒店,当时跟前台交代,入住期间,不需要服务人员进入房间,并在门上挂着"请勿打扰"提醒牌。2月19日早晨,李女士出门时走到酒店大门,发现头天晚上洗漱摘下的戒指忘了戴,原本想回房间取,但女儿急着去东湖游玩,说不会丢的,就这样她没有回去。可等到当晚9时回来时,李女士发现戒指不见了,房间里被人动过。"丢失的红碧玺戒指是去年底朋友送我的,中间是红宝石,边上镶了一圈碎钻,价值5.7万元。"李女士说,事发后,她第一时间通知酒店,并报了警。酒店也把房间内的床拆开,翻了一遍,没有找到。李女士想起,当天早上,她找保洁员要一套新床单,保洁员说下午才有,李女士就说算了,她自己找到前台,说等晚上回来自己从前台拿床单,叮嘱她们不要进入房间。到了晚上,床单换上了新的,她怀疑私自进入房间的保洁员有嫌疑。当晚,酒店保洁经理联系不上下班后的保洁员,第二天来上班,保洁员说是手机没电关机了,但她说没看到过戒指。李女士说,自己不应该把贵重的戒指落在房间,存在一定的责任,但酒店方在客人提醒不要进入时,私自进入房间,双方应各承担一半的责任,但酒店不同意。

锦江之星取水楼酒店相关负责人周先生介绍,客人入住前,酒店都会提醒客人保管好贵重物品,李女士也确实交代了入住期间不允许他人进入房间,19日早上,客人提出换床单的要求,当时没有来得及换,客人外出后,出于为客人服务的好意,保洁员还是进入房间换上了新床单,但从始至终酒店就没见过戒指,报警后也把房间全部找了。酒店已免去她入住期间的费用,对于她要求的戒指损失,也愿意做出一定的赔偿,但不能以她提出的方案为准,作为企业,需要第三方如法院判定的结果,才能支付相应的赔偿,希望李女士理解。

资料来源:楚天都市报,2018-03-03.

思考:如何存放贵重物品?

经验交流

如何存放贵重物品

1. 存放在贵重物品保险箱中。大部分酒店会设有专门供客人使用的保险箱,如果行李中有贵重但是又不方便携带的物品,就可以和酒店人员说明寄存。

2. 给自己的行李上锁。很多人行李箱中其实存放了很多贵重物品,这时候给自己的行李箱上锁也是非常重要的,可以将自己的行李锁起来后把行李箱固定在较大的家具上。不要敞开放在房间中,不仅不安全,也不美观。

3. 学会使用"请勿打扰"标签。在酒店的房间中,会有"请勿打扰"标签,在客人挂上这类标签时,酒店的工作人员就不会进入,保洁人员更不会进入打扫。

4. 给自己的行李做好标记。这个方法虽然不能有效杜绝丢失或盗窃,但是可以在找回行李时有帮助。

4.2 酒店丢失财物应对程序

客人入住酒店,交付房费,已经与酒店形成了旅店服务合同关系。酒店除须履行提供客房的主合同义务外,还应当基于诚实信用原则,为客人的人身和随身财产提供必要的安全保障,这是酒店依法应当履行的合同附随义务。对于客人在酒店内丢失的物品,如果客人可以证明确实在房间内丢失,酒店应当承担一定的赔偿责任。

4.2.1 酒店财物丢失事件原因分析与防控措施

1. 酒店财物丢失原因分析

① 酒店安全管理制度缺失,操作流程不规范,如监控员在上班时间离开消防监控室或注意力不集中;客人明确叮嘱房间不用打扫后仍然进入客房清洁卫生;保险柜保管制度不完善,导致存放在保险箱中的贵重物品丢失;酒店未在前台显著位置提醒客人贵重物品寄存等。

② 客人安全意识不强,如贵重物品未按照规定办理寄存手续,只是放在客房桌子上;客人在入住酒店客房后,哪些财物需要放入保险柜,哪些需要寄存在前台,房客们没有提前准备好,对酒店提供的安保措施与设备不了解;客人车内放置贵重物品,本来就存在一定的安全隐患。

③ 酒店设施设备失效,如酒店的监控摄像头功能受损、图像模糊等。

2. 酒店财物丢失防控措施

① 设置物品代管点。如果酒店没有条件每间房都布置类似保险柜的物件,可以考虑在前台或大厅的某个显眼的位置设置物品代保管点,客人入住前可以将自己的重要财产交由酒店保管,另外这个代保管点还可以用作酒店员工拾到遗失物的保管点,并且这个代保管点非专职人员不可进入。除此之外,酒店还可以在公共厕所、客房等显眼的地方,张贴提醒客人妥善保管好自身财物的小贴士。

② 提醒客人随身携带贵重物品。钱包、手机、公文包等,这些物品的丢失概率往往更高。酒店可以考虑向客人提供无押金、免费租赁的防丢失器。在客人入住时,询问客人是否需要租赁防丢失器,若是需要即向其提供防丢失器并做好登记,等到退房时,客人只要将房卡钥匙和防丢失器一并归还即可。

③ 在酒店楼梯口、电梯或客房走廊安装必要的监控系统,客人发生财物遗失时,酒店人员应该及时对客人表示真切的同情和安慰,并积极地配合客人找寻自己的遗失物,如调取监控录像,咨询客房清洁的相关人员等,必要时还应该报警或通过法律途径处理。

④ 加强对员工的安全教育。酒店要加强对员工的操作流程培训,提高员工的安全意识。

4.2.2 酒店丢失财物的应对程序

1. 安全部接到报案

① 安全部接到报案后,由安全部值班经理协同前厅经理迅速赶到现场。

② 携带好访问笔录纸、照相机、手电、手套等所需用具。

③ 通知有关部门、岗位的领导,并留下与丢失案件有关的人员。

④ 客人明确要求向公安机关报案或丢失财物数额价值较大时,安全部在征得酒店总经

理的同意后应立即报告公安机关,同时保护好现场,即在公安人员到达前,现场不许任何人进出,不许移动拿走或放入任何物品。事件发生在公共场所时要划出保护区域进行控制。

2. 做好访问笔录

详细记录以下情况:

① 失主的姓名、年龄、性别、国籍、职务、来店离店日期和具体时间、去向等;
② 丢失物品的准确时间,最后见到所失物品的时间;
③ 丢失物品的准确地点、位置;
④ 丢失物品的名称、种类、型号、数量、特征、新旧程度、特殊标记、有无上保险等;
⑤ 丢失前是否有人来过。失主有无怀疑对象、根据等;
⑥ 失主有何要求,如开具丢失证明或要求酒店赔偿等。

3. 对现场进行仔细检查

对衣柜里外、酒柜、电视柜里外、沙发、窗帘、浴室、浴室顶棚、冰箱等处都要查到。委婉地征得客人同意后对箱包进行查找。楼道里的服务车和有关部位也要检查。

4. 进行调查和处理

① 对案件涉及人员进行谈话,调查了解案发时的情况:接触现场的所有人员,谁先进入、谁先离开等情况;接触现场的时间、工作程序、所处的位置、现场状态的回忆等情况。
② 对物品丢失时的当班服务员,逐一谈话,如已下班,立即将其从家中找回,涉及两人以上的要分别谈话并注意保密,以防串供。
③ 通过调查排除的重点嫌疑人员,要尽快取证,必要时可通过监控录像对嫌疑人员的陈述进行核实,做到情节清楚、准确无误。
④ 调查处理时,要摆事实、讲道理、重证据,严格注意政策。
⑤ 拿出处理意见,经总经理批准后执行。

专题5 酒店暴力犯罪事件应对

暴力犯罪,是指使用暴力手段(包括以暴力相威胁),以特定的或不特定的人或物为侵害对象,蓄意危害他人人身安全、财产安全和社会安全的犯罪行为。其基本特征为具有明显的暴力性质。在中国,暴力犯罪是严重危害公共安全、侵犯人身、破坏社会治安的行为,是中国刑法和司法机关打击的重点。暴力事件对酒店人身财产安全造成严重威胁。

5.1 酒店暴力犯罪类型及典型案例

暴力犯罪是通过对人身实施侵害的方法来达到犯罪目的的,因此对社会的危害和犯罪后果往往比较严重。

5.1.1 暴力犯罪类型及特点

1. 暴力犯罪类型

根据《刑法》的规定,暴力犯罪主要有8种罪行:

① 故意杀人:指故意非法剥夺他人生命的行为,属于侵犯公民人身民主权利罪的一种。
② 故意伤害致人重伤或死亡:故意伤害致人重伤是指故意伤害已经导致受害者残废、

毁容或身体上其他器官的机能严重受损;故意伤害致人死亡是指打成重伤之后经过抢救也没有挽回受害者的生命,或者动手打人者没有及时把受害者送往医院,因救助不及时致当事人死亡的情形。

③ 强奸:指违背妇女的意志,以暴力、胁迫或其他手段强行与妇女发生性关系的行为。这一犯罪的主体一般是男子。教唆、帮助男子强奸妇女的女子,也可以成为强奸罪的共犯。

④ 抢劫:指行为人对公私财物的所有人、保管人、看护人或持有人当场使用暴力、胁迫或其他方法,迫使其立即交出财物或立即将财物抢走的行为。

⑤ 贩卖毒品:指明知是毒品而非法销售或以贩卖为目的而非法收买毒品的行为。根据《刑法》的规定,走私、贩卖、运输、制造毒品,无论数量多少,都应当追究刑事责任。

⑥ 放火:指故意放火焚烧公私财物、危害公共安全的行为。

⑦ 爆炸:指故意以爆炸方法杀伤群众、破坏公私财产、对公共安全造成危害的行为。

⑧ 投放危险物质:投放危险物质罪所侵犯的直接客体是国家对投放毒害性、放射性、传染病病原体等物质的禁止性管理秩序及社会公众的人身安全及公私财产安全。

2. 酒店暴力犯罪的特点

根据这几年检察机关对酒店暴力犯罪的统计,主要有以下特点:

① 因琐事在宾馆、酒店内实施暴力犯罪。该类犯罪中,犯罪嫌疑人多为青年男性外来务工人员,从事工作较为繁杂,易出现烦躁情绪,且年龄较小,冲动易怒,缺乏控制力,法律意识淡薄,多因琐事发生口角后,怒发冲冠实施暴力犯罪。例如,在马某某故意伤害案中,犯罪嫌疑人马某某因拒绝送餐,与被害人在电话中发生口头争执,因越想越气,便持饭店后厨菜刀到王某某所住酒店房间内与其理论、相互推搡撕扯,并用菜刀砍伤王某某左侧额头部,造成轻伤的危害后果。

② 宾馆、酒店离职员工实施抢劫等暴力犯罪行为。部分宾馆、酒店离职员工因文化程度较低、法律意识淡薄、离职后缺乏正常稳定的经济来源而产生的报复性犯罪。

相关链接

全国严重暴力犯罪案量下降

5年来,全国严重暴力犯罪案件呈下降趋势。2019年10月23日,最高人民法院院长周强在十三届全国人大常委会第十四次会议上做了关于加强刑事审判工作情况的报告。

报告显示,2014年至2019年6月,全国法院审结一审刑事案件628.3万件,判处罪犯709.9万人。出台刑事司法解释33件,发布刑事指导性案例22件。

其中,依法审结故意杀人、抢劫、绑架、放火、爆炸等严重暴力犯罪案件21.9万件,判处罪犯22.5万人,全国严重暴力犯罪案件总体呈下降趋势。

同时,人民法院还依法从严惩处毒品犯罪,出台审理毒品犯罪案件司法解释,审结一审毒品犯罪案件61.3万件,判处罪犯61.9万人,重刑率达22.2%,高出同期全部刑事案件重刑率11.6个百分点。

针对妇女儿童的暴力、虐待、性侵害等犯罪,人民法院审结相关案件14.6万件,出台审理拐卖妇女儿童犯罪案件司法解释,严厉打击偷盗婴幼儿等行为。会同公安部等出台意见,严惩抢夺方向盘、殴打驾驶员等妨害安全驾驶的违法犯罪行为。依法审理涉高空抛物坠物刑事案件,加强司法大数据研究,推动完善保障群众"头顶安全"的制度。出台办理考试作弊案件司法解释,维护考试公平与秩序。依法审结连恩青、王英生等暴力伤医案件,会同有关单位出台惩处涉医违法犯罪、维护正常医疗秩序意见,为患者营造良好就医环境。

在严惩危害国家安全、暴力恐怖等犯罪上,报告指出,人民法院严惩颠覆国家政权、煽动分裂国家、间谍等犯罪,依法审结周世锋等颠覆国家政权案。会同有关单位出台办理利用邪教组织破坏法律实施案件司法解释,制定打击恐怖活动和极端主义犯罪意见。依法审结天安门"10·28"、昆明"3·01"、乌鲁木齐"5·22"等重大暴恐案件,严惩暴恐犯罪首要分子、骨干成员和罪行重大者,坚决打掉犯罪分子嚣张气焰。

资料来源:中国青年报,2019-10-23。

5.1.2 酒店暴力犯罪典型案例

1. 酒店抢劫、盗窃案

案情 李某、李某帅抢劫、盗窃案

抢劫

1. 2015年12月31日5时许,被告人李某帅开车与被告人李某到任丘市京开道京南温泉宾馆附近,由李某持一把水果刀进入宾馆对值班人员刘某实施抢劫,劫取人民币1 100元。

2. 2015年12月31日5时30分许,被告人李某帅开车与被告人李某到任丘市世纪商贸城桔子快捷酒店,由李某持水果刀进入酒店对值班人员孔某实施抢劫,劫取人民币1 700元。

3. 2016年1月3日5时许,被告人李某帅开车与被告人李某到任丘市北环路金都商务酒店,由李某持水果刀进入宾馆内对值班人员王某实施抢劫,劫取人民币870元。

4. 2016年1月7日4时许,被告人李某帅开车与被告人李某在任丘市老津保公路阳某经营的欧阳超市内,李某帅持锤、李某持水果刀对被害人阳某实施抢劫,在劫取被害人人民币500元后,遭到被害人反抗而逃离。

5. 2016年1月8日凌晨2时40分许,被告人李某帅伙同被告人李某进入任丘市世纪商贸城桔子酒店内意欲抢劫,见只有谢某一名女服务员值班,遂以住宿为名上前与谢某搭讪,谢某察觉二人图谋不轨,边敷衍被告人边撤离并喊人,二被告人见状随即逃走。

盗窃

1. 2016年1月4日凌晨3时许,被告人李某帅伙同被告人李某在任丘市北辛庄乡联通营业厅内,盗窃赵某智能手机及老人机共45部。经鉴定,被盗手机价值人民币11 985元。案发后,公安机关扣押手机5部,价值1 066元,已发还被害人赵某。

2. 2016年1月10日夜间1时许,被告人李某帅伙同被告人李某在任丘市老公安局东侧裕华路路南张峰通讯门市内盗窃张某的Vivo牌、酷派牌、小米牌等品牌手机共计14部。经鉴定,被盗手机价值人民币19 539元。案发后,13部手机被公安机关扣押后发还被害人张某,另有一部Vivo XPROI手机,价值2 098元未能追回。

法院认为,被告人李某帅、李某以非法占有为目的,采用暴力相威胁的手段劫取他人财物,其行为均已构成抢劫罪;以非法占有为目的,秘密窃取他人财物,涉案金额31 524元,数额较大,其行为均已构成盗窃罪;公诉机关指控二被告人的犯罪事实及罪名成立。被告人李某帅、李某持械抢劫,酌情从重处罚。被告人李某帅到案后能够如实供述所犯罪行,庭审中自愿认罪,协助公安机关抓获同案犯李某,有立功表现,依法从轻处罚。

资料来源:无讼案例网。

思考:如何应对酒店抢劫事件?

经验交流

酒店抢劫事件的应对措施

1. 当酒店发生抢劫案件时,如劫匪持有武器(指枪械),在场员工应避免与匪徒发生正面冲突,保持镇静,并观察匪徒的面貌、身形、衣着、发型及口音等特征,绝不可草率行事,以免造成不必要的伤亡。如果消防监控室发现酒店内发生劫案,应立即告知部门经理或总值班员,并按指示向110报警。

2. 如果劫匪乘车逃离现场,应记下其车牌号码、颜色、车款或牌子等,并记清人数。同时,可以乘出租车或其他交通工具跟踪并用通信工具向110报告方位和地点,以便警方组织力量设卡拦截。在跟踪的过程中要注意隐蔽,以确保自身安全。

3. 保护好现场。劫匪遗留的凶器、作案工具等不要用手触摸,划出警戒范围,不要让无关人员进入现场。

4. 如果现场在交通要道、公共场所等无法将劫匪留下的证物留在原处的,应逐一收拾起来用塑料袋装好并用记号标注位置,交给警方处理。

5. 配合公安机关访问目击群众,收集发生劫案的情况。同时,公安人员未勘查现场或未处理完毕之前,相关人员不要离开。

6. 在场人员不可向报界或无关人员透露任何消息,不准拍摄照片。

7. 如果有伤者,要立即送往医院救治,并报告公安机关。

2. 客人在酒店遇袭案

案情 女子在北京和颐酒店内遭陌生男子强行拖拽

2016年4月5日,女网友弯弯在微博自曝通过携程预订如家旗下北京望京798和颐酒店,3日晚在酒店遭陌生男子尾随挟持、强行拖拽、掐脖……整个过程持续6分钟。酒店安全部保安未阻止,保洁人员只是看着,多人围观,路过女房客出手相救,男子逃走。

男子二十七八岁,穿黑色皮衣,在酒店多次徘徊。女子担心被拖去强奸或拐卖,称他寻找猎物,蓄谋已久,"我报警时他打电话给张哥说了啥"。

事件发生之后,女子当晚害怕住酒店被男子同伙报复,借住在朋友家中。

截至2016年4月5日,女网友称事发后酒店经理关机,态度恶劣;投诉携程未反馈;派出所录完笔录无下文,接线员称"这事儿不归我们管"。

2016年4月5日,北京朝阳警方证实此事:警方目前在工作中,女子没有遭受财产损害和人身损害。

2016年4月6号上午10点半,如家酒店集团与受害者弯弯取得联系。据了解,弯弯与如家集团达成3项协商事宜:其一是集团在6号晚上8点前,对整个事件予以回复;其二是集团对弯弯进行道歉;其三是集团予以事实还原。

2016年4月6日下午,如家酒店集团召开新闻发布会,介绍女网友和颐酒店遇袭事件最新进展。如家酒店集团在声明中表示,通过对各方面情况的核查,北京望京798和颐酒店在事件处理中的确存在安保管理、客人服务不到位的问题。酒店管理和服务人员对客人的关注度及处理问题的响应效率也存在缺失。同时,如家酒店集团在声明中向当事人及社会公众再次表示道歉。如家酒店集团表示,该事件所涉及的治安问题已交警方处理,对网络中的各种传言,政府和警方会给出调查结果。

2016年4月7日21时许,专案组在河南警方的大力配合下,在河南省许昌市将涉案男子李某(男,24岁,河南省人)抓获。

2016年4月8日,北京警方将"朝阳798和颐酒店一女子被袭"视频中的涉案嫌疑人李某押解回京后,连夜开展审查工作。

资料来源:北京和颐酒店劫持事件. 百度百科.

思考:酒店安防如何布控?

经验交流

酒店安防如何布控?

酒店安防系统是以酒店建筑为载体,为保障酒店人、财、物等方面安全而构建的一套综合性的技术防控系统,其核心价值在于安全防范,是属于酒店信息化系统中的一个子系统。从初期的视频监控,到如今已发展成集视频监控系统、消防报警联动系统、电子门锁系统等为一体的酒店安防系统。

酒店安防综合解决方案应实现几个目标:

多业务系统——现酒店安防涉及多种子系统,包括视频监控系统、报警系统、智能分析系统、智能停车场系统、一卡通系统等,各个子系统互联互通,又可独立运行,模块化融合,各个子系统均能与视频监控系统形成有效的联动。

经济性与实用性——充分考虑酒店实际需要和信息技术发展趋势,根据现场环境,设计选用功能适合现场情况、符合酒店监控要求的系统配置方案,通过严密、有机的组合,实现最佳的性能价格比,以便节约工程投资,同时保证系统功能实施的需求,经济实用。

统一管理——系统中所涉及的设备,都可通过同一平台进行监控、控制、管理。

操作友好——系统操作者可通过控制键盘和方向杆(或方向球)或多媒体工作站的键盘、鼠标对系统进行操作:选择摄像机,控制摄像机(有云台时,可调节角度和方位;镜头为变焦型时,可调节焦点和焦距等),选择显示器等。

操作记录保障——实时记录主要通道图像,在系统启动、运行或任何系统出错、操作错误、警告及硬件故障时,都会在磁盘上进行记录。该记录包括了时间、状态、原因及相应的硬件编号等。同时也要对操作员的登录、菜单操作及报警的产生和处理进行记录,以防恶意的伪操作,操作人员必须通过登录时验证身份、密码才能进入本系统,并能对各种操作设置操作人员的控制级别及操作口令,防止非法操作。

信息记录保障——酒店安防系统的设计具有较高的可靠性,在系统故障或事故造成中断后,能确保数据的准确性、完整性和一致性,并具备迅速恢复的功能,同时系统具有一整套完整的管理策略,可以保证系统的运行安全。保持信息原始完整性和实时性,存储时间不少于30天。

公安系统关联——酒店安防系统需要与公安系统对接,公安系统可调用查阅酒店安防系统的视频监控录像及报警等信息。

5.2 酒店暴力犯罪应对程序

酒店客人通常以商务客和旅游客为主,所带资金和财物较多,易成为外来犯罪分子和内部不法员工进行犯罪活动的目标。如果酒店在安全管理上出现漏洞,不法分子就会乘机作案,酒店暴力犯罪事件对酒店经营有严重的威胁。

5.2.1 酒店暴力犯罪的主要隐患与防控措施

1. 酒店暴力犯罪的主要隐患

① 高星级酒店的客人大多数消费水平较高,经济状况较好。客人随身携带贵重物品,往往会成为犯罪分子的作案对象。

② 酒店是开放性场所。酒店是个面向社会公众开放的场所,任何人员都可以自由出入,这些人来自社会的各个阶层,其社会身份、品质、社会生活习惯、背景,以及到酒店的目的不同,鱼龙混杂,特别是一些犯罪分子、有劣迹的不良分子常常把酒店作为作案的地方。发生在酒店的高智商、高科技、突发性、暴力型的犯罪案件呈上升的趋势。

③ 酒店的安全设施和安全服务达不到客人的安全需求,客人在酒店的消费没有得到应有满足,而酒店在处理一些投诉事务涉及客人或当事人的利益不慎、失当的时候,也容易激发矛盾上升,造成事故。

④ 酒店监控系统和报警设施不健全,影响事件调查力度,且酒店的安保人员未经专业培训。

2. 酒店暴力犯罪的防控措施

① 根据酒店的实际情况,安全部门应配合各部门制定一套切实有效的安全防范工作程序、应急预案和管理规章制度,根据不同时期的工作重点做好应对各种突发事件的准备工作。

② 建立健全安全管理规章制度和检查制度,实行岗位责任制。安全部门要加强对酒店有关场所的巡查,及时发现并排除各种不安全因素;做好对外来人员的安检与登记工作;定期对各楼层监控设备进行维护,保安对宾馆、酒店内部实时监控;严格执行宾馆、酒店夜间值班制度,加强夜间安全检查;联合公安机关加强对宾馆、酒店的巡防联防工作,对宾馆、酒店开展定期、不定期检查,对犯罪分子形成有效震慑。

③ 完善配套设施,从技术上打击犯罪。一方面是要购买专业的高清摄像头,覆盖整个酒店,保证无死角,各个角落都能清晰拍摄记录,且酒店要全天候地打开摄像头,另一方面要在各个房间安装应急报警装置,一旦发现险情,客人可以在第一时间报警求助。

④ 加大安保力度,从力量上防止犯罪。酒店要将整个酒店安保支出作为全年开支的一项重要组成部分纳入全年预算,确保保安的人数和质量,并与当地派出所进行联系,邀请当地公安机关对酒店保安进行岗前专业培训,提升酒店保安的专业水平和工作能力。

⑤ 加强酒店人员的培训,强化安全意识和法律意识。任何员工在酒店范围内发现形

迹可疑的人员或非住客在楼层徘徊,都要主动上前询问,在询问时要注意语言的表达技巧。

5.2.2 酒店暴力事件的应对程序

① 员工发现暴力事件时应立即向安全部和前厅经理报告,镇定说明本人身份、发现案件时间、地点及简要情况。

② 安全部保安携带必要器材、对讲机、记录本、手电等迅速到达现场,确认后保护现场,划定警戒线,控制人员进入,维护现场秩序。通知总机值班员,由其通知有关领导立即赶到现场。

③ 视具体情况,经总经理同意由安全部负责立刻向公安机关报告所发生的情况。

④ 若犯罪嫌疑人正在威胁他人生命,现场的最高管理者要设法稳定其情绪,控制事态发展,等待公安机关前来处置。

⑤ 公安机关到场后,安全部协助对第一发现人及时进行问讯记录,做好证据保留工作,调取监控系统中相关的影像资料。

⑥ 如有伤者,应向急救中心求援,伤亡人员须送往医院时,应安排人员随同前往,并做好医院就诊的各项记录。

⑦ 房务部等相关部门应及时调取受伤害客人的资料,上交酒店突发事件应急处置指挥机构,总机要确保通信联络畅通。

⑧ 安全部参与转运死伤人员,并对客人遗留在公共区域的财物进行统计和保管。

⑨ 房务部对客人遗留在客房的财物进行登记和保管,并提供抢救伤员所需的布巾和所用物品。

⑩ 调集酒店车辆待命,以备需要。

专题6 客人醉酒事件应对

喝酒闹事的事件已经屡见不鲜了,尤其是在酒店行业,面对客人醉酒事件应该如何化解?本专题将分析客人醉酒事件的类型及应对程序。

6.1 客人醉酒事件类型及典型案例

酒店客人醉酒事件有不同类型,针对不同类型,酒店安全管理的重点也不同。

6.1.1 客人醉酒事件类型及危害

1. 客人醉酒事件类型

根据酒店安全管理实践,客人醉酒事件有以下类型:

① 在酒店住宿的客人:如酒店客人因饮酒过量入住,服务员要尽量弄清客人居住的房间,协同醉酒客人的同伴将其送到房间,同时要密切注意醉酒客人的安全,防止发生意外事件。

② 在酒店用餐的客人:当发现客人有醉酒先兆时,应暂停或减量向客人提供酒精饮料,减少客人醉酒的概率。

2. 客人醉酒事件危害

① 财产损失。不少醉酒客人损坏酒店设施设备,事后容易就赔偿问题产生纠纷。
② 人身伤害。一些醉酒客人寻衅滋事,殴打酒店员工及客人,造成非常不好的影响。
③ 客人死亡。醉酒客人在住店被呕吐物卡住窒息身亡事件常有发生。

相关链接

醉酒一次对身体的危害

1. 肾:酒精进入人体后,会抑制抗利尿激素的产生。身体缺乏该激素后,会抑制肾脏对水分的重新吸收。所以饮酒者会老往厕所跑,身体水分大量流失后,体液的电解质平衡被打破,恶心、眩晕、头痛症状相继出现。

2. 乳房:酒精会刺激雌激素分泌,爱饮酒的男人乳房逐渐"增肥增大"。由于喝酒会减弱肝脏功能,而雌激素在肝脏内分解,所以酗酒的男人更易患乳腺癌。男性胸部较平坦,患乳腺癌后扩散速度较快。

3. 胃:酒精能使胃黏膜分泌过量的胃酸。大量饮酒后,胃粘膜上皮细胞受损,诱发粘膜水肿、出血,甚至溃疡、糜烂。程度再严重些就会出现胃出血。

4. 胰腺:酒精可通过多条途径诱发急性胰腺炎。如酒精刺激胃壁细胞分泌盐酸,继而影响十二指肠内胰泌素和促胰酶素的正常分泌,最终使得胰腺分泌亢进。少量饮酒也会使慢性胰腺炎恶化,症状表现为腹痛频率和程度加剧。

5. 肝脏:酒精会使肝脏囤积越来越多的脂肪,慢慢转化为炎症。长此以往,肝硬化在所难免。需要注意的是,服用一些药物,如退热净和降脂的他汀类药物后绝对不能饮酒。它们会加剧肝脏损伤程度。

6. 大脑:酒精会损伤脑细胞。德国海德堡大学医学院的科研人员证实,饮酒6分钟后,脑细胞开始受到破坏。长期酗酒者的记忆力会越来越差。研究显示,酒精让人丧失了理解他人表情的能力,容易造成冲突和误解。

7. 心脏:酒精可诱发心肌炎。酗酒的人,心肌细胞会发生肿胀、坏死等一系列炎症反应。在酒精的作用下,心率加快,心脏耗氧量剧增,心肌因疲劳而受损。长期嗜酒,酒精性心肌病就会找上门。

8. 血压:酒精有升高血压的作用。英国科研人员发现,哪怕适度饮酒,血压也会上升,大大增加了各种心脑血管疾病的发病概率,如心脏病、中风等。

9. 骨骼:过量饮用酒精会加速体内钙质的流失,因此酗酒的人易得骨质疏松症、易发生骨折。不过研究报告指出,适度饮用啤酒或葡萄酒能增加骨密度。美国研究也发现,啤酒中的硅元素有益骨骼健康,但须适量饮用。

资料来源:东方网,2015-04-28.

6.1.2 客人醉酒事件典型案例

1. 醉酒损坏酒店设施

案情 醉酒房客砸酒店物品

2015年4月26日凌晨,阳朔县城一家酒店内,一名醉酒房客因走错房间开不了门,一气之下掐服务员脖子,砸酒店物品,最终为自己的冲动行为"买了单"。

当日凌晨0点左右,阳朔县城叠翠路一家酒店内,服务员小秦接到前台电话,称B310房间那有客人房卡开不了门,让他立即赶过去看看。小秦连忙赶过去,门口站着一对青年男女,正因开不了门而生气。小秦很快弄清了事情原委,原来他们是住C310房间的客人,房间在另外一栋楼,手中的房卡自然开不了B310房间。小秦当即引导两位客人来到C310房间,并帮忙开了门。然而,那名男客人还是很生气,大吼大叫,认为酒店服务不好,提出要酒店值班领导过来给个解释,冲动之下掐了小秦的脖子。小秦一边道歉,一边赶紧通知酒店前台,并带着那两名房客来到酒店办公室,等候值班领导过来解释。但男客人进了办公室后,情绪依旧很激动,还砸坏了办公室电脑显示器、桌子等物品。前台另一名服务员小吴赶到办公室,也被该男子掐了脖子,好在阳朔镇派出所民警及时赶来,才避免事态扩大。经民警问询,这名男客人姓陈,外省人。晚饭后,他去酒吧喝了六七瓶啤酒,喝高了,回到酒店打不开门,就认为酒店服务有问题,情绪有些激动。事后,陈某向被掐服务员道了歉。经酒店值班经理统计,该男子砸坏酒店办公室价值约3 500元的物品。后来,陈某因故意损毁财物被阳朔镇派出所处以行政拘留15日的处罚。

资料来源:东方网,2015-04-28日。

思考:如何服务醉酒客人?

经验交流

如何服务醉酒客人

1. 服务员在判断客人已经醉酒时,注意客人的情绪,恰如其分地关心客人,绝对不能"硬碰硬",要学会对客人进行心理调节,站在客人的角度,以柔克刚,以动之以情、晓之以理的迂回诱导,使客人恢复到"成人自我"——理智、平等、通情达理。

2. 对已经醉酒的客人采取醒酒措施,发现醉酒客人情绪有些激动时,及时通知保安,让保安送上一杯白开水,让其到沙发上休息一下,醒酒。

3. 不要在语言和行动上刺激客人,引起客人的冲动,如果醉酒客人有其他客人陪同,则提醒其他客人给予细心照顾;如果客人语言、行为上难以自控,闹事并有破坏性,安抚不了,应及时报警,但不能当着客人的面报警,以免再次激怒客人,造成失控。

4. 客人要求办理入住,前台员工对醉酒较为严重的客人可以以满房为由婉言拒绝客人入住,说话要注意语气和方式,切不可激怒客人;醉酒客人如果有陪同客人,应与陪同客人做好沟通,并按程序办理入住。

5. 对于极度不肯配合、不肯完成应办手续的醉酒客人,不予入住酒店。若客人对员工有人身伤害或企图,保安在场协助也无法安抚,且不能劝离酒店,应及时报到派出所。但不能当着客人的面报警,以免再次激怒客人,造成失控。可以让保安帮忙报警。

6. 醉酒的男性客人如有需要客房服务的,前台的女服务员应避免独自服务,以免发生突发意外事件,让保安协助上去为其服务。

7. 如果客人在酒店内醉酒突发疾病,服务员不得去移动客人身体,询问同伴客人是否有疾病史,让其同伴拨打120,或者让前台帮忙拨打。

2. 客人酒后坠梯受伤

案情 赵某华诉也宁阁酒店、静升公司生命权、健康权、身体权纠纷

2009年12月14日晚,原告赵某华至上海市共和新路452号被告也宁阁酒店住宿。当晚23时许,赵某华通过酒店4号通道行至该建筑物靠近中兴路的一楼通道内,因该通道内的电梯井空置(电梯轿厢已被拆除)且未设防护装置,原告酒后步入该空置电梯井而坠至井底受伤。事发后,赵某华于次日凌晨4时许报110,民警赶至现场将其送至第二军医大学第二附属医院救治,诊断为右侧粗隆下骨折,左侧锁骨远端骨折,左侧第8、9肋骨骨折,左侧喙突骨骨折,当日被收治入院,于2009年12月17日进行右股骨粗隆下骨折重建钉内固定+左锁骨骨折切开复位内固定术,于同月28日出院。后多次门诊复查,期间原告共支付医疗费66 394.33元、辅助器具费528元。

另查明,被告也宁阁酒店与被告静升公司签订有房屋租赁合同,约定静升公司将位于共和新路452号的房屋出租给也宁阁酒店,并注明一楼靠近中兴路通道(即事发通道)为静升公司使用。租赁合同签订后,也宁阁酒店经静升公司同意,拆除了位于通道内的电梯轿厢,并将二楼以上电梯井位置改为仓储室,由也宁阁酒店使用。施工过程中,未对空置的电梯井设置相应的防护装置。

又查明,原告赵某华系个体工商户,在本市浦东新区世纪大道2002号北广场B2-24号商铺从事服装零售行业。

法院认为,从事住宿、餐饮、娱乐等经营活动或其他社会活动的自然人、法人、其他组织,未尽合理限度内的安全保障义务致使他人遭受人身损害的,赔偿权利人请求其承担相应赔偿责任的,人民法院应予支持。被告也宁阁酒店作为提供住宿服务的企业,应在合理限度内确保入住酒店的消费者的人身安全,避免因管理、服务瑕疵而引发人身伤害。就本案现有证据证实,被告也宁阁酒店未可能出现的伤害和意外情况做出明显警示,其辩称在通往事发通道的拉门上已张贴警示标志,但根据原、被告双方陈述该拉门所在位置当晚并无照明设施,即使存在该标志,也完全不足以起到警示作用。对于也宁阁酒店所持事发通道及电梯并不包含在租赁范围内,故其无须承担责任的辩称,法院认为,事发通道是一个相对封闭的区域,可通过也宁阁酒店内的安全出口进入,事发时该区域内的电梯井因轿厢被拆除而空置,也宁阁酒店明知上述情况且对于事发通道及电梯具有事实上的控制力,却未能做好安全防范工作,其提供服务过程中所存在的安全隐患与原告赵某华的受损结果有直接因果关系,应对涉诉事故承担民事赔偿责任。

受害人对于损害的发生也有过错的,可以减轻侵害人的民事责任。原告赵某华作为具有完全民事行为能力人,也应当对自己的行为尽到合理的注意义务,以确保自身的安全。

资料来源:中华人民共和国最高人民法院公报,2014(1).

思考: 如何最大限度地做好安全保障义务?

经验交流

最大限度地做好安全保障义务

1. 建筑服务设施要到位

① 建筑设备质量合格,产品符合国家相关标准。

② 消防设施设备齐全、完整并按相关要求摆放。

③ 其他与经营服务相关的设施、设备达到有关的安全标准。

消费者在经营者的服务场所受到外来侵袭时,经营者的保安及其他工作人员,应当采取适当的措施避免或减少损失的发生,如帮助消费者共同对付发生的危险或正在侵袭的歹徒,拨打急救电话120或匪警电话110等。

2. 制度、流程不能少

① 建立健全门卫、住宿登记制度流程。

② 完善客户来访管理、财物保管制度流程。

③ 完善紧急情况下的应对处置程序及报告制度流程。

④ 健全其他与经营管理、安全防范相关的制度流程。

3. 定期学习培训要贯彻

① 定期组织相应岗位人员培训,合格后持证上岗。

② 定期组织消防的普及、操作及安全逃生演练。

③ 定期组织紧急应对处置演练。

④ 组织其他与经营管理、安全防范相关的学习培训。

4. 提醒、提示义务要做足

① 经营者应当对各种可能出现的伤害和意外情况等做出明显的警示、提醒,如刚刚做过清洁的地板较滑,应当明确做出"地板未干,小心滑倒"字样的警示。

② 酒店、宾馆门前由于下过雨、雪时地面较滑,应当明确做出"地面较滑,小心摔倒"字样的公示等。

③ 酒店、宾馆内应该警示"财物妥善保管,谨防被盗";桑拿浴、游泳池应当做出"醉酒者和精神病人、皮肤病人、传染病患者禁止入内"字样的警示。

④ 酒店管理者应当综合考虑到各种情况,将安全保障义务放在十分重要的位置,对于可能出现的危险应当对消费者进行合理的说明,对于有违安全的消费者应当进行劝告,必要时通知公安机关采取必要的强制措施。

5. 查证、核实有必要

① 实行登记准入管理,查验相关证件,提升客房区的安全级别。

② 按照有关规定录入公安部检测合格的旅馆业治安管理信息系统。

③ 在入住时签写住客住宿安全须知,告知一些如何保障自身安全的知识。

④ 陌生人要会见住客时,核实相关证件、登记,并事先取得住客同意方能让其进入客房区。

⑤ 严格保安巡查,发现可疑人物要立即讯问查证,必要时报警。

⑥ 其他外部防范要尽责,及时、有效制止并积极求助。

6.2 客人醉酒应对程序

醉酒客人的破坏性较大,轻则行为失态、大吵大闹、随地呕吐,重则危及其生命及酒店设备设施或酿成更大的事故。服务员遇上醉酒客人时,头脑应保持冷静,根据醉酒客人不同的种类及特征,分别处理。对于轻的醉客,应适时劝导,安置其回房(家)休息;对于醉酒闹事的客人,应立即通知酒店安全部,酒店保安赶到现场后应立即控制现场,避免醉酒客人对其他客人的人身和酒店财产造成伤害。

6.2.1 客人醉酒隐患与防控措施

1. 客人醉酒隐患

① 醉酒后卧床吸烟引发火灾。例如,2019年3月5日,开封通许县一名男子因为喝醉后躺在床上吸烟,不慎引发火灾,现场火势凶猛,该男子被困其中无法逃离。当地消防部门接到报警之后,迅速赶赴现场展开紧急救援,最终将该男子救出,火灾也被扑灭。

② 醉酒客人住店死亡。例如,《羊城晚报》2015年2月3日登,男子喝醉酒被送进酒店入住,住宿时突然死亡。死者家属将涉事酒店及一同喝酒的黄某告上法院,索赔116万余元。醉酒后也容易引发其他疾病死亡。例如,荔枝新闻报道,2019年11月8日,许某醉酒后入住酒店而死亡,法医鉴定死因为因脑内出血至呼吸循环衰竭致死。

③ 醉酒客人大闹酒店并殴打他人。例如,2017年两男子因身份登记与酒店前台发生冲突,将酒店前台计算器砸烂,用笔甩向工作人员。同时,爬上前台桌子,踩踏桌上的电脑显示屏、键盘等物品,将花盆砸烂并开始殴打一旁的工作人员。

④ 醉酒客人酒店摔伤。例如,2012年北方网报道,一男子与朋友在某酒店用餐,醉酒后走下楼梯时不慎摔倒,经医院抢救无效死亡。经鉴定,其死因为急性颅脑创伤。日前,受害人家属以楼梯湿滑油腻,而酒店未尽安全保障义务造成被害人摔倒为由,将酒店告上法庭。

2. 客人醉酒事件防控措施

① 照顾好客人情绪,避免正面冲突。注意客人的情绪,恰如其分地关心客人,注意不要在语言和行动上刺激客人,引起客人冲动;如果醉酒客人有其他客人陪同,则提醒其他客人给予细心照顾;如果客人语言、行为上难以自控,及时通知安全部和大堂副理,将客人送到其房间休息。

② 对醉酒客人予以特殊照顾。把醉酒客人送入房间,调节空调温度,设法使客人保持安静。询问客人或同伴是否需要去看医生。对醉酒客人安排专人负责,耐心照顾,防止发生不良后果。在客人躺的床头旁放好垃圾筒,铺好报损的地巾,帮助倒杯温水放在控制柜上。将床头、台灯、过道灯及卫生间灯打开,方便客人辨别方位。在安置醉酒客人回房休息后,客房服务员要特别注意其房内的动静,以免客房的设备及家具受到损坏或因其吸烟而发生火灾。

③ 安全部加强巡查。住店客人醉酒送其回房间后,安全部要注意监控,每一小时巡视一次,查看有无异常。

6.2.2 客人醉酒应对程序

客人醉酒事件是酒店常发突发事件,它将直接关系到客人的安全健康,以及酒店的正常经营。所以各部门人员在处理醉酒客人时要严格遵守以下程序进行,避免造成不必要的损失。

1. 在酒店用餐的客人

① 各岗点服务员在服务过程中应注意观察客人,当发现客人有醉酒先兆时,应暂停或减量向客人提供酒精饮料并向值班的餐厅经理汇报。当班餐厅经理先要确定该客人是否确已喝醉,再决定是否继续为其提供含酒精饮料。

② 如果客人确已喝醉,经理应礼貌、婉转地告诉客人不可以再向他提供含酒精饮料(如此品种已售完,是否换其他饮品等)。

③ 如果客人已出现较严重的醉态,服务员应立即为醉酒客人提供冷毛巾敷头及温水,同时准备好垃圾桶等容器以备客人呕吐,尽量防止客人随意在地毯上呕吐。如果客人呕吐或带来其他麻烦,服务员要有耐心,迅速清除污物,不要抱怨,此时要密切注意防止呕吐物呛入客人气管。

④ 各岗点值班领导应尽快联系醉酒客人亲友将醉酒客人带离酒店,对于暂时无法移动的醉酒客人,各岗点都应注意不要让其独处,应保持有随行人员或安排服务员陪同观察,防止客人有意外发生。

⑤ 对于重度醉酒的客人要注意保暖,使其侧卧,防止呕吐物进入气管而导致客人窒息。如果发现客人呼吸浅而慢,则应立即汇报,由当值经理决定是否报警或送院治疗。

⑥ 事故及处理结果应记录在工作日记上。

⑦ 安全部在接报后应立即组织人员到场,不可以单独前往,必须两人或两人以上,避免造成自身伤害。

2. 在酒店住宿的客人

① 各部门人员在发现醉酒客人的第一时间,必须立即报告该区域的当班负责人。

② 对因醉酒而大吵大闹的客人要留心观察,一般不予干预,应报告前厅经理及安全部,同时向客人提供冷毛巾敷头及温水,备好垃圾袋或垃圾桶。岗点负责人要注意向受醉酒客人影响的其他客人表示歉意。

③ 对随地呕吐的醉酒客人要视情处理,对呕吐过的地面应及时通知公共区域卫生清洁员处理。

④ 对倒地不省人事的醉酒客人应与安全部人员配合将客人搀扶至客房,切不要独自进入醉酒客人房间,同时应报告房务部当值主管。

⑤ 对醉酒客人的纠缠不休要机警应付,礼貌回避,不要刺激客人。

⑥ 如果醉酒客人出现严重破坏或伤害他人行为,安全部人员须出面进行干预控制。

⑦ 安全部在控制住客人后立即通知前厅经理到达现场进行处理。

⑧ 前厅经理在接报后立即到达现场,在不危及其他客人的安全或酒店财产的安全前提下,先请其跟随的朋友或家人劝止,引至安全的区域,提供给解酒物品,让其冷静下来。如果其身边没有朋友或家人,那么只能尽可能地关注,安全部保安随时准备制止事态的发展。在控制住场面后,可以通过其手机打出、打入的电话联系其家人或朋友,告诉他们事情的经过,请其尽可能地到店解决。

⑨ 如果联系不上其家人或朋友,应尽可能安排其回房休息醒酒,并安排安全部及房务部人员进行陪护。

⑩ 如果客人的破坏行为已不能控制,前厅经理须联系值班经理,建议其联系警方寻求帮助。

3. 处理醉酒客人的基本原则及注意事项

① 在酒店区域内严禁留下醉酒客人独处或不管不问,避免因醉酒而引发的其他人身伤害或财产损失。

② 及时提供醒酒物品(药物、冷毛巾、浓茶或咖啡),备好盛接呕吐物的容器,避免呕吐物污染地面或家具织物。

③ 及时汇报上级领导,由上级领导迅速联系醉酒客人亲友,争取尽快由醉酒客人亲友接手对其进行看护。

④ 不要忽视受醉酒客人影响的其他客人,应及时表达歉意并做出合理调整以减少这些客人受到的影响。

专题7 酒店电梯故障事件应对

电梯是机电一体化的特种设备,垂直电梯一般装设于大楼的井道之中,自动扶梯一般斜置在大楼的两个楼层之间。它们都是由驱动系统、电气自动控制系统、导向系统、安全保护系统等电气机械部件组成的,因此跟其他电气机械设备一样,在不断运行的过程中发生一些故障是不能完全避免的。但是通过妥善的使用、管理和维护,可以降低电梯的故障率,减小安全隐患;反之,如果这些故障和隐患不能及时被发现和排除,就可能导致安全事故的发生。

7.1 酒店电梯故障类型及电梯事故典型案例

电梯设备在日常使用当中一旦发生故障问题,除了会造成电梯轿厢无法正常运行之外,还会出现厢门无法开启而导致电梯困人的问题,产生严重的安全威胁。

7.1.1 酒店电梯故障类型

① 电梯缺乏保养。电梯设备在日常运行中损耗较为严重,因此需要工程部门定期开展电梯的保养工作。由于电梯保养不到位造成的电梯运行故障问题十分常见。酒店的电梯设备每天需要承载较大规模的客流量,因此电梯运行存在一定的安全隐患。

② 电梯供电电源存在故障问题。电源故障是电梯运行中主要面临的硬件故障问题。常见的故障问题,如电源断电、错误的电源配置及备用电源切换不及时等,都会引发电源供电水平的波动,造成电梯运行故障。

③ 安全回路的节点故障。电梯在上下行过程中,由于出现抱闸过早现象,会造成电梯停靠位置出现偏差,致使电梯无法准确停靠到对应的楼层当中。这一故障问题一般来说是受到安全回路本身的节点影响而产生的。电梯内部的安全回路处于并联支路当中,支路与回路的节点之间发生电位故障,就会造成电梯故障。

相关链接

关于乘坐电梯安全知识的温馨提示

一、乘坐电梯时需要注意的安全知识

1. 乘电梯时,请查看电梯门口是否安放维修护栏。正在维修保养中或带故障的电梯,存在安全隐患。

2．不可在未看清电梯轿厢是否停靠在本层的情况下盲目进入，否则有可能导致人员坠落井道事故的发生。

3．候(乘)梯时不要踢、撬、扒、倚层门，否则有可能发生乘客坠入井道或被轿厢剪切等危险。

4．在电梯运行时尽量离开门口站立，可以利用轿厢内的扶手，站稳扶好。

5．电梯超载报警时不要挤入轿厢或搬入物品，否则可能造成电梯不能关门，影响运行效率，情况严重时将导致曳引绳打滑，轿厢下滑，甚至造成人员剪切等事故的发生。

6．不要用手、脚或物品阻止轿厢门的关闭，需要使电梯门保持打开状态，可按住轿厢内的开门按钮。进出电梯时行动不要过分迟缓，不要长时间一脚踩楼层一脚踩轿厢，万一此时轿厢动起来，易发生剪切事故。

7．如果电梯满员，请耐心等待电梯的下一次服务。

8．电梯到站停止后如果不开门，可以按开门按钮打开轿厢门，不可强行打开轿厢门，否则很可能发生坠落井道事故。

9．不要在运动的电梯内嬉戏玩耍、打闹、跳跃和乱摁按钮，否则特别容易导致电梯安全装置误动作，发生"困人"及伤亡事故。

10．当电梯出现故障卡在层间时，请不必惊慌，最安全的对策是处变不惊，轿厢和井道通风良好，空气充足，电梯设有多项保证乘客安全的措施，可以利用轿厢内设警报按钮或电话呼救物业部门和维保单位，耐心等待救援。切勿试图通过其他危险方式离开电梯。

二、电梯下坠自救知识

1．马上按下电梯内每一层楼的按键。因为当紧急电源启动时，电梯便会停止继续下坠。

2．由头到背部紧贴电梯墙壁，令身子尽量紧贴电梯墙壁，利用电梯墙壁作为脊椎的防护。

3．如果电梯有手把，一只手紧握之。这样可助你固定你的所处位置，减低你因重心不稳而摔伤。

4．如果电梯内没有扶手，用手抱颈，以免脖子受伤。

5．弯曲膝盖。韧带是人骨中最具弹性的组织，这动作可借助韧带而不是骨头来承受压力。

6．把脚跟提起，即踮起脚尖。电梯中人少的话最好要把两臂展开巴住扶手或电梯壁。

资料来源：搜狐网，2018－07－31．

7.1.2 酒店电梯事故典型案例

1．酒店客人被困电梯

案情 6人被困五星级酒店故障电梯37分钟

怀孕已经4个月的陈小姐，怎么也不会想到，昨天傍晚她会在杭州凯悦这家著名的五星级酒店里，平生第一次经历被困电梯，还蒸了一次"桑拿"。陈小姐和老公张先生，当天本来是请几位朋友一起到凯悦酒店吃自助餐的。当时还有从外地赶来的朋友刘小姐和她3岁的儿子豆豆。一行人驱车进入凯悦酒店地下停车库的B3层。把车停好后,4人一起走进9号电梯。同在电梯内的还有来自上海的应先生和他的朋友,他们是酒店当天的住店客人。此时电梯内共有6人。

这是一台苏州迅达电梯有限公司维保的电梯,仅停靠B3、B2、1、2四个楼层。电梯内有通风装置,但是没有空调。因为要去一楼自助餐餐厅吃饭,陈小姐走入后按了1键。门关后,电梯缓缓上升。突然,电梯停住了,此时原来按下的一楼按钮熄灭了,二楼的按钮却亮了。等了几分钟,电梯门没有打开,电梯也停住不动。用手去按其他楼层的按钮,没有任何反应。陈小姐他们这才意识到:电梯出故障了!大家开始紧张起来。眼明手快的应先生赶紧按下了电梯里的警铃,此时是17点32分。

通过对讲设备,应先生开始大声地与酒店工作人员通话,说有6人被困在电梯里,其中有一个孕妇和一个儿童。酒店工作人员问应先生是不是酒店的客人,被困在几楼,心烦气躁的应先生没好气地答道:"难道不是酒店的客人,就要区别对待?电梯到底停在哪一层,我们也不知道。"

此时电梯里的照明和通风装置都在工作着,但是由于没有空调,热浪滚滚,体感温度在30℃以上,每个人都开始汗珠滚滚而下。

陈小姐倒是并不太担心安全问题,因为她觉得现在的电梯都有安全保险装置,一般不大会坠落。使她焦躁的是电梯里的高温:好歹也是五星级酒店,电梯里居然没有空调!17点40分,依然被困电梯的陈小姐通过随身携带的三星平板电脑,发出第一条微博:我在这里:#凯悦酒店#被困电梯,生平头一遭!

5分钟后,她发出了第二条微博:一刻钟了,同时附有一张电梯内被困的照片。

17点54分,又发一条:我在这里:#凯悦酒店#接近二十分钟了,恐怖的五星级酒店……没有工作人员来解困……

随后,焦急等待中的陈小姐拨打了一位朋友的电话,告知自己被困的情形,随后在朋友的建议下拨打了119。

资料来源:新浪新闻,2012-07-09.
思考:被困电梯怎么办?

经验交流

被困电梯怎么办

人被困电梯后,最重要的不是救援过程,而是在最短的时间内与外界取得联系,寻求救援。一旦被困电梯内,请大家做好以下几点:

1. 如果突然被困在了电梯中,千万不要慌张,可用电梯内标盘上的警铃报警或电话向物业服务中心求救,或者拨打96333求救。

2. 如果不能立刻找到相关人员,可请外面的人打电话叫物业工作人员。物业电梯技工通常会把电梯绞上或绞下到最近的一层楼,然后打开门。就算停电,电梯技工也能用手动器把电梯绞上绞下。

3. 困在电梯里的人无法确认电梯的所在位置,因此不要强行扒门,这样会带来新的险情。

4. 电梯顶部均设有安全窗,但是该安全窗仅供电梯维修人员使用,所以不要扒撬电梯轿厢上的安全窗,因为从这里爬出电梯会更加危险。

5. 拍门叫喊,或脱下鞋子,用鞋拍门,发信号求救。如果无人回应,就须镇静等待,观察动静,保持体力,等待营救,不要不停呼喊等营救。

6. 在深夜或周末被困在电梯里,就有可能几个小时,甚至几天也没有人走近电梯。在这种情况下,最安全的做法是保持镇定,伺机求援。注意倾听外面的动静,如果有行人经过,设法引起他们的注意。如果不行,就等到上班时间再拍门呼救。

7. 如果适逢停电,或者手机在电梯内没有信号,最好保持镇静,因为电梯都安装有安全防坠装置。防坠装置将牢牢卡在电梯槽两旁的轨道,使电梯不至于掉下去。即使遭遇停电,安全装置也不会失灵。这个时候,务必镇静,要保持体力,伺机待援。

8. 在狭窄闷热的电梯里,许多乘客担心会窒息,这一点请大家放心,目前新的电梯国家标准有严格的规定,只有达到通风的效果,才能够投放市场。另外,电梯有许多活动的部件,如一些连接的位置,如轿壁和轿顶的连接处都有缝隙,一般来说足够人的呼吸需要。

9. 有些被困性急的人会尝试自己从里面打开电梯,这是消防人员极力反对的一种自救方式。因为电梯在出现故障时,门的回路方面有时会发生失灵的情况,这时电梯可能会异常启动。如果强行扒门就很危险,容易造成人身伤害。另外,被困的人因为不了解电梯停运时身处的楼层位置,盲目扒开电梯门,也会有坠入电梯井的危险。

2. 酒店电梯坠落

案情 青岛一酒店电梯坠落致两人死亡,维保人员被判刑

2015年3月23日,位于营口路32号的7天连锁酒店电梯从6楼坠落,导致电梯内一名老人和一名幼童当场死亡,引发各界关注。

法院审理查明,事发前一天中午,7天连锁酒店电梯发出焦味,维保单位青岛科达电梯有限公司业务经理林国强违反"双证作业"规定,派维修员刘伟单独前往维修。

市北法院刑事审判庭副庭长田怀安介绍案情时说:"按照安全规范的要求,维修必须既有电气维修许可证,又有电梯维修许可证,刘伟是只有电梯机械维修作业人员证。"

刘伟对制动器做了简单调整,电梯恢复正常运行,对于这次维修,刘伟并未进行记录。田怀安说:"刘伟发现电梯一个衬垫过速的磨损,按照规定应当更换,他没有更换,3月23日上午11点就发生事故了。"

事故造成四川来青游客72岁的吴某和其3岁孙女周某当场死亡。经技术鉴定,磨损严重的制动闸瓦衬正是导致电梯坠落的原因。庭审中,辩护人提出,因幼女周某曾脱离监护,在门未全开时进入电梯,所以受害方也有一定过错。对此,法庭并未采信。

"事故发生还属于电梯本身的原因,强行上电梯当然是存在危险性,但是还构不成刑法意义上的过错。"田怀安表示。

案发后,7天连锁酒店所属的青岛工贸商业有限公司赔付被害人方200万元,两被告人也分别赔付6万元和5万元。法院以重大责任事故罪判处被告人林国强有期徒刑2年,缓刑2年;被告人刘伟有期徒刑2年,缓刑3年。判决目前已生效。

资料来源:搜狐新闻,2017-03-04.
思考:什么是重大责任事故罪?

经验交流

重大责任事故罪

重大责任事故罪是指在生产、作业中违反有关安全管理的规定,因而发生重大伤亡事故或造成其他严重后果的行为。

重大责任事故罪的行为是在生产、作业中违反有关安全管理规定。这里的违反有关安全管理规定,是指违反有关生产安全的法律、法规、规章制度。因此,这种有关安全生产规定包括以下 3 种情形:

1. 国家颁布的各种有关安全生产的法律、法规等规范性文件。
2. 企业、事业单位及其上级管理机关制定的反映安全生产客观规律的各种规章制度,包括工艺技术、生产操作、技术监督、劳动保护、安全管理等方面的规程、规则、章程、条例、办法和制度。
3. 虽无明文规定,但反映生产、科研、设计、施工的安全操作客观规律和要求,在实践中为职工所公认的行之有效的操作习惯和惯例等。

重大责任事故罪的结果是发生重大伤亡事故或造成其他严重后果。根据 1989 年 11 月 3 日最高人民检察院《关于人民检察院直接受理的侵犯公民民主权利、人身权利和渎职案件立案标准的规定》,重大责任事故罪的结果表现为以下 3 种情形:

1. 致人死亡 1 人以上的;
2. 致人重伤 3 人以上的;
3. 造成直接经济损失 5 万元以上的,或者经济损失虽不足规定数额,但情节严重,使生产、工作受到重大损害的。

重大责任事故罪的罪过形式是过失。这里的过失,是指应当预见到自己的行为可能发生重大伤亡事故或造成其他严重后果,因为疏忽大意而没有预见或已经预见而轻信能够避免,以致发生这种结果的主观心理状态。

3. 酒店电梯门夹人

案情 电梯故障客人被夹,霞浦一酒店赔偿

来霞浦旅游的陈先生于 5 月 18 日带团入住城区的一家酒店。当晚,乘坐电梯正常出入时,电梯却反复开关门,导致一名团员的手臂被电梯门夹住,受到惊吓。随后伤者被送往医院检查拍片,由于是晚上,又逢周六,只有值班医生,未能按病人要求做核磁共振检查。陈先生认为电梯有故障,酒店应做出警示,要求酒店负责给受伤的团员做全面检查,并赔偿相应的医疗检查费用。酒店没有答应,陈先生拨打 12315 投诉。

接诉后,工商人员立即到酒店调查核实情况,经了解,陈先生反映的情况基本属实,所幸的是,客人的手臂伤情并无大碍。工商人员指出,电梯有故障应张贴告示提醒,暂停使用,并及时修复,确保客人安全使用。经调解,酒店给予游客 1 000 元医疗补偿费,并表示歉意,双方握手言和。

资料来源:东方网,2013 - 05 - 23.

思考:酒店电梯为什么会夹人?

经验交流

酒店电梯为什么会夹人

电梯层门是乘客在使用电梯时首先接触到的部分,是电梯很重要的一个安全设施。根据不完全统计,电梯发生的人身伤亡事故约有70%是由于层门的安装质量、维护保养及乘客使用不当等问题引起的。因此,层门的开闭与锁紧是保证电梯使用者安全的首要条件。为防止电梯在关门时将人夹住,在轿门上设有关门安全装置。常见的防夹安全装置有安全触板、红外光幕和超声波监控装置。电梯层门出现夹人的现象,一般有几种情形:电梯层门关门速度过快;层门安全触板、红外光幕、超声波监控装置损坏或人为偷盗;乘客在进入轿厢时用手、脚、身体或棍棒、小推车等直接阻止关门动作,造成层门系统的人为损坏。

7.2 酒店电梯事故应对程序

电梯作为日常使用的运输运载工具,为人们的生活提供了极大的便利,然而它们在提供便利的同时也隐藏着较大风险。如何正确开展酒店电梯管理,在提高电梯利用率的同时实现对电梯安全稳定的控制,是目前酒店日常管理工作中的重点问题。故做好酒店电梯事故应对程序,是保障电梯有效运行的关键。

7.2.1 酒店电梯事故原因与防控措施

1. 酒店电梯事故原因

① 电梯日常维保单位未能切实履行维护保养职责,电梯日常维护保养不到位,如不按规定的频次和质量要求维保、部件润滑不足、异物卡阻、零部件松动疲劳损坏后得不到及时更换调整、保护功能失效后得不到有效处理等;还有些维保单位低价争保揽保,不按规定配备足够数量的维保人员,以修代保。

② 电梯使用单位对电梯日常安全管理重视程度不足,安全管理制度不健全、电梯安全管理人员配备不足,日常安全检查管理流于形式,对电梯存在的异常情况不能及时发现、及时处理;有的物业管理单位拖欠维保费用,导致维保单位无法正常开展日常维护保养工作。

③ 乘客不规范使用电梯。例如,有的乘客乱敲乱撞层门、轿厢和操作按钮等零部件,有的用电梯运送水泥砂浆等货物而没有任何防护措施,这些错误的使用方式容易造成电梯安全保护系统损坏。此外,部分业主履行主体义务不到位,不支付电梯维保的费用,导致电梯安全管理人员和维保单位无法按规范对电梯进行管理和维保。

此外,目前还存在部分电梯管理责任主体不明确、选型配置与使用条件不适应、住宅专项维修资金使用渠道不畅通,以及老旧电梯逐步增多等原因,电梯困人等故障还较多,电梯事故时有发生,电梯安全水平与人民群众日益提高的安全、便利的需求还有较大差距。

2. 酒店电梯事故防控措施

① 从电梯自身安全可靠性考虑,应加强对电梯关键部位的结构强度、电气安全装置可靠性及相关安全防护部件尺寸等要求。鉴于之前发生的多起因层门强度不够导致人员坠亡、门回路被人为短接导致的人员坠亡及制动器故障等导致开门走车事故案例,GB 7588—2003第1号修改单中提高了对层门强度的要求、增加了对门旁路及轿厢意外移动保护等装

置的要求,使电梯的安全性和可靠性得到进一步提升。

② 应加强对乘客及维保人员的安全教育工作。在对电梯的操作或检修过程中,相关人员必须具有一定专业技术知识。《特种设备安全监察条例》指出,特种设备操作人员及管理人员必须具备相关从业资格证,才能够从事作业及管理工作。然而现场作业人员缺少专业知识、未取得相关作业资质、对电梯维护保养不到位等问题引发的事故不在少数。同时对于乘用人员来说,加强相关安全教育也是要必要的。

对于电梯使用单位来说,管理缺失的问题普遍存在。绝大多数酒店存在电梯安全使用性能管理认知不足的问题。酒店对一些管理制度的疏忽大意、对电梯安全管理人员的聘用不到位等问题,在电梯出现安全故障时,维保人员无法解决而相关管理人员又无法及时获取信息等,最终导致了事故的发生。因此建立有效的电梯安全管理制度、强化对电梯的日常例行检查、落实相关安全职责及对已发现隐患的及时整改等也是保障电梯安全运行的有效手段。

③ 作为电梯安全的一道重要防线,电梯检验机构可以制定对应的技能培养计划。组织检验人员专业培训,提高对检验过程中遇到一些棘手问题的认识,以降低事故风险。

7.2.2　酒店电梯事故的应对程序

1. 事故接报处置程序

① 工程部值班人员接到事故报告时应向报告人了解以下信息:故障电梯位置、是否困人、困在哪个楼层,以及其他重要信息,并做好记录。

② 工程部值班人员通过电话向消防监控室核实接报情况是否无误。

③ 确认情况无误后,工程部值班人员根据设备区域的划分,将相关信息传达给相关班组,并通知维保单位立即赶到现场。

④ 接到电梯故障通知后,相关班组应立即派出具备电梯操作资格的人员携带电梯机房钥匙、电梯层门钥匙、通信工具和维修工具赶往现场进行处理。如有需要可要求值班人员增派人员协助。

2. 升降梯困人故障处理程序

① A、B 两名故障处理人员分别到达电梯机房与电梯轿厢所在楼层。

② A 处理人员先切断升降机主电源,但必须保留轿厢照明。通过电梯机房的直线电话与被困者取得联系,告知被困者静候解救,切勿尝试自行设法离开。

③ B 处理人员用电梯层门钥匙将电梯层门打开约 30~40 cm,观察电梯轿厢所在位置。

④ 若轿厢位于平层位置上下 600 cm 范围内时,被困者可顺利离开,可直接打开层门协助乘客离开。

⑤ 若轿厢位于非上述位置时,被困者无法顺利离开,则需要按步骤手动盘车平层后再将乘客放出。

⑥ 由维保单位对电梯进行全面检查,消除隐患后方可恢复电源投入运行。

3. 手扶电梯故障处理

(1) 手扶电梯上下行方向故障处理程序

① 用"相控"专用钥匙对感应装置下部的"运行方向开关"进行设置。

② 待手扶电梯延时停止后再次感应启动将转为正确方向。

③ 以上设置无效时可按下电梯的急停按钮,断开手扶梯的电源,由维保单位进行处理。

(2) 光电感应开关故障处理程序

① 将"旁路感应选择开关"设置为旁路,将"运行方向开关"设置为停。

② 待电梯延时停止后将不再启动。

③ 以上设置若无效可按下电梯的急停按钮再断开电梯的电源,交由维保单位处理。

4. 电梯故障事后处置程序

① 故障处理完成后处理人应及时向值班人员汇报处理经过与设备现状。

② 分析故障发生的原因。对于因使用不当或维修保养不到位引起的设备事故,相关班组长应向工程部经理提交书面报告。

③ 做好设备档案的故障登记工作。

专题 8　酒店打架斗殴事件应对

打架也叫格斗,是对立双方或多方,在相互矛盾发展到极点时,其行为特点为具有暴力倾向,以对他人产生身体造成伤害为目的的一种主观意识行为。斗殴是指双方或多方通过拳脚、器械等武力以求制胜的行为。

8.1　酒店打架斗殴类型及典型案例

打架斗殴是指人们在现实生活中超出理智约束的一种激烈的对抗性的互相伤害的行为。它是人们对日常生活中发生互相伤害行为的一种统称。打架斗殴的双方可以各是一人,也可以是两人或两人以上。从行为性质看,打架斗殴既是一种危害社会的行为,也是一种违法的行为。打架斗殴一旦发生,即对一定的社会关系或社会秩序带来破坏,并带来一定的法律后果。根据打架斗殴的危害程度和违法性质,其法律后果有以下几个方面。

8.1.1　酒店打架斗殴后果及特点

1. 打架斗殴的后果

(1) 民事责任

在打架斗殴中,行为人给对方的人身或财产带来损害,行为人要承担赔偿责任。如果行为人属无行为能力的人,自己不能承担赔偿责任的,则由监护人承担。

(2) 行政责任

有责任能力的行为人,如果侵犯他人人身权利,殴打他人,造成轻微伤害,或者结伙斗殴,寻衅滋事,扰乱公共秩序,尚不够刑事处罚,可依照《治安管理处罚条例》的规定处15日以下拘留、200元以下罚款或警告。

(3) 刑事责任

依照我国《刑法》的规定,在打架斗殴中,有责任能力的行为人故意非法损害他人人身健康达到轻伤以上的,或者故意非法剥夺他人生命的,分别构成故意伤害罪和故意杀人罪;行为人过失致人重伤或死亡的,分别构成过失致人重伤罪和过失杀人罪;如果出于私仇、争霸或其他不正当目的而纠集多人结伙斗殴,其首要分子和积极参加者构成聚众斗殴罪,聚众斗殴中致人重伤、死亡的,以故意伤害罪或故意杀人罪定罪处罚;如果在公共场所无事生非,起哄闹事,殴打伤者无辜,肆意挑衅,横行霸道,破坏公共秩序情节严重的,构成寻衅滋事罪。

2. 酒店打架斗殴的特点

① 发生的突然性。一般从与对方发生纠纷到被打、被刀捅,前后不过十几分钟,有的根本没有任何征兆,令人防不胜防。例如,彭某与杨某、蒋某等用餐,在路上因用白话挑逗一名女生,遭到另3个男青年的质问,彭某等人不但不道歉,反而仗着人多势众,强迫对方赔礼道歉。当彭某等人到达夜市坐下不到1分钟,就被十几个手拿木棍、刀具的人追打,蒋某背部被人砍伤,杨某右腹部被刀捅成重伤。

② 参与的群体性。从一般性的单打独斗发展到群体性斗殴,参与打架斗殴的人数少则三五人,多则十几人甚至几十人。例如,2019年石家庄裕华区翟营大街附近某饭店内发生多人打架斗殴事件,造成多人受伤接受治疗。建华南大街派出所民警调查后发现起因只是嫌疑人敬酒被拒,觉得自己丢了面子,遂向对方大打出手。

③ 情节的恶劣性。打架斗殴,从一般的口角、纠纷发展到拳打脚踢,甚至动刀舞棒伤人,严重时发展成聚众斗殴和伤害案件,而且情节比较恶劣。例如,马某与唐某等人在酒店打牌赌钱,唐某赢钱后洋洋得意,马某则气急败坏,与唐某发生口角。过后马某找到其朋友韦某,纠集韦某和3名社会青年,手拿菜刀和砍刀前往唐某入住酒店找唐某算账。唐某见势不妙,下跪求饶。马某不许,用砍刀将唐某左手小指指筋砍断,还将唐某右大腿上约手掌大的皮肉削掉,手段极其残忍。

④ 后果的严重性。打架斗殴的后果非常严重:首先是以身体皮肉痛苦为代价,轻则伤人肌肤,重则伤人筋骨甚至要人性命;其次以人身自由为代价,打架斗殴发展到一定程度必定会触犯法律。

相关链接

打架斗殴与故意伤害罪的区别

1. 触犯法律不同,打架斗殴一般情况下只触犯《治安管理处罚法》(但有聚众斗殴情节和造成轻伤以上的打架斗殴则会分别构成聚众斗殴罪和故意伤害罪),而故意伤害罪则会触犯《刑法》。

2. 后果不同,打架斗殴一般情况下只承担民事责任和行政责任,而故意伤害罪则还要承担刑事责任。

3. 故意伤害罪的构成条件

(1) 客体要件

侵犯的客体是他人的身体健康权,所谓身体权是指自然人以保持其肢体、器官和其他组织的完整性为内容的人格权。应注意的是,侵害的是他人的身体权,因此,故意伤害自己的身体,一般不认为是犯罪。只有当自伤行为是为了损害社会利益而触犯有关刑法规范时,才构成犯罪。

(2) 客观要件

客观方面表现为实施了非法损害他人身体的行为。

要有损害他人身体的行为;损害他人身体的行为必须是非法进行的;损害他人身体的行为必须已造成他人人身一定程度的损害,才能构成故意伤害罪。

(3) 主体要件

故意伤害罪的主体为一般主体。凡达到刑事责任年龄并具备刑事责任能力的自然人均能构成故意伤害罪,其中,已满14周岁未满16周岁的自然人有故意伤害致人重伤或死亡行为的,应当负刑事责任;致人轻伤的,则须已满16周岁才能构成故意伤害罪。

(4) 主观要件

故意伤害罪在主观方面表现为故意,即行为人明知自己的行为会造成损害他人身体健康的结果,而希望或放任这种结果的发生。在一般情况下,行为人事先对于自己的伤害行为能给被害人造成何种程度的伤害,不一定有明确的认识和追求。无论造成何种程度的结果都在其主观犯意之内,所以,一般可按实际伤害结果来确定是故意轻伤还是故意重伤。故意轻伤的犯罪还存在犯罪未遂问题。但对重伤意图非常明显,例如企图严重毁容,并已着手实施的行为,由于意志以外的原因而未得逞的,即使未造成任何实际伤害,也应按故意重伤罪(未遂)定罪量刑。

在故意伤害致死情况下,行为人主观上存在混合罪过形式,即同时具有伤害故意和致人死亡的过失,这是区别故意伤害致死同故意杀人、故意伤害致死同过失致人死亡的主要标志。

资料来源:2019年10月1日公安部下发的《打架斗殴与故意伤害罪的区别》.

8.1.2 酒店打架斗殴典型案例

1. 酒店打架典型案例

案情 上海虹桥喜来登酒店两实习生因口角打架动刀,一劝架者被划伤

5月29日15时30分左右,位于上海长宁区的虹桥喜来登酒店两名实习员工发生打架斗殴,其中一人被对方用刀刺伤,而另外一名劝架的男子被划伤。事发后,被刺伤的年轻男子躺在虹桥喜来登上海太平洋大饭店南侧通道内,而行凶男子被特警用手铐反铐着坐在一边。

据目击者介绍,当时这两名员工在酒店南侧打架,其中一名男子突然掏出刀具将对方捅伤,其他人见状前去劝阻。120赶赴现场后,将伤者送往附近医院抢救。

记者看到,现场血迹斑斑,一把刀具掉落在现场。民警赶赴现场后,拉起警戒线,并对现场进行勘查取证。

记者从警方处了解到,当日15时40分左右,警方接到报警称遵义南路上的一家酒店通道内有人受伤,民警随即赶到现场处置。经初步调查发现系酒店两名男性实习员工因口角引发肢体冲突,其中一人用刀将对方刺伤,并划伤了旁边劝架的一名男性的手部。持刀伤人的犯罪嫌疑人已被警方控制,伤者已送医院治疗,暂无生命危险。目前,案件正在进一步调查中。

资料来源:澎湃新闻,2016-05-30.

思考:员工打架,酒店可以直接开除吗?

经验交流

员工打架,酒店能直接开除吗

在酒店里,员工打架是常有的事,发生打架行为能否直接开除?根据《中华人民共和国劳动法》第二十五条第二项的规定,遵守劳动纪律和规章制度是劳动者的基本义务,所以劳动者在工作期间打架,实务中都被认为是严重地违反劳动纪律或规章制度的行为,用人单位因此开除劳动者的,属于合法解除劳动关系,无须向劳动者支付赔偿金。

但是,有不少用人单位因为开除打架的员工,被认定构成违法解除劳动关系,最终向员工支付赔偿金。所以打架虽然是一种严重的违纪违章行为,但也应综合考虑,直接开除容易构成违法解除劳动关系。笔者根据实务案例总结,如果员工有打架行为的,应考虑下面的这几种情况,否则容易构成违法解除劳动关系:

1. 打架的责任要有所区分。如果一方有体力的优势,总是欺负弱小员工,这类情形在工厂较为常见,弱小员工几乎是被打的一方,如果不加以区分,简单粗暴地直接把双方均开除,则对弱小员工一方极不公平。

2. 打架的区域要考虑。如果在单位管理范围内的,当然可以开除。有些是员工下班后外出打架,并非在单位管理范围内,这种情况员工打架一般与单位没有关联性,单位因此开除员工的,构成违法解除劳动关系的可能性大。

3. 打架的原因要考虑。例如,用人单位克扣工资,员工在讨要工资过程中,情绪过激,与部门主管发生打架行为,这种情况下发生劳动争议的,法院或仲裁委更会考虑打架的原因,如果没有什么严重的后果,仍开除员工,则有可能构成违法解除劳动关系。

4. 打架的严重程度要考虑。仅仅是推搡、轻微肢体冲突等,从一般常理上来理解,不足以构成严重违反劳动纪律的行为,如果不加以考虑就直接开除,则容易被认定为违法解除劳动关系。

员工打架是存在的客观事实,用人单位因此开除员工发生劳动争议的,仲裁委或法院就需要对这一事实进行认定,评价用人单位开除员工是否合法,会对包括并不限于上述的几种情形进行考虑。因此,尽管打架是很严重的违纪违章行为,用人单位在做出开除处理时,还是应当综合考虑,否则最终有可能构成违法解除劳动关系而承担赔偿责任。

2. 酒店保安与消费者发生肢体冲突

案情 惠阳区御景湾国际大酒店发生酒后斗殴,2人受伤

3月28日凌晨1时许,惠州市惠阳区御景湾国际大酒店,两名客人饮酒后与酒店保安发生冲突,结果被酒店保安打成骨折。目前,伤者仍在医院治疗,其中一名打人者已被行政拘留,案件仍在进一步调查处理中。

4月2日,南都记者在惠阳区三和医院见到两名伤者。贺先生的诊断结果:左手第四、五掌骨骨折;左眼眶骨折;全身多处软组织挫伤。肖先生,初步诊断:创伤性蛛网膜下腔出血;脑震荡;头皮挫伤;腰1、2椎体右侧横突骨折。

贺先生介绍,今年3月27日是他的生日,晚饭后,他邀请了10多位朋友到御景湾国际大酒店唱歌。次日凌晨时分,唱歌即将结束,担心身上的钱不够买单,其朋友肖先生和王先

生结伴到酒店外的ATM机取钱,准备帮他买单。

熟料,二人出去取钱时,向酒店保安问路,言语不和发生口角。肖先生承认,他和王先生都喝了酒,讲话嗓门有些高,但保安也得理不饶人。二人取钱回来,朋友们唱歌结束。买单后,大家陆续下楼。贺先生介绍,他和肖先生一起出来,下楼时,肖先生说,今天保安让他很不开心。想着自己是该大酒店的常客,保安让自己的朋友不开心,贺先生就出面找保安理论,想质问他,为什么那样对待他的朋友?熟料,肖先生在指认是哪位保安时,该保安与肖先生起了肢体冲突。贺先生上前动手帮助朋友,结果,五六名保安一起动起手来,其中3位还手持钢棍,朝二人袭击。

贺先生称,冲突一两分钟就结束了,他朋友被打倒在地,头部血流不止,他本人左手和眼部等处被打伤。朋友们下来时,立即堵住了通道出入口,将其中两名打人者堵住,其他参与打人者已经逃走。

大酒店:消费者酒后滋事,酒店只承担连带责任

据惠州市惠阳区御景湾国际大酒店俱乐部杜经理介绍,该事件是在消费者买单后与保安发生的冲突,酒店只承担连带责任。杜经理认为,该事件是客人酒后滋事引起的,事发后,他们积极配合警方调查,已经将视频录像等全部提供给了土湖派出所。他们的保安队长和一名保安也被带走调查,目前,保安队长被放回,另一名保安已经被警方控制。

杜经理表示,该事件他们愿意听从派出所的处理意见,由于伤者还没有做伤情鉴定,他们也不知道该如何赔偿。4月1日,他已经代表酒店到医院看望了贺先生,并主动和他协商,看看如何处理该起冲突。

警方:行政拘留一人,积极协调赔偿

4月2日,记者从惠阳警方获悉,事发当晚,土湖派出所接警后,立即组织警力赶往现场处置。经了解,双方人员因口角纠纷引发肢体冲突,继而引发双方人员的打架。随后,该所民警将两名伤者送往三和医院接受治疗;把两名涉嫌殴打他人的嫌疑人苗某欣和苗某飞带回派出所调查。经查,苗某欣因殴打他人一事被行政拘留;保安队长苗某飞因拒不承认殴打他人的行为,暂无法对其做出处罚,现该案仍在调查中。该事件发生后,两名伤者自行缴费治疗。考虑到两名伤者的实际情况,惠阳警方正积极协调,建议御景湾国际大酒店先行垫付两名伤者的医疗费。目前,此案仍在进一步处理中。

资料来源:南方都市报,2018-04-02.

思考:如何加强酒店员工的服务意识?

经验交流

"顾客至上"

1. 如何理解"顾客至上"
(1) 顾客是我们的衣食父母
(2) 顾客需要我们提供舒适完美的服务
(3) 服务基本依据是顾客的需求
(4) 不要被社会上的陋习所同化
(5) 努力给顾客提供方便,创造欢乐

（6）在任何情况下都不与顾客争吵
2．如何理解"顾客永远是对的"
（1）充分理解顾客的需求
（2）充分理解顾客的想法和心态
（3）充分理解顾客的误会
（4）充分理解顾客的过错

8.2 酒店打架斗殴应对程序

打架斗殴既是一种危害社会的行为,也是一种违法的行为。打架斗殴一旦发生,即对一定的社会关系或社会秩序带来破坏,并带来一定的法律后果。酒店的打架斗殴,不仅给双方带来安全隐患,而且还会严重地影响酒店的声誉。

8.2.1 酒店容易发生打架斗殴区域与防控措施

1. 酒店打架斗殴主要区域
① 大堂内、前门区域
② 中餐厅、宴会厅
③ 保龄球馆、桑拿部
④ 停车场、后门区域

2. 酒店打架斗殴防控措施
① 消防监控室应密切注视酒店内所有监控视频,如若发现可疑人员及打架斗殴酗酒事件,应立即通知保安前往现场并报告安全部经理。
② 大堂保安要密切观察酒店入口、大堂内及餐厅的异常情况；员工通道保安要密切注视后门、停车场、桑拿部、保龄球馆的异常情况。
③ 注意观察成群结伙来酒店的青年人（衣着打扮、言谈举止、有无酗酒）,及时发现可疑迹象和杜绝打架斗殴闹事的苗头。
④ 在巡视过程中,注意观察酒店各个部位有无饮酒过量及酗酒的人员,发现后要及时安抚客人回房休息及安排车辆带客人离开酒店,如发现异常情况及时报告安全部。
⑤ 对独身的客人饮酒量密切关注,发现饮酒过量的客人应立即报告安全部,同时通知餐饮部、娱乐部经理或主管对客人进行劝阻,并停止向其出售烈酒。
⑥ 听到或看见有打架斗殴、流氓滋扰及公安机关协查通报中通缉的犯罪嫌疑人,应及时报告消防监控室。

8.2.2 酒店打架斗殴的应对程序

酒店所有员工在酒店区域内,发现争吵及有打架斗殴倾向者,情况允许下须第一时间前往劝说和制止,以免给酒店造成不必要的麻烦,如果打架斗殴事件已发生须在第一时间通知安全部。

① 报警,一旦发生打架斗殴、流氓滋扰事件,在场服务人员应及时报告安全部。报案人要讲明事发地点、人数、国籍、闹事人是否携带枪支或其他凶器,并报清自己的姓名。
② 监控室监控员接到报警后：
1）立即通知安全部主管带对讲机赶赴现场,随时将情况反馈消防监控室,防止事件进

一步恶化。

  2）立即通知安全部经理、大堂副理，赶赴现场；
  3）立即通知安全部休息的所有人员赶赴现场；
  4）立即通知大堂保安、员工通道保安密切注视大堂和员工通道的情况；
  5）立即通知事发部门经理赶赴现场。

③ 安全部经理、大堂副理赶到现场后，积极进行劝阻工作，带领保安及事发部门服务人员，将斗殴双方或肇事者分开，迅速平息事端，以防事态扩大，将主要肇事者带至安全部。如果发现闹事人携带枪支或凶器，应立即报告总经理，并立刻向公安机关报警。

④ 事发部门经理接到报警后，应迅速赶赴现场，带领员工配合安全部开展工作：
  1）保护收银员将现金转移到安全部位；
  2）保护其他客人撤离现场；
  3）指派专人保护贵重物品；
  4）配合安全部将斗殴双方或肇事者分开。

⑤ 事发现场经理、主管及员工都负有保护酒店财产，保护客人人身、财产安全的责任，都具有同违法犯罪行为做斗争的义务，如果发现视而不见、无动于衷、袖手旁观者，将进行严肃处理。

⑥ 在将斗殴人员或肇事者带往安全部途中，要提高警惕，注意发现斗殴人员或肇事者身上有无携带凶器，如有，应及时收缴，以免发生伤害或逃跑。

⑦ 公安机关赶到现场后，安全部注意保护现场，疏散无关人员，设警戒线，担任警戒巡查，在现场检查是否有证据及遗留物品，事发部门查清设施设备是否遭受损坏、损坏的程度、数量、直接经济损失价值等。

⑧ 如果发生严重伤害，安全部经理应按总经理指令，与市急救中心联系前来抢救；如果发生死亡，应控制行凶者，保护封锁现场，协助公安机关处理意外死亡案件。

专题9　酒店自然灾害应对

  自然灾害是指给人类生存带来危害或损害人类生活环境的自然现象，包括干旱、高温、低温、寒潮、洪涝、山洪、台风、龙卷风、火焰龙卷风、冰雹、风雹、霜冻、暴雨、暴雪、冻雨、大雾、大风、结冰、霾、雾霾、地震、海啸、泥石流、浮尘、扬沙、沙尘暴、雷电、雷暴、球状闪电、火山喷发等，对本土酒店业来说，最主要的自然灾害是地震灾害和汛情等极端气候灾害。

9.1　酒店自然灾害类型及典型案例

  自然灾害事故的发生，均有一般的先兆或相应的时节，在各类自然灾害可能发生的区域及时间点，先期做好相应的准备工作，未雨绸缪才是应对自然灾害的最佳方式。因此，需要熟悉酒店自然灾害的类型及突发特点，提前做好防御措施。

9.1.1 酒店自然灾害类型及特点

1. 酒店自然灾害类型

（1）山洪泥石流

可能发生地点：山洪泥石流发生区域主要为酒店寨门、木寨、金寨、水寨、崖屋及道路旁等靠近山林地带。

可能发生时间：雨季及暴雨期间。

（2）雷击

可能发生地点：酒店各区域。

可能发生时间：雷雨天气。

（3）冰冻

可能发生地点：酒店各区域。

可能发生时间：冬季大雪或极端低温天气。

（4）暴雨内涝

可能发生地点：酒店各区域（重点寨门套、崖屋）。

可能发生时间：暴雨天气。

（5）地震事故

可能发生地点：地震多发区域。

可能发生时间：根据地理位置决定。

2. 酒店自然灾害特点

① 种类多。如洪涝、干旱、热带气旋、霜冻、风雹、连阴雨、浓雾及沙尘暴，细分可达数十种，甚至上百种。

② 范围广。一年四季都可出现气象灾害，高山、平原、江、河、湖、海及空中，处处都可能发生气象灾害。

③ 频率高。其中旱涝和台风等多种灾害出现频率极高，我国就是经常发生旱涝灾害的国家。

④ 持续时间长。同一种灾害常常连季、连年出现。

⑤ 连锁反应显著。天气气候条件往往能形成或引发、加重洪水、泥石流等自然灾害，产生连锁反应。

相关链接

中国自然灾害四特点：种类多，分布广，频率高，损失重

国务院新闻办发表《中国的减灾行动》白皮书。白皮书概括了中国的自然灾害具有的4个主要特点。

1．灾害种类多。中国的自然灾害主要有气象灾害、地震灾害、地质灾害、海洋灾害、生物灾害和森林草原火灾。除现代火山活动外，几乎所有自然灾害都在中国出现过。

2．分布地域广。中国各省（自治区、直辖市）均不同程度受到自然灾害影响，70%以上的城市、50%以上的人口分布在气象、地震、地质、海洋等自然灾害严重的地区。三分之二以上的国土面积受到洪涝灾害威胁。东部、南部沿海地区及部分内陆省份经常遭受热带气旋侵袭。东北、西北、华北等地区旱灾频发,西南、华南等地的严重干旱时有发生。各省(自治区、直辖市)均发生过5级以上的破坏性地震。约占国土面积69%的山地、高原区域因地质构造复杂,滑坡、泥石流、山体崩塌等地质灾害频繁发生。

3. 发生频率高。中国受季风气候影响十分强烈,气象灾害频繁,局地性或区域性干旱灾害几乎每年都会出现,东部沿海地区平均每年约有7个热带气旋登陆。中国位于欧亚、太平洋及印度洋三大板块交会地带,新构造运动活跃,地震活动十分频繁,大陆地震占全球陆地破坏性地震的三分之一,是世界上大陆地震最多的国家。森林和草原火灾时有发生。

4. 造成损失重。1990—2008年19年间,平均每年因各类自然灾害造成约3亿人次受灾,倒塌房屋300多万间,紧急转移安置人口900多万人次,直接经济损失2 000多亿元人民币。特别是1998年发生在长江、松花江和嫩江流域的特大洪涝,2006年发生在四川、重庆的特大干旱,2007年发生在淮河流域的特大洪涝,2008年发生在中国南方地区的特大低温雨雪冰冻灾害,以及2008年5月12日发生在四川、甘肃、陕西等地的汶川特大地震灾害等,均造成重大损失。

白皮书说,当前和今后一个时期,在全球气候变化背景下,极端天气气候事件发生的概率进一步增大,降水分布不均衡、气温异常变化等因素导致的洪涝、干旱、高温热浪、低温雨雪冰冻、森林草原火灾、农林病虫害等灾害可能增多,出现超强台风、强台风及风暴潮等灾害的可能性加大,局部强降雨引发的山洪、滑坡和泥石流等地质灾害防范任务更加繁重。随着地壳运动的变化,地震灾害的风险有所增加。

资料来源:搜狐新闻,2009-05-11。

9.1.2 酒店自然灾害典型案例

1. 地震中的酒店

案情 地震中的天堂酒店

昨晚21:19,九寨沟发生7.0级地震,因为距离震源太近,九寨天堂不可避免地受到重创。地震发生的一瞬间,灯饰晃动剧烈,整个酒店全部断电,客人们被紧急转移到酒店外面的停车场。

此次地震让曾经的"天堂"滴下眼泪,透过废墟中的细节,不难想象地震发生时游客是何等的惊慌失措。九寨天堂属钢架结构,四周和顶部都是玻璃,地震时玻璃几乎全部破碎垮塌。地震后,酒店大堂3个旋转门受到顶部浇筑结构的挤压现已严重变形,酒店内花园已严重被毁,四处可见客人逃出时的痕迹,穿过门之后,台阶上方左右皆是就餐的地方,中间的雕楼已垮塌一部分,穿过餐厅可见的是一栋两三层的藏族风格建筑,墙体外部是石片,在地震时剥落了很多。

据在现场采访的《中国青年报》四川站汪龙华介绍,今天下午他与救援武警官兵在酒店内部搜救将近两个小时的时间里发生余震七八次,酒店建筑有再次倒塌的危险。据阿坝州消防支队参谋长卢志华介绍,九寨天堂建筑属于大跨度、大空间的砖混结构,主体承受能力差。目前"总体有变形,局部在倒塌。稍有大的余震,二次倒塌的危险性很大。"卢志华说,这也是目前现场救援的难点。救援队伍已安排专人观察现场余震情况,一旦出现较大的余震,将第一时间组织救援队伍暂时撤离。

在距离九寨沟目测距离不到 2 km 处,一个高耸的山峰一直灰尘漫天,有滑坡痕迹,且灰尘有增长趋势。现场现已被一片沙尘笼罩。九寨沟属高原湿润气候,加上地震影响,震区呈现特有的晴空万里与小雨绵绵不断交错的天气状况,这也为现场的救援增加了一定的难度。

资料来源:新浪新闻,2017 - 08 - 09.

思考:我国的地震带分布区域。

经验交流

中国地震灾害分布

地震是由板块活动造成的,一般各个板块的交界处是最容易有地震发生的。如果两个大陆板块相互挤压,中间就会形成山峰,相反,如果两个大陆板块渐渐分离越来越远,那么在千百年后中间可能会出现海洋。在我们中国地震带有哪些呢?让我们一起来瞧一瞧。

在我们国家广阔的疆土上,总共分布着 7 个地震带。首当其冲的是青藏高原地震带,我们知道珠穆朗玛峰作为世界第一高山峰,伫立在西藏的喜马拉雅山脉上,但是这个山峰的高度还在逐年增长,在这个地震带上及其周边地区发生地震是非常频繁的,而且这个地震带上的板块活动是比较活跃的。

华北地震带基本包揽了我国北方的大多数地区,像唐山大地震就是因为这个地震板块活动而造成了严重的后果,不少人都在这次大地震里没有逃过死神的追逐。如今唐山又以它更好的面貌出现在我们的眼前,希望这样的悲剧以后都不会发生。

第三个是东南沿海地区地震带,主要是福建和两广地区,这个地震带相对不活跃,在将近两百年的时间里都没有发生过什么大型的地震,倒是台风对于他们来说破坏力比较大。但是一旦这个地区发生大型地震后果也是无法想象的,海啸等二次灾害可能会让这些地区陷入一种更恶劣的境地。

南北地震带是从我国的宁夏地区一直往东,穿过陕西、四川、云南等地,横断山脉就是在这个地震带上,近几年这个地震带异常活跃,陕西大地震、汶川大地震、雅安地震等都是在这里发生的,不难看出这个地震带上发生的地震级数较大,造成的破坏力也非常强,希望生活在这个地区的人们平时做好充足的准备工作。

另外,台湾地震带和新疆地震带的周边也会偶尔发生一些小型地震。

2. 酒店遭遇洪灾

案情 南方暴雨致九华旅游旗下酒店停业

南方持续暴雨,牵动着全国人民的心,持续大雨不仅影响人们的生活及出行,对当地上市公司也造成了一定的影响,特别是湖北、湖南及安徽等省份受灾情况严重。

《证券日报》记者根据上市公司发布的公告整理发现,安徽九华山旅游发展股份有限公司(以下简称九华旅游)公告显示,受连日强降雨影响,池州市内河全面超警戒水位,下属分公司平天半岛大酒店由于遭受洪水侵袭,目前酒店一层暂时停止营业。

九华旅游同时表示,此次灾害导致进水客房的相关服务设施不同程度受损,具体损失情况目前正在进一步核查统计中。公司已在上年底投保了财产综合险,此次受损财产均在投保范围内。九华旅游称,此次灾情对公司 2016 年经营业绩将会产生一定影响,但鉴于平天半岛大酒店属精品型酒店,体量不大,预计对公司整体经营业绩不会产生实质性的影响。

在线旅行社同程旅游相关负责人告诉记者,由于部分景区因暴雨关闭,同程旅游部分团队行程需要临时调整。具体来看,目前,湖北受洪涝灾害较重,对当地旅游业影响很大。"武汉市、神农架等湖北热门旅游目的地城市、景区交通受到明显影响,恩施虽然没有受灾,但受到交通限制影响明显。"其同时表示,公司会根据城市、景区的相关情况来调整团队游的线路,并跟目的地和景区一直进行密切的沟通,以游客安全为第一原则。

资料来源:中国经济网,2016-07-08.

思考:深坑酒店如何排水防涝?

经验交流

深坑酒店如何排水防涝

2018年11月15日,世界首座建设在地下80 m处的摩天大楼——上海世茂深坑酒店投入使用。这座大楼几乎整体位于地平面以下80 m的一个大坑里。建筑格局为地上2层、地平面下16层,其中水面以下2层,拥有超过300间客房。

深坑酒店变废为宝,建设在废弃的矿坑里,建筑景观十分优美,非常值得肯定。但一直以来,深坑酒店如何排水防涝,都是舆论的一个热点。

普通的摩天大楼都是从地面向空中建设的,虽然许多也有地下室,但最多也就是地下四五层,大约深至地平面以下20 m的深度。普通大楼的地下室一般都是封闭的,雨水也不会直接落在地下室里。深坑酒店就完全不一样了,不仅最低位于地下80多米,而且直接坐落在面积大约有5个足球场大小、最深约88 m的露天大坑里。甚至有2层客房直接在坑底水面以下。毫无疑问,如果深坑酒店的排水系统不好,酒店的污水就排不出去,很快这个风景秀丽的深坑,就会变成一个"五星级"的臭水坑。而且一旦到了上海的雨季,阴雨绵绵或暴雨倾盆,大水从四周灌入大坑,整座酒店就会浸泡在水下。

那么,大楼设计师是如何应对的呢?

超级建筑了解到,地下建筑物的排水方案主要有两种,一种是"井泵结合"的方案,一种是全自动污水提升器方案。深坑酒店主要使用的是"井泵结合"的方案,同时还进行了多项创新。

具体的做法是:设计师在大坑底部设计了集水井,用来收集酒店排出的污水。客房、厨房的污水顺着排水管道排到集水井里。再由设置在集水井中的污水泵进行提升,将污水提升至大坑顶部的园区市政排水系统中。大坑底部的景观池塘安装有另外的水泵系统,可以随时将多余的水直接提升到大坑顶部以外。由于坑底水池是"死水",为了保持水质需要经常进行人工换水。而这个换水系统事实上也承担了防涝系统的作用。

由于深坑酒店主体结构都是钢结构,每个楼层都会产生漂移,就造成上下的管井无法对直,而如果按照常规用90°的弯头连接管道会造成管道的阻力比较大,所以深坑酒店的管路都采用了异形设计,确保漂移时依旧安全可靠。

深坑酒店还有多项排水防涝的黑科技。深坑的四周岩壁都已经经过硬化防水处理,防止地下水无序渗入大坑。为了防止雨季大水倒灌,坑底顶部边缘比四周地势都垫高了一些,还有几条行洪水渠,用来避免地面的雨水肆意灌入坑里。直接从天上落入大坑的雨水,即使是50年一遇的大暴雨来了,也可以用提前准备好的水泵快速地把坑底积水抽上来。

资料来源:超级建筑,2018-11-18.

9.2 酒店自然灾害应对程序

面对自然灾害,酒店首先要保障客人和员工的人身安全,其次要保障酒店的财产安全。

9.2.1 酒店自然灾害防控措施

1. 酒店汛情防控措施

① 在汛情或极端气候到来前,安全部组织人员对防汛器材做好检查和准备。

② 工程部对防汛设施、避雷装置、污水泵、机房等重点要害部位进行检查和维护,确保各项设备运转正常。

③ 在地下车道口、地势较低的出入门及其他重点要害部位门口准备沙袋。

④ 对建筑物顶部、门窗、外围悬挂设施等部位进行检测和维护,并做加固和清理处理。

2. 酒店雷击防控措施

① 加强酒店员工及在店客人的雷雨天气防雷意识,各部门自身培训提高员工防范心理,面客员工对客做好预警劝导。

② 雷雨天气避免在树木下、空旷处等区域驻足、行走,不可雷击时在空旷区域通电话、讲对讲机等。

③ 建筑设施设备的预防工作,由工程部、IT部做好建筑及设施设备的防雷处理。

④ 工程部负责酒店区域内设施设备的防雷性能专业检查工作,并建立相应台账,健全检查机制。

3. 酒店地震防控措施

① 做好建筑防震。地震多发区酒店施工做好防震措施。

② 酒店应设置地震应急空地,便于及时疏散。

③ 做好酒店员工的地震应急培训。

9.2.2 酒店自然灾害的应对程序

1. 酒店汛情应对程序

① 若获知汛情或极端气候发生,应立即安排人员赶赴现场核查情况。

② 通知总机联系安全部、工程部当班人员和总值立即到场,并视情况决定是否启动应急联络程序。

③ 调集人员进行堵漏、排水工作,对重点要害岗位、库房等区域增加人力及防汛器材及工具,防止次生灾害事件发生。

④ 工程部应视情况决定是否应切断受灾区域的电源,要及时组织人员携带工具到达现场抢险,对严重积水部位,抽调排水设备进行排水。

⑤ 安全部根据指令对发生汛情的岗位增派人员执勤,劝阻无关人员进入受影响区域,安排人员在楼层进行巡逻,防止不法分子进行破坏,防止盗窃及恐慌骚扰,维持公共区域秩序。

⑥ 外围值班的保安,应检查酒店外墙的玻璃窗是否关闭,将外围用电和电源关闭,以免造成短路火灾。

⑦ 行政部随时准备协助医务人员抢救伤者,及时与保险公司进行联络。

⑧ 其他部门要组织人员对客人做好安抚解释工作,必要时根据指令疏导客人离开受影响区域。

2. 酒店雷击应对程序

① 发生雷击事件后,发现情况及时上报。

② 根据雷击造成的损害情况,造成人员伤亡的:

1）如为在店客人的,应急领导小组组长立即组织前厅部、安全部对客人展开救治工作;

2）销售部、总办及时跟进同行客人的安抚维稳工作,将情况汇总及时上报应急领导小组指挥长,根据人员伤情上报政府部门;

3）如为酒店员工的,应急领导小组组长立即组织前厅部、安全部对员工展开救治工作;

4）人力资源部及时跟进员工家属的联络安抚维稳工作,将情况汇总及时上报应急领导小组指挥长,根据人员伤情上报政府部门;

③ 造成建筑或设施设备损毁受创甚至爆炸的,相应区域部门及时汇报应急领导小组组长。

1）建筑或设施设备受损的部门,及时报工程部、IT部,及时抢修,确保对客服务顺畅。

2）在建筑或设施设备受损导致客人受影响或惊吓的,由前厅部、销售部做好对客解释及安抚工作。

3）由工程部、IT部将情况汇总及时上报应急领导小组指挥长,根据受损情况进行全面指挥协调。

4）事件发生现场,及时通知安全部,安全部做好现场秩序维护,及时抢救伤员或设施设备。

5）如因雷击导致爆炸事故发生的,及时启动消防预案,按爆炸事故处置方案处理。

④ 信息及时汇总,出现受伤、失联甚至死亡的,及时反馈应急领导小组,便于迅速展开营救工作。

⑤ 相关信息酒店员工均不得随意发表言论,一切以酒店新闻发言人的信息为准。

3. 酒店地震应对程序

① 成立酒店抗震救灾领导小组。

② 根据应急情况,制定疏散方案,确定疏散线路和场地,有组织地对客人和工作人员进行避震疏散。

③ 当酒店所在地人民政府发布临震警报(包括有感地震和破坏性地震)后,即进入临震应急期,酒店应及时开展临震工作。

④ 召开各部门负责人防震减灾工作会议,传达当地政府和上级部门的信息和指令,部署防震抢险救灾工作。

⑤ 根据震情预报和建筑物抗震能力及周围工程设施情况,组织人员、贵重物品、重要设备仪器及资料的避震疏散。

⑥ 根据震情预报和发展情况,适时通知营业场所停止营业;通知工程部门切断相应的电源、水源;通知锅炉等压力容器的使用部门停用减压。

⑦ 储备必要的抗震救灾物资。

⑧ 检查消防器材、通信设备,确保完好。

⑨ 安排人员做好地震信息的传递和宣传疏导工作，防止地震谣传，稳定客人及员工情绪。
⑩ 派出人员赶赴灾害现场扒救被埋压人员，进行工程抢险和消防灭火。
⑪ 迅速成立临时医疗点，抢救伤员；采取消毒和保证饮用水、食品卫生等措施，防止和控制传染病的爆发和流行。
⑫ 尽快恢复被破坏的通信设施，指挥部建立临时办公地点，安排人员24小时不间断值班，对当地政府抗震救灾指挥部和酒店地域内的震情及时上传下达。
⑬ 组织生活服务队，为酒店地域的灾民提供食品、饮用水和必要的生活用品；保管和分配政府提供的救灾物资。
⑭ 组织治安队，保护集体财产和人民生命财产安全，维持治安秩序；组织队伍搭建临时帐篷。
⑮ 组织工程抢修队，尽快架设临时电路，提供生活、抗争救灾所需电力和饮用水。
⑯ 听从当地政府抗震救灾指挥部的统一指挥，对非酒店地域内的重灾区提供力所能及的支援。

专题10　酒店员工工伤应对

工伤亦称公伤、因公负伤，即职工在生产劳动或工作中负伤。根据国家规定，执行日常工作及企业行政方面临时指定或同意的工作，从事紧急情况下虽未经企业行政指定但于企业有利的工作，以及从事发明或技术改进工作而负伤者，均为工伤。

10.1　酒店员工工伤应对类型及典型案例

根据《中华人民共和国国务院令第375号工伤保险条例》（以下简称《工伤保险条例》）的规定，工伤有两种类型：一种是直接认定为工伤，另一种是推定工伤。

10.1.1　酒店员工工伤类型及特点

1. 酒店工伤类型

（1）应当认定为工伤的情形
① 在工作时间和工作场所内，因工作原因受到事故伤害的。
② 工作时间前后在工作场所内，从事与工作有关的预备性或收尾性工作受到事故伤害的。
③ 在工作时间和工作场所内，因履行工作职责受到暴力等意外伤害的。
④ 患职业病的。
⑤ 因工外出期间，由于工作原因受到伤害或发生事故下落不明的。
⑥ 在上下班途中，受到非本人主要责任的交通事故或城市轨道交通、客运轮渡、火车事故伤害的。
⑦ 法律、行政法规规定应当认定为工伤的其他情形。

（2）应当推定为工伤的情形
① 在工作时间和工作岗位，突发疾病死亡或在48小时之内经抢救无效死亡的。

② 在抢险救灾等维护国家利益、公共利益活动中受到伤害的。

③ 职工原在军队服役,因战、因公负伤致残,已取得革命伤残军人证,到用人单位后旧伤复发的。

职工有前款第①项、第②项情形的,按照本条例的有关规定享受工伤保险待遇;职工有前款第③项情形的,按照本条例的有关规定享受除一次性伤残补助金以外的工伤保险待遇。

（3）不能认定为工伤的情形

① 故意犯罪的。

② 醉酒或者吸毒的。

③ 自残或自杀的。

2. 企业员工工伤的特点

① 工伤事故是发生在各类企业(包括私人雇工)中的事故。工伤事故存在于各类企业之中。所谓企业,准确的概念应当是用人单位,用人单位是指我国境内全民所有制企业和集体所有制企业单位、私营企业、三资企业,以及雇用他人从事劳动的个体工商户或合伙组织。

② 工伤事故是各类企业、个体工商户雇用的职工遭受人身伤亡的事故。工伤事故指的是职工(劳动者)的人身伤亡事故,而不是财产遭受损害的事故。这里的职工即劳动者,指的是各类企业和个体工商户及合伙组织所雇用的职工,包括工人和职员。

③ 工伤事故是职工在执行工作职责中发生的事故。工伤事故在发生的时间和场合上有明确的限制,只限于企业职工在工作中因工致伤致死的范围,其他时间和场合发生的事故,即使是侵害了职工的上述权利,也不在工伤事故范围之中。判断工伤事故,应当掌握最基本的3个因素,即工作时间、工作场合和工作原因。因此,凡是职工在工作时间、工作场合因工作原因所遭受的人身损害,就是工伤事故。工伤事故还包括患职业病。无论是患何种职业病,均与工作有关,都是在工作时间、工作场合和因工作原因所造成的损害,因此,都属于工伤事故的范围。

④ 工伤事故是在企业与受害职工之间产生权利义务关系的法律事实。工伤事故一经发生,就在工伤职工与用人单位之间产生相应的法律上的后果,构成一种损害赔偿的权利义务关系,工伤职工或工伤职工的亲属有要求赔偿损失的权利,企业有赔偿受害人及其亲属损失的义务。

相关链接

工伤认定申请书范文格式

发生工伤后要主张工伤赔偿就要申请工伤认定,工伤认定是劳动行政部门依据法律的授权对职工因事故伤害(或患职业病)是否属于工伤或视同工伤给予定性的行政确认行为。那么大家知道工伤认定申请书怎么写吗？

一、工伤认定申请书范文格式

申请人:×××,性别×,××年××月×日出生,民族×,籍贯,住×××市×××街,身份证号码:×××,是××公司职工。联系电话×××××。

被申请人:××公司,地址:×××××××。

法定代表人:×××任××职务

联系电话：××××××

请求事项：

请求依法认定申请人在×××(时间)受伤为工伤。

事实与理由：

申请人是×××公司职工，于××××年××月进入该公司，在××岗位工作。在××年××月××日上班时间，发生××工作事故，致使申请人××部位受到严重伤害。申请人受伤后，在××市××医院治疗，诊断为××，现已住院治疗××个月，花费医药费××元。

根据《工伤保险条例》第×条的规定，申请人的受伤属于工伤，鉴于被申请人为主动提出工伤认定申请，特依据《工伤保险条例》第十七条第二款的规定，申请劳动部门对申请人受伤一事进行调查核实，并依法认定本人此次受伤为工伤。

此致

××县(市)劳动和社会保障局

申请人(签字)：××

二、工伤认定申请表的填写要求

1．用钢笔或签字笔填写，字体工整清楚。

2．申请人为用人单位或工会组织的，在名称处加盖公章。

3．事业单位职工填写职业类别，企业职工填写工作岗位(或工种)类别。

4．"伤害部位"一栏填写受伤的具体部位。

5．"诊断时间"一栏，职业病者，按职业病确诊时间填写；受伤或死亡的，按初诊时间填写。

6．职业病名称按照职业病诊断证明书或职业病诊断鉴定书填写，接触职业病危害时间按实际接触时间填写。不是职业病的不填。

7．受伤害经过简述，应写清事故时间、地点，当时所从事的工作，受伤害的原因及伤害部位和程度。

8．"受伤害职工或亲属意见"栏应写明是否同意申请工伤认定，以上所填内容是否真实。

9．"用人单位意见"栏，单位应签署是否同意申请工伤，所填情况是否属实，法定代表人签字并加盖单位公章。

10．"劳动和社会保障行政部门审查资料和受理意见"栏应填写补正材料的情况，是否受理的意见。

三、工伤认定申请应提交的材料

1．工伤认定申请表。

2．与用人单位存在劳动关系(包括事实劳动关系)的证明材料。

3．医疗诊断证明或职业病诊断证明书(或职业病诊断鉴定书)。

工伤认定书一般有正本3份，一份交给工伤职工本人，一份交给用人单位，一份劳动部门存档。

10.1.2 酒店员工工伤典型案例

1. 未请假提前下班途中被车撞伤是不是工伤

案情 员工未请假提早下班途中被车撞伤是不是工伤

李某系某餐饮酒店保安,2016年1月26日20时40分许,在从酒店回家途中被一辆货车撞倒受伤,经公安机关认定不承担交通事故责任。

2016年2月1日,李某向区人社局申请工伤认定,人社局受理后,同日做出工伤认定举证通知书向公司进行了送达,酒店提交答辩书认为李某发生交通事故的时间应当是其正常工作时间,未履行请假手续下班发生交通事故受伤,不应当认定为工伤。

人社局收到酒店的答辩书后,对李某进行了询问,李某认可其正常上班时间是早上7时接班,次日7时下班,工作一天休息一天,事发当天没有向主管请假就回家了。

人社局认为李某系私自提前回家,非正常下班,不属于下班的合理时间范围内,于2016年2月11日做出不予认定工伤决定书,认定李某受到的事故伤害不予认定工伤。

李某不服,提起行政诉讼。

【一审判决】

一审法院经审理认为,根据原劳动和社会保障部《关于实施〈工伤保险条例〉若干问题的意见》,"上下班途中"即包括职工正常工作的上下班途中,也包括职工加班加点的上下班途中。

本案中,李某在正常工作时间期间没有履行请假手续回家,不属于法律法规规定的"上下班途中",故李某从酒店回家途中发生交通事故受伤,不符合《工伤保险条例》第十四条第(六)项规定的"在上下班途中,受到非本人主要责任的交通事故伤害的"规定属于因工负伤的情形,不应认定为因工负伤,故判决驳回李某的诉讼请求。

李某不服,提出上诉,二审法院驳回上诉,维持原判。

本案的核心问题在于李明提前离开酒店是否符合《工伤保险条例》第十四条第(六)中的"上下班"的立法本意。

《工伤保险条例》(2010年12月20日修订)第十四条规定,职工有下列情形之一的,应当认定为工伤:在上下班途中,受到非本人主要责任的交通事故或城市轨道交通、客运轮渡、火车事故伤害的。

《工伤保险条例》修改后,人社部于2011年在征得国务院法制办和最高人民法院同意,在《关于工伤保险有关规定处理意见的函》(人社厅函〔2011〕339号)中对"上下班途中"做出如下界定:"上下班途中"是指合理的上下班时间和合理的上下班路途。

人社部这个函明确了"上下班途中"两个要素:
① 上下班的时间是合理的;
② 上下班的路途是合理的。

提早几分钟、十几分钟离开工作岗位回家可能还算得上是"合理的"上下班时间,但本案中李某的正常下班时间是次日早上7时,但其在当日晚上20时40分就离开工作岗位回家,显然不属"合理的上下班时间",法院维持人社局不予认定工伤的结论是正确的。

资料来源:搜狐网,2017-11-15.

思考:提前1小时上班出车祸算工伤吗?

经验交流

提前1小时上班出车祸算工伤吗？

从《工伤保险条例》的立法目的看，建立工伤保险制度，是为了保障因工作遭受事故伤害或患病的职工获得医疗救治和经济补偿，以维护弱势群体受伤职工的合法权益，而不是限制其享受合法权益。《工伤保险条例》将原《工伤保险试行办法》有关"在上下班的规定时间和必经路线上"的规定取消，即体现了这一立法目的。因此，工伤认定一般倾斜保护劳动者的合法权益，在日常行政执法实践中，但凡职工为了单位的利益从事本职工作，由此所产生的"事故"，通常都被认定为工伤。

职工提前上班的行为虽然违反了单位的内部规章制度，但与享受工伤保险待遇是不同的法律关系，两者之间没有必然的联系，不能因违反单位规章制度而丧失工伤保险待遇。

《工伤保险条例》并未对上下班途中的概念做出明确解释，更没有将上下班途中限定为正常上下班途中。所以职工提前上班回家与正常上班后回家一样均属于上班，在途中受到非本人主要责任的交通事故伤害的，均属于"在上班途中受到交通事故伤害的情形"。

但在上班途中交通肇事，不能申报工伤认定。上班途中构成工伤必须满足条件：出交通事故非本人主要责任。根据《道路交通安全法》的规定，"交通事故"是指车辆在道路上因过错或意外造成的人身伤亡或财产损失的事件。根据《社会保险法》和《工伤保险条例》的规定，在上下班途中，受到非本人主要责任的交通事故或城市轨道交通、客运轮渡、火车事故伤害的应当认定为工伤。在上班途中发生的交通事故，但交通事故责任认定书载明负全部责任的，不符合"非本人主要责任"的条件，所以这种情况上班途中出车祸，不能认定为工伤。

2. 非工作时间在工作场所受伤是否认定为工伤

案情 哈尔滨天潭大酒店特大火灾

刘依(化名)是某酒店前台员工。某日，刘依轮值夜班，上班时间为下午5时至次日凌晨1时，按规定次日8时须与前来接班的白班同事进行交接。次日早上6时30分，由于前台地滑，刘依在做交班之前的准备工作时不慎摔倒受伤，虽第一时间告知管理人员及同事，但酒店方面没有采取任何措施，刘依在交班后才自行前往医院就诊。

随后，刘依向韶关市某县人力资源和社会保障局(下简称县人社局)提出工伤认定申请，当地人社部门受理后，根据《广东省工伤保险条例》第九条第一项规定，做出工伤认定决定书，认定刘依所受事故伤害为工伤。

工伤认定做出后，刘依所在酒店以刘依不是在工作时间内受伤为由向该县人民政府申请行政复议，县政府经审查后做出行政复议决定书，维持该工伤认定。酒店不服，向韶关市武江区人民法院提起诉讼。

法院经审理认为，酒店规定的夜班时间为下午5时至次日凌晨1时，刘依受伤时已不属于酒店规定的工作时间，县人社局、县政府认为刘依属于工作时间内受伤，并根据《广东省工伤保险条例》第九条第一项规定做出工伤认定，属于认定事实不清、法律适用错误，遂依法予以撤销上述工伤认定决定书及行政复议决定书。

法院同时认为，根据酒店前台的工作性质及酒店交接班的规定，可以认定刘依上午6时

30 分在前台从事的交班准备工作是与工作有关的预备性或收尾性工作,根据《工伤保险条例》的规定,工作时间前后在工作场所内从事与工作有关的预备性或收尾性工作受到事故伤害的,应当认定为工伤。

因此,法院责令上述县人社局对刘依提交的工伤认定申请重新做出决定。

宣判后,上述人社局根据《工伤保险条例》重新做出工伤认定决定书,认定刘依所受事故伤害为工伤,某酒店再次向县政府申请行政复议,县政府经审查后做出行政复议决定书,维持县人社局做出的工伤认定决定书。该酒店不服,向武江区人民法院提起诉讼。武江区人民法院经审理后,依法驳回该酒店要求撤销县人社局和县政府重新做出的工伤认定决定书及行政复议决定书的诉讼请求。现该案已发生法律效力。

资料来源:生活报,2019-11-26.

思考:何为"从事与工作有关的预备性或收尾性工作"?

经验交流

从事与工作有关的预备性或收尾性工作

"从事与工作有关的预备性或收尾性工作"主要是指在法律规定的或单位要求的开始(结束)工作时间之前(之后)的一段合理时间内,职工在工作场所内从事本职工作或领导指派的其他与工作有关的准备工作,如运输所需材料、清理办公环境等此类以开展正常工作为目的的预备性或收尾性工作。如果在工作时间前后在工作场所内,从事与工作有关的预备性或收尾性工作受到事故伤害的,即应认定为工伤。

10.2 酒店员工工伤应对程序

对现代酒店来说,它有法律上的义务及道义上的责任来保障在工作岗位上的员工的安全。因酒店忽视员工安全,未采取各种保护手段及预防措施而引起或产生的员工安全事故,酒店有不可推卸的责任,甚至将受到法律的追究。另外,从员工的角度来看,员工如同客人一样,需要有人类共同渴望的安全感,希望得到保护,使自身及财物免遭伤害。因此,员工安全也应是酒店安全计划、控制与管理的组成部分。

10.2.1 酒店员工安全隐患与防控措施

1. 酒店员工安全隐患

① 电器:不能带电作业,不用湿手触摸电器,不用湿布擦拭电器。下班时将室内电器电源、空调关闭,关好所有电源才离开。

② 器械和器具安全:谨慎使用较高设备、高温设备和锋利设备。刀、剪等锋利、尖锐的工具,用后要妥善存放起来,不要随意摆放,以避免有人受到意外伤害。需要登高打扫卫生、取放物品时,要请他人加以保护,注意防止摔伤。

③ 设备:厨房地板比较光滑,要注意防止滑倒受伤。工程部员工在进行维修工作时,要先关掉电源再进行维修,以防电伤。酒店内的易燃品很多,如木制家具、被褥窗帘等,要注意防火。

④ 消防安全:清楚每一楼层的消防设施在何处,安全出口在何处;知道如何正确地使用

消防设施,如何疏散客人,如何报警。

⑤化学品安全:清楚清洁剂的使用浓度和方法、储存方式及其对人体的影响。

⑥客房部操作安全:防止工作过程中发生碰撞、刮伤、消毒剂的腐蚀等,存放化学药剂注意安全。

⑦工程部操作安全:电伤、摔伤、烧伤;餐饮部操作安全:烧伤、切伤、烫伤。

⑧员工上下班途中的交通安全。

2. 酒店员工安全防控措施

①设置岗位工作的劳动保护与安全标准。现代酒店的各个工作岗位要根据岗位工作的特点制定安全操作标准。虽然酒店内服务工作基本上以手工操作为主,但不同岗位的安全操作标准却不尽相同。例如,酒店接待员需要防袭击和防骚扰,客房清洁服务员的腰肢保护和防清洁剂喷溅,餐厅服务员防烫伤、防玻璃器皿损伤等,都需要有相应的安全工作的操作标准。随着各种工具、器械、设备应用的增多,现代酒店应制定安全使用及操作这些工具、器械、设备的各个岗位的安全工作标准和操作标准。

②注重岗位培训中的安全培训。在员工岗位技术培训中应包括安全工作、安全操作的培训与训练。现代酒店组织员工培训时,应将安全工作及操作列入培训的内容,在学习及熟练掌握各工作岗位所需的技能、技巧的同时,培养员工"安全第一"的观念,养成良好的安全工作及安全操作的习惯,并使员工掌握必要的安全操作的知识及技能。强调并提倡员工之间的互相配合,即工种与工种之间,上下程序之间,都应互相考虑到对方的安全,如设备维修人员在维修电器或检查线路时,要告知正在一起工作的房务员,以免造成不便或引起事故。

③员工免遭外来的侵袭控制。为方便客人,现代酒店一般设有多个结账台,这是犯罪分子可能抢劫的目标,收款员也可能成为受袭击的对象。为保护收款员的安全,在收款处应安装报警器或闭路电视监视器。收款处应只保留最少限额的现金。收款员解交现金时,应由保安陪同。还应告知收款员遭到抢劫时的安全保护程序。

④给上早班下晚班的员工安排交通工具回家;及时护送工伤及生病员工就医;防范员工上下班发生交通事故;加强员工食堂管理,控制员工饮食安全,防止食物中毒等也属于员工安全计划的内容。

10.2.2 酒店员工工伤应对程序

①如属伤势轻微者,可由该部门主管或班长代为处理,并送伤者前往医院就医,有关医药费单据/证明由该部门主管或班长交予人事及行政部办理报销事宜;同时须填报一份工伤事故报告表,人事及行政部负责调查核实及加签处理意见,然后交总经理审核签批。

②如属伤势严重者,该部门主管或班长应立即通知人事及行政部,由人事及行政部负责安排送伤者到医院或提供必要协助;并由人事及行政部到财务部暂支适量现金,用以支付员工的一切医药及治疗费用;在办理好伤者入院治疗事宜后,该部门主管或班长应到人事及行政部填报工伤事故报告表,人事及行政部填写调查核实情况及处理意见。

③所有工伤事故均须用工伤事故报告表记录,并报总经理批核方可报销医药费及批假给工伤者。

④因工伤事故需休养治疗的,经总经理批核后,公司负担其误工费。特殊情况下经总经理批核后,亦会提供营养方面的补助。

⑤所有用以支付工伤员工的医药及疗伤费用,会由人事及行政部统筹办理报销事宜,

及到保险公司办理索赔手续。一般工伤须于5天内报告保险公司,重伤或死亡则须于24小时内书面报告保险公司。

⑥ 如出现工伤死亡事故,应及时联络保险公司/劳动部门商讨善后措施,及尽快与死者亲属联系,处理过程要耐心、积极,并在劳动部门的协商/仲裁下,要求保险公司尽快支付赔偿金,公司也从道义上协助善后工作。

⑦ 人事及行政部于保险公司取回应收赔款后,到会计部办理有关核销手续,清还员工医疗费的暂支费;如保险公司的赔偿与医疗费出现差额时,须出示有关文件,并开出零用现金单,经总经理签批后,连同所得的赔偿,到会计部清还该暂支单。

⑧ 凡是员工工伤医疗费的暂支单,暂支人须在该暂支单上暂支原因中注明所需时间为1个月。如1个月内无法完成所有保险索赔事宜,暂支人则要在1个月后向会计部再报出大约所需时间,如3个月(所需时间视每例事故的不同程度而定),经总经理加签后,暂支单归还会计部。

⑨ 人事及行政部对每次的工伤事故均须调查核实,并做出处理决定,填写报表后交总经理批核存档。如工伤事故的发生是因为机器设备的维护或修理不当,或者工场/部门未能对员工进行安全教育培训的,或者因员工自身操作不认真、疏忽所致的,会根据情节/原因做出不同的追究和处理,如通报批评、检讨、罚款、解雇等。

同步训练

一、单选题

1. 检查酒店天然气管道或阀门泄漏的正确方法是( )。
   A. 用鼻子嗅　　B. 用火试　　C. 用肥皂水涂抹　　D. 用试剂试
2. 据统计,因火灾死亡的人中有80%以上属于( )。
   A. 被火直接烧死　B. 烟气窒息死亡　C. 跳楼致死　　D. 惊吓致死
3. 谎报火警是违法行为。谎报火警的,最高可以处( )日拘留。
   A. 3　　　　　B. 5　　　　　C. 8　　　　　D. 10
4. 下列物质中,不属于易燃易爆压缩气体或液化气体的有( )。
   A. 液氨　　　　B. 空气　　　　C. 氮气　　　　D. 汽油
5. 烟头中心温度可达( ),它超过了棉、麻、毛织物、纸张、家具等可燃物的燃点,若乱扔烟头接触到这些可燃物,容易引起燃烧,甚至酿成火灾。
   A. 100℃～200℃　B. 200℃～300℃　C. 700℃～800℃　D. 900℃～1 000℃
6. 当遇到火灾时,要迅速向( )逃生。
   A. 着火相反的方向　B. 人员多的方向　C. 安全出口的方向　D. 着火方向
7. 发生火灾时,首先要保持冷静,并用( )捂住口鼻,采取匍匐前进或低头弯腰的方法迅速朝安全出口的方向逃离火灾现场。
   A. 湿毛巾　　　B. 手　　　　　C. 干毛巾　　　D. 被子
8. 用灭火器灭火时,灭火器的喷射口应该对准火焰的( )。
   A. 上空　　　　B. 上部　　　　C. 中部　　　　D. 根部
9. 灭火的最佳时间在( )。

A. 5分钟以内　　　　B. 10分钟以内　　　　C. 15分钟以内　　　　D. 20分钟以内
10. 关于食物中毒的特点,以下不正确的是(　　)。
　　A. 潜伏期短,发病急骤　　　　　　　B. 与食入某种食物有明显的关系
　　C. 一般没有人与人之间的直接传染　　D. 中毒病人一般不具有相似的临床症状
11. 酒店若发生食品投毒,公安机关不需要封存的是(　　)
　　A. 厨房　　　　　　B. 水源　　　　　　C. 食品　　　　　　D. 餐具
12. 酒店食物中毒的应对程序不正确的是(　　)。
　　A. 看护中毒者,不要将病人单独留下,不挪动任何物品,保护好现场
　　B. 要问清时间、地点、中毒人数、中毒程度、症状并记录
　　C. 将中毒者送往医院抢救,等待急救中心专业人员处理
　　D. 做好相关善后工作,尽快疏散人群
13. 下列是食品安全隐患的是(　　)。
　　A. 对有温度要求极易变质的材料应及时处理冷藏保存
　　B. 根据食品价格变化来不断变更供货商
　　C. 戴手套、戴帽子进入厨房
　　D. 制定固定的厨房菜品制作流程
14. 下面关于食品安全的表述正确的是(　　)。
　　A. 经过高温灭菌过程,食品中不含有任何致病微生物
　　B. 食品无毒、无害,符合应有的营养要求,对人体健康不造成任何急性、亚急性或者慢性危害
　　C. 原料天然,食品中不含有任何人工合成物质
　　D. 虽然过了保质期,但外观、口感正常
15. 保证所储存食品新鲜程度的有效方法是(　　)。
　　A. 先进先出　　　　B. 先进后出　　　　C. 后进先出　　　　D. 以上都可以
16. 下列说法不正确的是(　　)。
　　A. 酒店安全是酒店一切工作的保障
　　B. 酒店安全工作的好坏直接影响到酒店的正常经营
　　C. 保护酒店的声誉是酒店最重要的职责
　　D. 酒店应具备安全防范的设备设施
17. 引发酒店伤亡事件的主要隐患有(　　)。
　　A. 酒店设置设备质量有瑕疵　　　　　B. 酒店安全管理不到位
　　C. 客人安全意识不足　　　　　　　　D. 以上都是
18. 下列(　　)不属于酒店安全防范的设备设施。
　　A. 电视监控系统　　B. 报警系统　　　　C. 注意的标志　　　　D. 录像机
19. 任何员工发现酒店区域内有人身意外伤亡事件,必须立即向(　　)和(　　)报告,同时要保护现场。
　　A. 安全部;安全部经理　　　　　　　B. 前厅经理;安全部
　　C. 总经理;前厅部经理　　　　　　　D. 前厅人员;安全部经理
20. 下面(　　)不属于酒店安全保障义务。

  A. 出现危险隐患   B. 人为的管理混乱
  C. 设计缺陷   D. 服务态度

21. 以下( )属于客人丢失财物的类型。
  A. 旅客寄存酒店的物品丢失   B. 酒店客房财物丢失
  C. 酒店停车财物被盗   D. 以上都是

22. 在酒店经营活动中,( )客人更容易被犯罪分子当作目标。
  A. 休闲度假客人 B. 商务型客人 C. 家庭型客人 D. 老年型客人

23. 下列说法不正确的是( )。
  A. 安全部门要加强对酒店有关场所的巡查,及时发现并排除各种不安全因素
  B. 酒店要在各个房间安装应急报警装置,一旦发现险情,游客可以第一时间报警求助
  C. 任何员工在酒店发现非住客在楼层徘徊,都不需要主动上前询问
  D. 暴力犯罪是通过对人身实施暴力伤害的方法来达到犯罪目的

24. 前台员工对于醉酒较为严重,且有闹事倾向的客人不应该( )。
  A. 立即安排入住   B. 以满房拒绝客人
  C. 及时报警   D. 注意说话的语气和方式

25. 对于重度醉酒的客人要注意保暖,使其( )。
  A. 平躺   B. 侧卧   C. 蜷缩   D. 蹲着

26. 酒店电梯故障的类型不正确的是( )。
  A. 电梯缺乏保养   B. 电梯供电电源存在故障问题
  C. 安全回路的节点故障   D. 乘客缺乏安全知识

27. 工程部值班人员通过电话向( )消防监控室核实接报情况是否无误。
  A. 前厅部   B. 客房部   C. 安全部   D. 餐饮部

28. 电梯发生故障时,应拨打( )进行求救。
  A. 96333   B. 119   C. 110   D. 120

29. 电梯发生事故时,被困乘客不应该( )。
  A. 立即拨打电话进行求救
  B. 保持冷静,在求救人员未到达之前保存体力
  C. 情绪激动,在电梯里上蹦下跳
  D. 靠近电梯墙壁站好

30. 下列不属于自然灾害的现象是( )。
  A. 冰雹砸坏了农田里的西瓜   B. 废水污染了农田
  C. 干旱造成农作物产量下降   D. 泥石流造成道路损坏

31. 影响我国最频繁的灾害天气是( )。
  A. 旱涝灾害   B. 寒潮   C. 台风   D. 冰雹

32. 以下( )可以认定为工伤。
  A. 故意犯罪   B. 患职业病   C. 醉酒   D. 自杀

33. 不存在安全隐患的是( )。
  A. 湿布擦拭电器   B. 下班前关闭电源

C. 洗过手后不擦干触摸电器　　　　D. 带电作业
34. 不属于酒店员工安全隐患的是(　　)。
A. 消防安全　　B. 化学品安全　　C. 客人食品安全　　D. 电器设备安全

二、判断题

1. 逃离火灾现场,人员应当贴近地面爬行。（　）
2. 高层楼发生火灾后,不能乘电梯下楼。（　）
3. 使用灭火器扑救火灾时要对准火焰根部喷射。（　）
4. 大火封门无路可逃时,可用浸湿的被褥、衣物堵塞门缝,向门上泼水降温,以延缓火势蔓延时间,呼救待援。（　）
5. 切勿在走道、楼梯、楼梯间和安全出口等处堆放杂物,要保证疏散通道和安全出口的畅通。（　）
6. 灭火的基本方法有隔离法、窒息法、冷却法、抑制法。（　）
7. 火灾处于初起阶段是扑救的最好时机。（　）
8. 酒店的防火门平时应当常开。（　）
9. 如果身上着火,千万不能奔跑,可就地打滚或脱掉身上的衣物。（　）
10. 感温式火灾探测器又分为差温探测器、定温探测器和差定温探测器。（　）
11. 中毒的症状主要包括头晕、头痛、腹泻、腹痛及恶心、呕吐等。（　）
12. 只要人们不食入已经发霉变质的食物就不会中毒。（　）
13. 只要添加剂安全可靠,且严格控制用量,便不会对人体产生有害影响。（　）
14. 不戴帽子进入厨房操作间,手也不干净,甚至不洗手直接切菜,这不会直接导致食品安全事故。（　）
15. 在酒店一些有安全隐患的设备是客人接触不到的,所以没有必要放置警示标志。（　）
16. 酒店应通过宣传教育方式强化全体员工的安全意识,需要对全体员工实行安全考核的制度。（　）
17. 无论是从酒店安全性还是住客的安全性来看,在一些安全设备上酒店都不能偷工减料,感烟式火灾探测器、消防设备、医药箱等,酒店都应该备好,以防万一。（　）
18. 若住店客人需要服务员代买医药品,可以帮助购买。（　）
19. 酒店是人员较为密集的区域,若发生客人或员工在酒店内伤亡事件必须谨慎处理,并通知当地有关部门参与处理的工作。一旦处理不当,将会对酒店经营产生重大的影响。（　）
20. 无论人员当时是否死亡,酒店必须坚持将其送往医院进行抢救。（　）
21. 如果客人已死亡,酒店人员应尽快处理善后工作,安全部经理和前厅经理清点客人财物,安全部负责协助公安部门调查、记录事情的发生经过等,工程部负责恢复有关设备,行政部门负责提供药品、车辆,房务部负责清理现场。（　）
22. 酒店地面材料要选择防滑效果的,但这样可能会增加酒店的成本,不必要时不需要翻新。（　）
23. 客人在酒店寄存物品,若发生丢失,应负一半的责任。（　）
24. 客人在入住期间,在非酒店范围内丢失贵重物品,酒店应该负责任。（　）

25. 酒店丢失财物,在安全部接到报案后,由安全部值班经理协同总经理迅速赶到现场。（ ）

26. 酒店要在各个房间安装应急报警装置,一旦发现险情,游客可以第一时间报警求助。（ ）

27. 酒店暴力事件发生后,视具体情况,不论总经理同不同意,立即由安全部负责立刻向公安机关报告所发生的情况。（ ）

28. 酒店监控系统和报警设施不健全也属于暴力犯罪的主要隐患。（ ）

29. 员工发现暴力事件时应立即向安全部和前厅经理报告,镇定说明本人身份,发现事件时间、地点及简要情况。（ ）

30. 在地下车道口、地势较低的出入门及其他重点要害部位门口应准备沙袋。（ ）

三、思考题

1. 简述火灾的不同类型。
2. 简述酒店火灾的特点。
3. 简述酒店火灾安全隐患。
4. 论述酒店火灾的应对程序。
5. 假如你是一名酒店员工,在工作过程中发现客房房间起火,应如何处理?
6. 如何处理客人食物中毒事件?
7. 造成酒店食品安全隐患的原因有哪些?
8. 简述引发酒店伤亡事件的主要隐患。
9. 简述酒店防滑预防措施。
10. 简述酒店财物丢失防控措施。
11. 简述酒店如何存放贵重物品。
12. 简述酒店暴力犯罪的类型。
13. 简述酒店暴力犯罪的特点。
14. 简述酒店暴力犯罪的防控措施。
15. 简述处理醉酒客人的基本原则及注意事项。
16. 简述酒店电梯容易发生事故的原因。
17. 简述酒店电梯事故的防控措施。
18. 简述酒店地震防控措施。
19. 哪些情况下可以认定为工伤?
20. 酒店如何应对员工工伤?

模块 5
酒店主要法律纠纷案例分析

知识目标
- 了解酒店法律纠纷的主要类型。
- 熟悉《侵权责任法》第三十七条的规定。
- 掌握酒店各部门安全保障义务的内容。

能力目标
- 能够在对客服务中预防及避免法律纠纷。
- 能够正确应对与处置对客服务法律纠纷。

随着法制的健全,公民的维权意识也不断增强,酒店同客人之间的法律纠纷也不断增多,很多纠纷甚至诉至法院。如何处理酒店和客人之间的法律纠纷、如何界定双方的法律责任、如何进行赔偿等是酒店在日常经营管理过程中的棘手问题。这些涉法问题的解决不仅耗费酒店大量的精力,若处理不当,还会造成很大的经济损失,甚至影响酒店的声誉。正确处理好酒店与客人的法律纠纷、提高酒店经营者的法律意识、减少酒店损失已成为酒店迫切需要解决的问题。本模块通过对酒店典型法律案例进行分析,梳理酒店与客人的法律关系,明确酒店经营者和客人之间的权利义务关系,利用法院判决与法理解析让酒店经营者更好地有效预防与妥善处置对客法律纠纷。

专题 1 酒店前厅法律纠纷案例

1.1 酒店大堂摔倒谁之过

案例链接

2008 年 10 月 29 日晚,陈某与同事一行在某酒店用餐。餐毕离店时,陈某在大堂通道行走过程中为避让其他客人,不慎被大堂通道右侧高出地面约 25 cm 的装饰灯圈绊倒受伤。陈先生诉称,被绊后,身体顿时失去平衡,跌倒在地,头部撞到餐桌上,右耳撕裂,还觉得右脚疼痛难忍。虽经治疗,但伤势未能完全恢复正常。经华东政法大学司法鉴定中心对陈某伤势的鉴定,结论为右胫腓骨下段粉碎性骨折,骨折愈合缓慢,现右膝、踝关节活动受限,评定为十级伤残。陈某认为,酒店地面的装饰灯圈存在安全隐患致自己被灯圈绊倒受伤,酒店理应承担赔偿责任。经多次协商交涉，酒店仅支付了1.5万元，无奈之下，只得将酒店诉至法院。现请求判令酒店赔偿医疗费、残疾赔偿金和后续治疗费等共计12万余元。

法院判决

法院审理后认为，酒店在就餐大堂通道边设置的装饰灯圈存在一定的安全隐患，客人在并不宽敞的通道中行走确有可能被装饰灯圈绊倒，而且酒店没有设置明显的标志提醒客人注意，因此未能尽到安全保障义务，应就陈某在其餐厅因装饰灯圈导致摔倒致伤的损害后果承担主要的赔偿责任。陈某作为完全民事行为能力人，在就餐饮酒后，对其自身行走安全也有相应的注意义务，对摔伤事故应自负一定责任。因此，酌定酒店对陈某的损害后果承担80%赔偿责任。陈某主张的后续治疗费尚未发生，且金额存在不确定性，因此本案中不做处理。经核定，陈某的损失计11.9万余元，依赔偿八成计，酒店应赔偿9.5万余元。

案例分析

《侵权责任法》相关条款：

第三十七条　宾馆、商场、银行、车站、娱乐场所等公共场所的管理人或者群众性活动的组织者，未尽到安全保障义务，造成他人损害的，应当承担侵权责任。因第三人的行为造成他人损害的，由第三人承担侵权责任；管理人或者组织者未尽到安全保障义务的，承担相应的补充责任。

本案中，酒店没有设置明显的标志提醒客人注意，未能尽到安全保障义务，故应就客人在其餐厅因装饰灯圈导致摔倒致伤的损害后果承担主要的赔偿责任。由此可见，酒店大厅的设置要合理，防范安全隐患；在容易有安全隐患的地方，应设置明显的标志提醒客人注意。

1.2　酒店旋转门夹人案

案例链接

家住泾县泾川镇的张某事发时年仅6岁，当天其父母在某酒店内招待亲友，张某同其他小伙伴一起在酒店大堂玩耍。期间，张某进入大堂旋转门并快速推动使其旋转，择机从中跑出取乐。正当跑出旋转门时张某不慎滑倒，被快速旋转的门夹碰受伤。酒店大厅服务员见状，将张某抱起并喊来其父母。后张某被先后送往泾县医院、南陵县中医院治疗，因病情严重，又转入安徽医科大学第一附属医院住院治疗，诊断为左肾破裂伴血肿。经鉴定，张某构成九级伤残。张某的治疗共花费12万余元。张某父母一纸诉状将酒店告上法庭，认为酒店未尽到安全保障义务，要求酒店承担全部赔偿责任。酒店则辩称，张某是自己在旋转门内玩耍时受伤的，其法定监护人没有尽到监护义务，酒店不应该承担责任。

法院判决

法院一、二审审理认为，酒店作为营业场所，其大堂服务员发现张某在旋转门内玩耍时没有及时予以制止，未尽到合理限度范围内的安全注意义务，应对张某的受伤承担相应的赔偿责任。张某父母系张某法定监护人，将张某一人放在酒店大堂玩耍，未尽到监护责任，对张某受到伤害也应负相应责任。经宣城市中级人民法院终审调解，双方达成调解协议，酒店向张某赔偿47万元。

案例分析

违反安全保障义务责任是指宾馆、商场、银行、车站、娱乐场所等公共场所的管理人或者群众性活动的组织者，未尽到安全保障义务致人损害时，所应当承担的侵权责任。详见《侵权责任法》第三十七条。

本案中，酒店作为营业场所，其大堂服务员发现张某在旋转门内玩耍时没有及时予以制止，未尽到合理限度范围内的安全注意义务，应承担相应的赔偿责任。张某父母系张某法定监护人，将张某一人放在酒店大堂玩耍，未尽到监护责任，对张某受到伤害也应负相应责任。一般来说，旋转门安全事故的发生有两方面原因：一是旋转门本身的质量问题，二是旋转门日常安全管理问题。因此，要防范旋转门安全风险，一是在购买旋转门的时候把好质量关，购买优质安全的旋转门；二是加强对旋转门的日常管理和维护，对老人和儿童予以特殊关照。

1.3 前厅部员工盗窃案

案例链接

2005年10月27日下午，某省医学会在假日酒店召开学术会议。酒店前厅当班行李员杨某协助会议工作人员姚某将钱款存入酒店前厅部保险柜内的19号保险盒，姚某带走保险盒钥匙。当日下午2时许客人游某某入住假日酒店，在酒店前厅部保险柜20号保险盒内寄存2个招商银行的信封，内有钱款，并带走保险盒钥匙。

当日下午3时前厅部行李员被告人李某某接班，李某某当班期间，被害人姚某又在19号保险盒存入钱款。当晚22时许，被告人李某某从酒店前台领取保险柜钥匙后至前厅部保管室，用掌握的密码打开保险柜门，又设法打开保险柜内11、19号保险盒，窃得被害人姚某存放于19号保险盒内的现金人民币13万元、前厅部鲍某某存放于11号保险盒内的现金人民币100元，共计窃取人民币130 100元。随后，被告人李某某携赃逃匿。次日上午因李某某缺勤，杨某顶班，杨某与他人曾打开保险柜拿取物品。当日中午12时许，客人游某某领取寄存物品时发现11、19、20号保险盒内物品失窃。

2009年6月5日，被告人李某某被公安机关抓获。另查明，2005年6月24日，被告人李某某与酒店签订劳动合同，双方约定合同期限自2005年6月24日起至2006年6月24日止，李某某从事服务工作。

法院判决

本院认为,被告人李某某以非法占有为目的,采用秘密手段,窃取公私财物,数额特别巨大,其行为已经构成盗窃罪,应予惩处。公诉机关指控的罪名成立。被告人的行为严重破坏社会秩序,可以附加剥夺政治权利。鉴于被告人系初犯,但案发后未能退赃,量刑时均予以考虑。综上,依照《中华人民共和国刑法》第二百六十四条、第五十二条、第五十三条、第五十五条第一款、第五十六条第一款、第六十四条的规定,判决如下:

被告人李某某犯盗窃罪,判处有期徒刑十一年,剥夺政治权利二年,并处罚金人民币10 000元。(刑期自判决执行之日起计算。判决执行以前先行羁押的,羁押一日折抵刑期一日,即自2009年6月5日起至2020年6月4日止;罚金于本判决生效之日起10日内缴纳。)责令被告人李某某退赔未追缴的赃款。

案例分析

盗窃罪是指以非法占有为目的,窃取公私财物数额较大或多次盗窃、入户盗窃、携带凶器盗窃、扒窃公私财物的行为。

《中华人民共和国刑法》相关条款:

第二百六十四条　盗窃公私财物,数额较大的,或者多次盗窃、入户盗窃、携带凶器盗窃、扒窃的,处三年以下有期徒刑、拘役或者管制,并处或者单处罚金;数额巨大或者有其他严重情节的,处三年以上十年以下有期徒刑,并处罚金;数额特别巨大或者有其他特别严重情节的,处十年以上有期徒刑或者无期徒刑,并处罚金或者没收财产。

第二百六十五条　以牟利为目的,盗接他人通信线路、复制他人电话号码或者明知盗接、复制的电信设备、设施而使用的,依照本法第二百六十四条规定定罪处罚。

本罪与非罪的界限:

1. 对某些具有小偷小摸行为的、因受灾生活困难偶尔偷窃财物的,或者被胁迫参加盗窃活动没有分赃或分赃甚微的,可不做盗窃罪处理,必要时,可由主管机关予以适当处罚。

2. 把偷窃自己家属或近亲属财物的行为与社会上的盗窃犯罪行为加以区别。《最高人民法院最高人民检察院关于办理盗窃刑事案件适用法律若干问题的解释》规定,对此类案件,一般可不按犯罪处理;对确有追究刑事责任必要的,在处理时也应同社会上作案的有所区别。

在本案中,被告人李某某以非法占有为目的,采用秘密手段,窃取公私财物,数额特别巨大,其行为已经构成盗窃罪,应予惩处。

1.4　员工职务侵占案

案例链接

2010年7月,被告人范某私自将酒店婚宴定金账中的一笔婚宴定金人民币4万元以房费定金名义转入酒店761房费定金账,再转入853房定金账,最后转回761房定金账。后被告人范某利用担任酒店前厅部主管负责结算房费的职务便利,采用伪造定金收据、退款收据方式,在761房客人退房时虚构定金返还761房客而将该笔定金4万元占为已有。2011年11月23日,被告人范某接到电话通知后到公安机关投案,并如实供述了上述事实。

以上事实,被告人范某在开庭审理过程中亦无异议,并有证人孟某、章某等人的证言,工商档案机读材料,定金收据,账单,付款凭证,结账凭证,退款收据等证据证实,足以认定。

法院判决

本院认为,被告人范某身为公司工作人员,利用职务上的便利,将本单位钱财非法占为己有,数额较大,其行为已构成职务侵占罪。公诉机关指控的犯罪成立,本院予以支持。被告人能主动投案,并如实供述事实,系自首,且当庭自愿认罪,退赔了全部赃款,依法从轻处罚。依照《中华人民共和国刑法》第二百七十一条第一款、第六十七条第一款、第七十二条、第七十三条之规定,判决如下:被告人范某犯职务侵占罪,判处有期徒刑十个月,缓刑一年。(缓刑考验期限,从判决确定之日起计算。)

案例分析

职务侵占罪,是指公司、企业或其他单位的人员,利用职务上的便利,将本单位财物非法占为己有,数额较大的犯罪行为。

《中华人民共和国刑法》相关条款:

第二百七十条 将代为保管的他人财物非法占为己有,数额较大,拒不退还的,处二年以下有期徒刑、拘役或者罚金;数额巨大或者有其他严重情节的,处二年以上五年以下有期徒刑,并处罚金。将他人的遗忘物或者埋藏物非法占为己有,数额较大,拒不交出的,依照前款的规定处罚。本条罪,告诉的才处理。(侵占罪)

第二百七十一条 公司、企业或者其他单位的人员,利用职务上的便利,将本单位财物非法占为己有,数额较大的,处五年以下有期徒刑或者拘役;数额巨大的,处五年以下有期徒刑,可以并处没收财产。(职务侵占罪)

国有公司、企业或者其他国有单位中从事公务的人员和国有公司、企业或者其他国有单位委派到非国有公司、企业以及其他单位从事公务的人员有前款行为的,依照本法第三百八十二条、第三百八十三条的规定定罪处罚。(贪污罪)

职务侵占罪与盗窃罪不同,虽然两种犯罪都是以非法占有财物为目的,侵犯财产所有权的犯罪,但有如下区别:

1. 主体要件不同。本罪的主体是特殊主体,盗窃罪的主体为一般主体。

2. 犯罪对象不同。本罪对象只能是本单位的财物;盗窃罪的对象是他人财物,包括公私财物,而且多为犯罪行为前不被自己所控制的他人财物。

3. 犯罪手段不同。本罪是利用职务的便利侵占实际掌管的本单位财物;盗窃罪是采用秘密窃取的手段获取他人的财物。

4. 法定刑不同。本罪最高法定刑是十五年有期徒刑,法定刑较轻,且量刑的幅度较小;盗窃罪的最高法定刑为无期徒刑,量刑幅度较宽。

本案中,被告人范某身为公司工作人员,利用职务上的便利,将本单位钱财非法占为己有,数额较大,其行为已构成职务侵占罪,将受到法律的惩罚。

专题 2　酒店客房法律纠纷案例

2.1　醉酒男子入住酒店死亡

案例链接

被告黄某与死者张某于 2014 年 5 月 3 日晚一起喝酒。黄某明知张某是司机,仍然与其一起喝酒,并多次劝酒,在张某已经醉酒的情况下,黄某仍与其前往下一个酒局喝酒,在入席第二个酒席后,见张某已醉,同桌喝酒的人便与黄某将张某送往某旅馆宏伟路分公司入住。在张某醉酒的情况下,黄某对张某有照看义务。但是黄某没有尽到相应的照看义务,某旅馆宏伟路分公司在客户张某入住时也没有做好安全保护的义务以致张某在 2014 年 5 月 4 日在该店住宿时死亡。原告张某家属要求某旅馆宏伟路分公司及黄某对张某的死亡承担相应的法律责任,诉求赔偿金 116 万余元。被告某旅馆宏伟路分公司辩称,分公司与死者张某之间不存在旅店住宿服务合同关系,没有照顾张某的义务,且该分公司已尽到合理限度的注意义务,无须对张某的死亡承担赔偿责任。

法院判决

法院认为,本案是生命权、健康权、身体权纠纷。根据死亡医学证明书得知,张某死亡的直接原因是呕吐物误吸导致窒息死亡。根据黄某在庭审时的陈述及韩某等人的询问笔录可知,张某醉酒呕吐是由于 2014 年 5 月 3 日晚上,张某先与黄某吃饭喝酒,后与黄某、韩某等人吃饭喝酒所致。

法院认为,张某作为一个成年人,应预见到自己醉酒可能出现的后果,应对醉酒所出现的后果承担主要责任。而黄某作为共同喝酒人,且在明知张某已经和其进行了第一场吃饭喝酒的情况下,更应在合理范围内履行一定的注意义务,应预见到因醉酒可能产生的其他严重后果,但其未采取相应措施劝阻张某继续喝酒,因此,法院酌定黄某对张某死亡承担一定的赔偿责任。另外,张某入住时已经呈现明显的醉酒状态,某旅馆宏伟路分公司在张某入住后,与张某之间形成服务合同关系,应尽最大谨慎义务防止张某遭受人身损害,韩某等人也提出要求酒店服务人员对两名入住的人员多加照顾的请求,酒店应对张某提供及时必要的照顾和保护,但其却未尽合理限度范围内的安全保障义务。因此法院酌定某旅馆宏伟路分公司对张某死亡承担一定的赔偿责任。某旅馆公司应对其宏伟路分公司上述债务承担连带清偿责任。最后,法院一审判决被告某旅馆公司、某旅馆宏伟路分公司赔偿 5 万元,被告黄某赔偿 2 万元。

案例分析

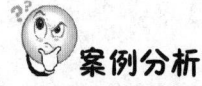

民法通则第一百〇六条第一款：公民、法人违反合同或不履行其他义务的，应当承担民事责任。也就是说，行为人除负有不得侵犯他人财产、人身的不作为义务外，还负有一种作为义务，即注意义务，这种义务一般由行为人的在先行为引起。注意义务，是指行为人应采取合理注意以避免给他人的人身或财产造成损害的义务，其本质为一种过失责任。判断是否违反注意义务应以是否尽到通常人的合理注意为标准。法律规定的"其他义务"也包括"注意义务"。共同饮酒行为本身系一种人为产生危险性的行为，共同饮酒人对置身在该特定危险行为中的对方应产生法定的注意义务，即包括提醒、劝告义务，及时通知义务乃至协助、照顾、帮助等最大限度的附随义务。未尽到通常人应有的该义务，即应认定主观上存有疏忽大意的过失，应对醉酒伤亡后果承担相应的侵权损害赔偿责任。

另根据《侵权责任法》的规定，侵权的类型分为作为侵权和不作为侵权。作为侵权表现为侵权人违反了法律的禁止性规定，对他人实施了主动的侵害；不作为侵权，是指侵权人违反了契约、法律、公序良俗等应为的作为性义务而不为，给他人造成损害的。不作为侵权的义务主要来源于3种情形：法律的直接规定，业务或职务上的要求，行为人先前的行为。同伴因醉酒死亡情形中，行为人先前的喝酒行为就导致其后产生了"在先行为义务"，也即饮过量的酒不能说有过错，但问题是因为共同实施了饮酒这个在先行为，就会产生一种在后的照顾、保护义务。例如，其预见到喝酒人继续喝酒将会危及其生命健康，应当及时劝阻；在其醉酒时，应当将其送医或报120。否则，应当承担侵权责任。

虽然同饮者应当承担侵权责任，但根据《侵权责任法》第二十六条的规定，被侵权人对损害的发生也有过错的，可以减轻侵权人的责任。相关案例中，受害人作为完全民事责任行为人，也要承担相应责任。死者作为成年人，具备完全民事行为能力，有对自身安全加以注意的义务，其本人应当知道自己有多大酒量，过量饮酒对身体有害，却依然过量饮酒，最终导致死亡，因此，受害人对自己醉酒造成的严重后果本身是有过错的。这就减轻了同饮者的侵权责任。

实践中还有一种属于双方均无过错的情况。例如，少量饮酒诱发了对方疾病甚至死亡后果的发生，但劝饮者先前不知其病情，被劝酒者也认为少量饮酒不会发生危险，对于这种情况，根据公平责任原则，即《民法通则》第一百三十二条的规定"当事人对造成损害都没有过错的，可以根据实际情况，由当事人分担民事责任"，可判令劝酒者适当承担补偿责任。

另根据《侵权责任法》第三十七条"宾馆、商场、银行、车站、娱乐场所等公共场所的管理人或者群众性活动的组织者，未尽到安全保障义务，造成他人损害的，应当承担侵权责任"及《最高人民法院关于审理人身损害赔偿案件适用法律若干问题的解释》第六条的规定，从事住宿、餐饮、娱乐等经营活动或其他社会活动的自然人、法人、其他组织，未尽合理限度范围内的安全保障义务致使他人遭受人身损害，赔偿权利人请求其承担相应赔偿责任的，法院应予支持。因此，当酒店发现客人醉酒后，未尽合理限度范围内的安全保障义务，没及时上前询问，将其送到医院，导致最后客死酒店的，也具有过错，要承担相应的民事责任。

醉酒者作为一个成年人，应预见到自己醉酒可能出现的后果，应对醉酒所出现的后果承担主要责任。而共同喝酒人，应在合理范围内履行一定的注意义务，应预见到因醉酒可能产生的其他严重后果，应采取相应措施劝阻继续喝酒，因此，共同饮酒者对醉酒者死亡承担一定的赔偿责任。醉酒者入住时已经呈现明显的醉酒状态,酒店在醉酒者入住后,与其之间形成了服务合同关系,应尽最大谨慎义务防止醉酒者遭受人身损害,酒店应对醉酒者提供及时必要的照顾和保护,但其却未尽合理限度范围内的安全保障义务,因此酒店对醉酒者死亡承担一定的赔偿责任。

2.2 客人客房卫生间摔倒

案例链接

2015年9月14日,赵某及同事杨某某到玉溪出差,于下午18时46分左右入住某酒店,其中赵某住某酒店410号客房。2015年9月15日深夜两点半左右,赵某打电话给同事杨某某,称自己在房间内卫生间门口处摔倒受伤动不了了。杨某某到前台找到酒店工作人员说明赵某摔伤一事,酒店工作人员徐某某到客房为赵某穿好衣服,随后赵某在杨某某陪同下到玉溪市人民医院检查治疗。上午9时许,赵某到玉溪市中医医院就诊,并入住该院治疗,于下午17时自动出院。赵某于同日20时42分到成都军区昆明总医院住院治疗7天,出院诊断为左肱骨大结节骨折。赵某出院后多次到官渡区人民医院换药、拆线、复查。赵某治疗期间产生的医疗费情况为:玉溪市人民医院门诊医疗费355.59元、玉溪市中医医院门诊医疗费37.50元、住院医疗费270.07元,成都军区昆明总医院门诊医疗费5.50元、住院医疗费19 014.95元,官渡区人民医院门诊医疗费152.40元。事发后,某酒店支付给赵某玉溪市人民医院门诊医疗费355.59元及现金1 000元。经昆明法医院司法鉴定中心于2015年10月15日鉴定,赵某的损伤构成九级伤残,后期治疗费评估为12 000元。为该两项鉴定,赵某支付鉴定费1 580元。2015年11月13日,赵某诉至法院,请求判令某酒店赔偿其医疗费19 641.32元、误工费9 444、护理费2 570元、住院伙食补助费700元、交通费2 000元、营养费1 800元、残疾赔偿金97 196元、后期治疗费12 000元、鉴定费2 370元、精神抚慰金4 000元,共计151 721.32元的80%,即121 377元。

法院判决

一审法院经审理认为,本案的争议焦点为:第一,赵某的损伤是否在某酒店内摔倒形成;第二,某酒店是否存在过错及是否尽到安全保障义务,本案责任如何承担;第三,赵某的损失如何确定。

关于争议焦点一,赵某于2015年9月14日下午因出差与同事杨某某一起入住某酒店,赵某入住后于次日深夜两点半打电话给同事杨某某称其摔倒受伤,杨某某找到酒店工作人员到赵某所住客房为赵某穿衣,该工作人员到场后看到赵某确实受伤的情况,且赵某及杨某某均要求工作人员陪同到医院检查治疗,随后杨某某即陪同赵某到医院检查治疗,结合赵某就医治疗的情况及本案入住酒店的视频资料等其他证据,能够认定赵某确系在某酒店其住宿的客房内摔倒受伤。

关于争议焦点二,根据《侵权责任法》第三十七条的规定,宾馆、商场、银行、车站、娱乐场所等公共场所的管理人或群众性活动的组织者,未尽到安全保障义务,造成他人损害的,应当承担侵权责任。本案中,赵某入住某酒店,双方形成消费者和经营者的法律关系。作为经营者的某酒店,在提供服务时应保证其提供的服务符合保障消费者人身、财产安全的要求。某酒店在房间内提供了防滑垫及防滑地巾,并在房间内及卫生间的淋浴房中设置了"小心地滑"标志,但未在卫生间的其他明显位置设置安全提示,其设置在淋浴房中的"小心地滑"标志字体较小且淋浴房作为淋浴的独立空间,在进入卫生间而不洗澡的情况下不容易看到该标志,且其提供的纸质一次性拖鞋也不具备防滑功能。此外,赵某系某酒店的服务对象,某酒店工作人员在知晓赵某受伤事实后,经赵某请求,有条件报告单位领导及陪同送医而未做出合理处理。故某酒店未尽到合理的安全保障义务,存在一定过错,对赵某摔倒受伤的损害后果负有一定责任。赵某作为完全民事行为能力人,应当具备防滑安全保护意识,但其夜间穿着一次性纸质拖鞋活动,未尽到自身的合理注意义务,导致自己摔倒受伤致残,对其自身的损害后果应承担主要责任。结合本案的实际情况及各自的过错程度,就赵某的损失,应由某酒店承担20%的民事赔偿责任,赵某自担80%的责任。

二审法院认为,根据《侵权责任法》第三十七条第一款的规定,公民享有生命健康权。公民、法人由于过错侵害国家的、集体的财产,侵害他人财产、人身的,应当承担民事责任。本案中,结合赵某入住酒店的视频资料、离店去医院的视频资料,酒店工作人员接到赵某同事请求后到赵某所住房间协助赵某穿衣服、送至酒店门口乘出租车到医院等事实,以及赵某左肱骨大结节骨折的损害后果,能够认定赵某在某酒店经营的酒店客房内摔倒而受伤。经审查,赵某入住某酒店,与酒店形成了经营者与消费者的关系,某酒店作为从事住宿等经营活动的法人,其在合理限度内对赵某的人身和财产安全具有相应的安全保障义务。某酒店为了确保消费者的安全,应当对其经营场所内可能发生危险的地方或事项以文字、图案的方式做出书面的提示或警示,该提示或警示应当明确且醒目。虽然酒店在房间内及卫生间里独立的淋浴房内设置了"小心地滑"的警示标志,但是卫生间内并未设置警示标志,且酒店设置的警示标志(字体)不在明显的地方,并未达到明确醒目的要求。此外,经营者还应当在其经营场所内设置符合保护公众安全的安全防范设施,并且确保安全防范设施始终处于良好的运行状态,某酒店虽提供了防滑垫及地巾,但防滑垫及地巾并未放置到应起保障作用的地方。酒店为入住者提供的一次性纸质拖鞋不具备防滑功能,在明知该拖鞋可能对客人带来危险和损害的情况下,未积极履行消除危险的义务,而是消极不作为地放任危险的存在。以上行为均表明某酒店并未尽到合理的安全保障义务,存在明显过错,应承担主要责任。赵某作为完全民事行为能力人,应当具备相应的自我保护意识,其未尽合理注意义务导致自己摔倒,也存在过错,应承担次要责任。

案例分析

客人入住酒店,与酒店形成了经营者与消费者的关系,酒店作为从事住宿等经营活动的法人,其在合理限度内对客人的人身和财产安全具有相应的安全保障义务。酒店为了确保消费者的安全,应当对其经营场所内可能发生危险的地方或事项以文字、图案的方式做出书面的提示或警示,该提示或警示应当明确且醒目。此外,经营者还应当在其经营场所内设置符合保护公众安全的安全防范设施,并且确保安全防范设施始终处于良好的运行状态。例如,酒店为入住者提供的一次性纸质拖鞋不具备防滑功能,在明知该拖鞋可能对客人带来危险和损害的情况下,应积极履行消除危险的义务,而不是消极不作为地放任危险的存在,否则,一旦客人发生危险,酒店将承担损害赔偿责任。

2.3 客人客房跳楼自杀

案例链接

原告廖某志和江某某的女儿、原告孙某的母亲廖某某于2011年11月1日16时49分乘坐出租车到达被告经营的酒店,并于16时59分入住该酒店3908客房。17时27分廖某某对进入房间服务的客房服务员提出打开房间窗户的要求,后又致电前台催促开窗,理由是其觉得有点闷。17时53分,被告酒店管家部员工进入3908客房,让廖某某签署了开窗免责协议并为她打开了窗户。上述协议内容为:"尊敬的客人,为了阁下安全,本酒店不提倡打开客房内的窗户。本酒店现在应阁下之请求打开阁下房间的窗户,同时谨此声明,如因此而引起的意外及后果,酒店将不承担任何责任及对此做出赔偿。"18时31分,廖某某离开酒店,19时20分其乘坐出租车回到酒店,手拎一个黑色塑料袋。次日7时19分,值班经理在屡次拨打客房电话无人应答的情况下,与值班工程师一起使用工具剪断锁链强行进入房间,发现房间内无人,但卧室的窗户被打开,同时发现窗户铰链被明显破坏,7时41分,值班保安在草坪附近发现廖某某遗体,8时6分,警察到达现场,9时1分,由公安局指定的验尸官到达现场进行尸检。

廖某某的姐姐廖某红于2011年11月1日19时7分、9分致电被告酒店,查询廖某某是否入住被告酒店并要求告知其房间号,被告先将其电话转至廖某某房间,廖某红又致电前台,表示无人接听,还要求被告告知其房间号,被告工作人员表示不方便透露,须客人本人交代才行。次日凌晨0时27分、29分,廖某红再次致电被告酒店,表示要求接通前台有问题要问,后廖某红表示前台无人接听,并告知工作人员其妹妹廖某某住在被告酒店,是跟家人生气走的,其担心她会出什么问题,请酒店帮忙关照一下,被告工作人员表示查到该客人,廖某红表示廖某某情绪不稳定,其正在赶往深圳,请求酒店关照,比如明早早一点去敲她的房间,找个理由去问一下,但不要让她知道是其让酒店关照的,由于她生气情绪不太好,一早就飞到深圳,其非常担心。被告工作人员称,酒店有规定,不可以去打扰客人。廖某红表示理解。被告工作人员表示会跟值班人员说一下这件事。

法院判决

一审法院认为,酒店已经尽到了一个诚信经营者合理限度内的安全保障义务。其一,受害人廖某某作为一个成年人,入住酒店时各项行为都正常,与前台通话语气也是轻松、愉快的,以闷为由要求开窗,要求去40楼看夜景,这些都是一个酒店客人比较正常的要求,也是一个五星级酒店理应提供的服务。酒店为了体现良好服务,在经过一定的程序后,不能也没有理由拒绝,并且开窗需要签署书面风险告知书,窗户打开的角度很小,不能容人通过,都已经说明答辩人小心谨慎,注意消除安全隐患。其二,廖某某的真实情绪及自杀计划,酒店工作人员毫不知情。至于廖某某的姐姐廖某红女士称其于事发当日19:09,次日凌晨0:27、

0:29、0:48先后分别4次致电答辩人值班经理沟通并警示和求助，说明受害人情绪不稳、精神反常，提醒答辩人值班经理加以关注，并多次要求进入受害人房间查看，根据答辩人的电话记录，事发当晚，廖某红女士分别5次致电答辩人，分别为19:18、19:21、0:27、0:31、0:51。第一，廖某红女士在19:18、19:21的两次打给答辩人的电话均为询问性质，并没有表示任何求助的意思。直到0:31第四次电话的时候，才第一次在电话里表示求助。但其明确表示"先不要打扰她，明天早上早一点去敲她的房门"。第二，廖某红女士致电时自称是受害人的"姐姐"，并要求查询受害人入住的房间号，出于保护客人的隐私及安全考虑，酒店在没有取得客人的同意及不知道查询方身份的情况下，是无权，也不能透露这些信息的。第三，受害人廖某某在办理入住酒店手续及致电服务中心时，情绪稳定、语气轻松，看不出任何异常。第四，《中华人民共和国宪法》规定了公民享有住宅权，无故闯入他人住宅是违法行为。法律意义上的住宅分为两种，一是固定住宅，二是临时住宅。酒店是为客人提供住宿服务的经营性场所，客人入住酒店后，酒店客房就成了临时住宅，如果没有客人合法的授权，任何人包括经营方是无权进入的，否则便是侵权行为。且受害人的姐姐廖某红女士认为其妹妹廖某某有生命危险，第一时间报警求助才是正确的选择，答辩人并无强行进入受害人房间的权力。第五，受害人的姐姐廖某红女士在0:31、0:51时致电求助的时候，已是深夜，正是大多数顾客的熟睡时间，答辩人作为酒店的经营管理者实在没有正当理由在这个时间去查房。其三，受害人故意造成损害结果的发生是《侵权责任法》的法定免责事由，由于行为人主观上对损害结果的发生不存在过错，不构成侵权行为，故无须承担侵权责任。至于现场发现的工具和窗户损坏的关联性问题，公安机关已经对整个案件调查清楚，且有多份受害人遗书为佐证，一审判决也对此做了详细的分析。其四，一审法院并不是仅仅依据受害人签署开窗负责协议而认定被上诉人没有违反安全保障义务并免责，而是在综合全案的证据和事实的基础上，适用法律而得出判决结论的。廖某红女士及其他家人也承认廖某某女士由于离婚，情绪长期压抑，并且来深圳之前与家人吵架后离开更加印证了这一点。故即使答辩人没有为受害人廖某某女士开窗，进入其房间查房，也不一定能够阻止其自杀行为。在本案中，作为酒店经营者，因本次事故的发生也成为受害者，酒店的声誉受到影响，经营也遭受损失。

二审法院认为，最高人民法院《关于审理人身损害赔偿案件适用法律若干问题的解释》第六条第一款规定："从事住宿、餐饮、娱乐等经营活动或者其他社会活动的自然人、法人、其他组织，未尽合理限度范围内的安全保障义务致使他人遭受人身损害，赔偿权利人请求其承担相应赔偿责任的，人民法院应予支持。"该规定明确了从事住宿等经营活动的个人或组织的安全保障义务，并将该安全保障义务限定在合理限度范围内。据此，本案争议的关键在于被上诉人某大酒店是否尽到了合理限度范围内的安全保障义务。根据公安机关的现场勘查笔录、现场照片、对廖某红的询问笔录、对被上诉人工作人员的询问笔录，死者廖某某数次留下便笺纸，清楚表示自己因身患绝症、不想再拖累家人，对遗体的处置及家人联系方式做出了明确指示，且其在入住酒店后主动要求酒店工作人员打开房间窗户，后又自行外出购买破坏窗户铰链的工具，可见其对于跳楼自杀的行为做出了较为明确的安排，跳楼系其自己的意思表示，其死亡结果应当由其自行承担。被上诉人某大酒店在其营业范围内接受廖某某入住，在廖某某要求打开房间窗户时对其进行了必要的提醒和告知，且窗户打开的程度若无进一步破坏并不足以容人跳下，在接到廖某某家属的电话后数次与其家属进行沟通，并按照其家属的要求第二天一早就去查看廖某某的状态，尽到了合理限度内的安全保障义务。上诉人主张被上诉人违反了安全保障义务,应对廖某某的死亡承担相应的赔偿责任,缺乏事实及法律依据,原审法院不予支持并无不当,本院予以确认。综上,原审判决认定事实清楚,适用法律正确,应予维持。

案例分析

最高人民法院《关于审理人身损害赔偿案件适用法律若干问题的解释》第六条第一款规定:"从事住宿、餐饮、娱乐等经营活动或者其他社会活动的自然人、法人、其他组织,未尽合理限度范围内的安全保障义务致使他人遭受人身损害,赔偿权利人请求其承担相应赔偿责任的,人民法院应予支持。"该规定明确了从事住宿等经营活动的个人或组织的安全保障义务,并将该安全保障义务限定在合理限度范围内。本案中,在廖某某要求打开房间窗户时酒店对其进行了必要的提醒和告知,且窗户打开的程度若无进一步破坏并不足以容人跳下,在接到廖某某家属的电话后数次与其家属进行沟通,并按照其家属的要求第二天一早就去查看廖某某的状态,尽到了合理限度内的安全保障义务,故对廖某某的死亡不承担赔偿责任。

2.4 酒店泄露客人隐私

案例链接

2013年11月,国内第三方漏洞监测平台乌云报告指出,国内多家酒店使用的慧达驿站网络系统存在漏洞,住客开房隐私可能被泄露。其中,不乏如家、汉庭、7天、速8等国内知名连锁酒店。根据乌云的报告,国内多家酒店,如汉庭、如家、7天、格林豪泰等近20个酒店使用了慧达驿站开发的酒店WIFI管理、认证管理系统,但是该系统存在漏洞。乌云在报告中解释了泄密的原因:用户连接到酒店的开放WIFI,上网时会被要求通过网页认证。由于这个认证是在慧达驿站的服务器上完成的,所以慧达驿站的服务器也保存了一份酒店客户的信息。报告称,客户信息的数据同步是通过HTTP协议实现的,但认证用户名和密码是明文传输的,通过各个途径都可能被"嗅探"到。只要得到认证信息,就可以从数据服务器上获得酒店上传的所有客户开房信息。这些信息很可能被黑客监测到并被泄露。据介绍,慧达驿站的服务器上实时存储了上述酒店登记的客户名、身份证号码、开房日期、房间号等大量敏感隐私信息。

案例分析

相关条款:

《民法通则》第一百〇一条 公民、法人享有名誉权,公民的人格尊严受法律保护,禁止用侮辱、诽谤等方式损害公民、法人的名誉。

《关于贯彻执行〈民法通则〉若干问题的意见》

第一百四十条 以书面、口头等形式宣扬他人的隐私,或者捏造事实公然丑化他人人格,以及用侮辱、诽谤等方式损害他人名誉,造成一定影响的,应当认定为侵害公民名誉权的行为。

以书面、口头等形式诋毁、诽谤法人名誉,给法人造成损害的,应当认定为侵害法人名誉权的行为。

第一百四十一条 盗用、假冒他人姓名、名称造成损害的,应当认定侵犯姓名权、名称权的行为。

专题3 酒店餐饮法律纠纷案例

3.1 客人就餐一氧化碳中毒

案例链接

2016年7月16日晚8时许,原告韩某与家人、朋友一起在被告酒店吃烧炭火锅。就餐完毕后付账时,韩某突然倒地,小便失禁。拨打120后韩某被送往医院急救,诊断为急性一氧化碳中毒。韩某在医院住院至2016年7月26日出院,共计住院10天,花费医疗费9 468.14元。出院医嘱:门诊继续高压氧治疗,休息14天。

原告韩某与酒店关于赔偿数额经过多次协调,但没有达成一致。原告韩某将酒店诉至法院,主张医疗费、伙食补助费、营养费、护理费、误工费、交通费及精神损害抚慰金共计3万余元。

韩某,非农业户籍,事故发生时在制衣公司工作,2016年5月份工资3 640.70元,2016年6月份工资2 706.20元。

法院判决

公民的生命健康权受法律保护。韩某在酒店就餐时发生一氧化碳中毒,相应损失依法应获得赔偿。酒店对客人韩某未能尽到安全保障义务,造成韩某受到伤害,应当承担侵权责任。对原告主张的损失:医疗费9 468.14元,有相关票据证实,予以认定;住院伙食补助费300元、营养费300元予以认定;护理费1 142.20元予以认定;对于误工费,虽然医嘱建议韩某继续高压氧治疗,但其没有提供后续进行高压氧治疗的相关病历材料及医疗票据,且2016年8月17日"建议休息1月"的诊断证明书也没有相应的病历材料证实,对韩某的误工期按其住院天数10天及出院医嘱休息14天认定为24天,误工费标准按其2016年5月及6月的月平均工资3 173.45元计算,误工费认定为2 533.76(3 173.45/30×24)元;交通费200元予以认定;韩某在餐馆就餐时发生一氧化碳中毒,对其身心造成一定伤害,精神损害抚慰金认定为1 000元,上述损失共计14 944.10元,由酒店负责赔偿。被告经本院传票传唤无正当理由未到庭参加诉讼、未提交书面答辩状,视为放弃自己诉讼权利,应承担对己不利的法律后果。

案例分析

《侵权责任法》相关条款：

第十六条 侵害他人造成人身损害的，应当赔偿医疗费、护理费、交通费等为治疗和康复支出的合理费用，以及因误工减少的收入。造成残疾的，还应当赔偿残疾生活辅助具费和残疾赔偿金。造成死亡的，还应当赔偿丧葬费和死亡赔偿金。

第二十二条 侵害他人人身权益，造成他人严重精神损害的，被侵权人可以请求精神损害赔偿。

第三十七条 宾馆、商场、银行、车站、娱乐场所等公共场所的管理人或者群众性活动的组织者，未尽到安全保障义务，造成他人损害的，应当承担侵权责任。因第三人的行为造成他人损害的，由第三人承担侵权责任；管理人或者组织者未尽到安全保障义务的，承担相应的补充责任。

本案中，酒店对来就餐的客人韩某未能尽到安全保障义务，造成韩某受到伤害，应当承担侵权责任，并根据法律规定进行相应的赔偿。

3.2 餐厅地面湿滑致客人滑倒

案例链接

2015年6月1日晚，何某与朋友到酒店餐厅二楼就餐。21时许，何某与朋友一同离开酒店，下楼时在楼梯上跌倒，随即被120救护车送至医院就诊并住院治疗。经诊断为：左胫腓骨粉碎性骨折、高尿酸血症、低钾血症。何某于2015年6月15日出院，住院共14天，花费医疗费43 609.91元。医院出具的疾病证明书建议全休3个月，加强营养，术后3个月内患肢禁止下地行走，住院期间及康复期间需留陪护一人，术后1年左右返院拆除内固定物，预计住院费用约需10 000元。何某自行委托法医鉴定中心进行司法鉴定。该中心于2015年10月23日出具司法鉴定意见书，鉴定结果为：何某伤残等级符合道路交通事故九级伤残。为证明因餐厅楼梯湿滑导致其跌倒，何某提供了手机拍摄的视频。视频可见何某躺卧于楼梯上，表情痛苦并叫喊，楼梯可见水迹，餐厅工作人员余某拿毛巾为其敷脸，何某对余某说敷脸没用是脚痛。餐厅及其经营者认为楼梯上的水是何某的同伴所倒洒，事发时何某喝了酒，摔倒后餐厅经理用毛巾帮其敷脸醒酒，且何某脚穿拖鞋，容易跌倒。

经办法官于2016年3月23日会同双方当事人到餐厅现场勘查，经勘查发现餐厅二楼至一楼楼梯铺设防滑砖、防滑带，楼梯转弯处张贴有"小心楼梯"标志，并安有扶手。何某认为楼梯坡度较陡，楼梯前后宽度窄，且楼梯部分扶手设有竖直栏杆，导致无法扶着扶手顺梯而下。餐厅及其经营者认为何某称楼梯有缺陷只是主观认识，并无证据证明楼梯不合格。

法院判决

《中华人民共和国消费者权益保护法》规定："经营者应当保证其提供的商品或者服务符合保障人身、财产安全的要求，宾馆、商场、餐馆、银行、机场、车站、港口、影剧院等经营场所的经营者,应当对消费者尽到安全保障义务。"

一审法院认为,餐厅作为经营者,应当为消费者提供包括在通道正常行走安全的安全保障义务。虽然餐厅在楼梯处铺设防滑砖、防滑带,但是从视频可见,事发时楼梯有水迹,该水迹随时有造成消费者滑倒的可能,餐厅作为经营者,没有及时排除不安全因素,故对何某因跌倒致伤的后果,应承担相应的赔偿责任。结合本案的具体情况,餐厅应对何某的人身伤害损失承担60%的赔偿责任;而何某作为成年人,应当知道喝酒有一定的危害性,其酒后下楼梯时应尽到小心谨慎的义务,结合本案的案情,何某对其自身的人身伤害损失自行承担40%的责任。

一审法院确定何某的损失合25.6万元(包括医疗费、误工费、残疾赔偿金、被扶养人生活费等),餐厅应对何某的上述损失承担60%的赔偿责任,即为15.3万余元。另外,上述事故造成何某九级伤残的后果,何某主张精神损害抚慰金20 000元过高,一审法院酌情确定精神损害抚慰金为10 000元。

二审法院却认为,在双方均未能充分举证证实涉案事故发生原因的情况下,从合理分配风险的角度,应认定作为经营者的酒店负担次要责任为宜,改判餐厅就何某涉案事故导致的损失承担40%的责任,由何某自负60%的责任,判令餐厅赔偿11.2万元误工费和残疾赔偿金等,其中还包括1万元精神损害抚慰金。

案例分析

相关条款:

《侵权责任法》第三十七条　宾馆、商场、银行、车站、娱乐场所等公共场所的管理人或者群众性活动的组织者,未尽到安全保障义务,造成他人损害的,应当承担侵权责任。

《中华人民共和国消费者权益保护法》第十八条　经营者应当保证其提供的商品或者服务符合保障人身、财产安全的要求。

本案中,餐厅作为经营者,未能及时排除风险,导致客人受伤,应当承担侵权责任。餐厅作为经营者,应当为消费者提供包括在通道正常行走安全的安全保障义务,及时排除不安全因素,应在楼梯处铺设防滑砖、防滑带,尽量保持地面干燥,并张贴提示标志。

3.3　聚餐饮酒后酒店坠楼致残

案例链接

2013年8月26日下午4时40分左右,平武县某单位职工叶某邀约同事申某等5人聚会吃饭。饭后,申某请叶某等人到酒吧唱歌,请崔某、吴某、谢某到酒吧喝酒。唱歌喝酒结束后,已是晚上10时左右,申某又请大家吃烧烤,并互敬啤酒。凌晨零时许,5人在烧烤摊分手后,吴某、谢某、申某各自回家。次日凌晨1时30分许,崔某与叶某一同到某酒店5楼房间。约半小时后,辖区派出所接到酒店报警,称有人坠楼。民警到酒店后,发现叶某躺在地上,伤势严重。民警到达5楼房间,发现崔某在靠卫生间的床上熟睡。经多家医院治疗的叶某,经法院委托司法鉴定结论为:骨折被评定为五级伤残,胸椎骨折被评定为四级伤残,左足踝损伤被评定为四级伤残,右足骨折被评定为四级伤残。叶某在住院期间及伤残结论出来后,就赔偿一事多次与当晚参与聚会的同事协商,但一直未果。2014年11月,叶某将当晚一起喝酒的4个同事和酒店诉至平武县法院。

叶某称,当晚烧烤结束后,自己已处于高度醉酒状态,辨识危险和控制能力的意识产生了严重障碍。被告崔某、申某、谢某、吴某4人未将自己安全送回家,也未通知自己的家人,而是由被告崔某独自将自己带至完全陌生且具有一定危险环境的酒店5楼房间,并放任不管,四被告均未尽到安全注意义务,是导致事故的起因;作为公共服务场所,该酒店未配备相应的安全防护措施,也是事故的原因之一。

叶某要求法院判决崔某等四被告和酒店给付医疗费、残疾赔偿金等合123.8万元。目前不能预计的后期治疗费,待发生后再另行追偿。

被告崔某辩称,事故发生时,自己也在醉酒状态,而原告对自己行为有控制力。共同饮酒要有过错才承担责任,原告本人是喝酒的发起人,进入酒店是原告自己的行为,被告没有强迫。其他三被告辩称,喝完酒他们就回家了,对酒后发生的事故不存在法律过错,不应该承担赔偿责任。而酒店方辩称,起诉酒店没有法律依据,酒店不是饮酒的发起者。

法院判决

法院根据庭审查明的证据,确定原告叶某的经济损失包括医疗费、残疾赔偿金、精神抚慰金等共计88.4万余元。法院认为,原告叶某与被告崔某进入某酒店后,虽已处于醉酒状态,但并未完全神志不清,结合公安刑事侦查材料所证实的情况,叶某对坠落受伤应有较大过错,应适当减轻被告崔某的赔偿责任。被告申某等3人对原告叶某的损伤无过错,3人共计已经给付的1.9万元属于补偿性质,符合民法公平原则。根据《侵权责任法》,法院一审判决由被告崔某赔偿原告叶某各项损失共计353 717.4元,减去崔某已给付的26.94万元,余下8.4万余元在判决生效后10日内付清。

原告叶某与被告申某互请吃饭饮酒,谢某等参与属"情谊行为",一般情况下,该行为均出于增进彼此感情的良好动机,但该饮酒行为一旦损害到其中一方的利益,则要审查在"情谊行为"中,各方是否尽到合理的注意义务。本案中,原告叶某与四被告在一起饮酒,叶某虽已醉酒,但从原、被告几次饮酒的地点看,均处于安全场所,与原告发生伤害地点无直接联系,且叶某的家就在烧烤店附近,几名被告各自回家也在情理中,因而被告申某等3人不应承担合理注意义务,不承担赔偿责任。

被告崔某酒后与原告叶某一同去酒店,应承担合理的注意义务,承担相应的赔偿责任。原告叶某入住某酒店,双方形成服务合同关系,酒店是否存在违约行为,在健康权纠纷案中不宜并案处理,原告叶某可另行起诉。

案例分析

通过本案,来进一步思考同饮者的民事法律关系及责任承担。

1. 同饮者构成何种民事责任

从相关案例来看,醉酒后酒友死亡,同饮者一般会被法院判决要求补偿或赔偿。

酒友死亡,同饮者应当承担何种法律责任?根据我国《侵权责任法》的规定,同饮者对受害人意外死亡的后果承担侵权责任。《民法通则》第一百〇六条第一款规定,公民、法人违反合同或不履行其他义务的,应当承担民事责任。也就是说,行为人除负有不得侵犯他人财产、人身的不作为义务外,还负有一种作为义务,即注意义务,这种义务一般由行为人的在先行为引起。注意义务,是指行为人应采取合理注意以避免给他人的人身或者财产造成损害的义务,其本质为一种过失责任。判断是否违反注意义务应以是否尽到通常人的合理注意为标准。法律规定的"其他义务"也包括"注意义务"。共同饮酒行为本身系一种人为产生危险性的行为,共同饮酒人对置身在该特定危险行为中的对方应产生法定的注意义务,即包括提醒、劝告义务,及时通知义务乃至协助、照顾、帮助等最大限度的附随义务。未尽到通常人应有的该义务,即应认定主观上存有疏忽大意的过失,应对醉酒伤亡后果承担相应的侵权损害赔偿责任。

根据《侵权责任法》的规定,侵权的类型分为作为侵权和不作为侵权。作为侵权表现为侵权人违反了法律的禁止性规定,对他人实施了主动的侵害;而不作为侵权,则是指侵权人违反了契约、法律、公序良俗等应为的作为性义务而不为,给他人造成损害的。不作为侵权的义务主要来源于3种情形:法律的直接规定,业务或职务上的要求,行为人先前的行为。同伴因醉酒死亡情形中,行为人先前的喝酒行为就导致其后产生了"在先行为义务",也即饮过量的酒不能说有过错,但问题是因为共同实施了饮酒这个在先行为,就会产生一种在后的照顾、保护义务。例如,其预见到喝酒人继续喝酒将会危及其生命健康,应当及时劝阻;在其醉酒时,应当将其送医或报120。否则,应当承担侵权责任。

2. 同饮者责任如何承担

虽然同饮者应当承担侵权责任,但根据《侵权责任法》第二十六条的规定,被侵权人对损害的发生也有过错的,可以减轻侵权人的责任。相关案例中,受害人作为完全民事责任行为人也要承担相应责任。死者作为成年人,具备完全民事行为能力,有对自身安全加以注意的义务,其本人应当知道自己有多大酒量,过量饮酒对身体有害,却依然过量饮酒,最终导致死亡,因此,受害人对自己醉酒造成的严重后果本身是有过错的。这就减轻了同饮者的侵权责任。

同饮者责任的承担,也要分情况适用不同的法律原则,有的适用过错责任原则,有的适用公平责任原则。在故意灌酒型的案例中,因为有酒友认为"不喝醉不够朋友",于是,酒席间相互灌酒。由于灌酒者明知过量饮酒会对人的身体健康造成危害而仍然实施这种行为,因此造成损害后果发生的,可认定为直接故意的主观过错,根据有关法律的规定,灌酒者应当承担赔偿的主要法律责任。而在放纵型饮酒的案例中,"酒友"明知与其饮酒的人患有某种疾病或酒量有限或发现饮酒后的不良反应以及明知其他不良后果(如酒后驾驶)等,却不履行劝阻义务而与之对饮,对于该"酒友"的生命和安全不管不问、任其发展,因而导致发生该"酒友"人身损害后果的,应认定与受害人对饮的人具有间接故意的过错。还有一种是酒后不予救助的案例。"酒友"之间不仅达成了共同饮酒的默契,而且由于共同饮酒过程中相互之间距离最近,相互之间还具有最容易获取和发现饮酒者是否酒醉以及是否有不良反应等信息的便利和特征,而同饮人之间对于发现有不良反应情况后,均负有及时通知、及时协助救护、及时照顾和帮助等法律和道德上的义务。《最高人民法院关于审理人身损害赔偿案件适用法律若干问题的解释》第三条第二款规定:"两人以上没有共同过失,但其分别实施的数个行为间接结合发生同一损害后果的,应当根据过失大小或者原因力比例,各自承担相应的赔偿责任。"如果同饮人违反了这些义务中的一项或几项或所有事项而造成其他"酒友"人身损害后果的,应认定同饮者的行为对损害后果的发生具有原因力,同饮者应按照原因力的比例各自承担相应的赔偿责任。上述3种情形中应适用过错责任原则追究同饮者赔偿责任。

此外,实践中还有一种属于双方均无过错的情况。少量饮酒诱发了对方疾病甚至死亡后果的发生,但劝饮者先前不知其病情,被劝酒者也认为少量饮酒不会发生危险,对这种情况,根据公平责任原则,即《民法通则》第一百三十二条的规定"当事人对造成损害都没有过错的,可以根据实际情况,由当事人分担民事责任",可判令劝酒者适当承担补偿责任。

3. 酒店未尽安保义务也须担责

如果受害人是在酒店去世,酒店应当承担未尽安全保障义务的侵权责任。根据《侵权责任法》第三十七条第一款的规定,宾馆、商场、银行、车站、娱乐场所等公共场所的管理人或群众性活动的组织者,未尽到安全保障义务,造成他人损害的,应当承担侵权责任。因第三人的行为造成他人损害的,由第三人承担侵权责任;管理人或组织者未尽到安全保障义务的,承担相应的补充责任。

根据《最高人民法院关于审理人身损害赔偿案件适用法律若干问题的解释》第六条的规定,从事住宿、餐饮、娱乐等经营活动或其他社会活动的自然人、法人、其他组织,未尽合理限度范围内的安全保障义务致使他人遭受人身损害,赔偿权利人请求其承担相应赔偿责任的,法院应予支持。

因此,当酒店发现客人醉酒后,未尽合理限度范围内的安全保障义务,如没及时上前询问,将其送到医院,导致最后客死酒店的,也具有过错,要承担相应的民事责任。

专题4　酒店营销法律纠纷案例

4.1　未挂牌酒店标称"五星"

案例链接

李某通过某公司经营的网站,预订了3家酒店,分别是上海外滩华尔道夫酒店(以下简称上海华尔道夫酒店)、三亚亚龙湾瑞吉度假酒店(以下简称三亚瑞吉酒店)、三亚海棠湾天房洲际度假酒店(以下简称三亚天房洲际酒店)。某网网页标注,3家酒店均为国家旅游局评定的五星级酒店。2015年12月—2016年1月,李某先后入住了上述3家酒店,房费总计35 220元。

2016年1月,一个偶然的机会,李某发现通过某网预订的这3家酒店实际情况与标注不符,协商无果后,李某为此向北京市工商局朝阳分局(以下简称朝阳工商局)进行了投诉。

2016年6月8日,朝阳工商局做出处罚决定,认定某公司产品宣传存在误导消费者消费的情况,属于虚假宣传,对某公司处以15万元的罚款。

2016年9月,李某以某公司在履行合同过程中存在欺诈行为为由,将某公司诉至法院,要求退还房费并索要3倍赔偿105 660元。

某公司辩称,李某所说的3家酒店均为准五星级酒店,因公司员工录入错误,造成网页显示为五星级酒店。上海华尔道夫酒店是福布斯评定的五星级酒店,三亚瑞吉酒店和天房洲际酒店是按照五星级标准打造的顶级国际酒店,且一直在向国家旅游委申请五星级挂牌。上述3家酒店的硬件设施和软件服务真实到位,李某接受服务的品质未受影响。某公司同时称,李某故意入住信息录入错误的酒店,并非正常消费,不应受《中华人民共和国消费者权益保护法》(以下简称《消费者权益保护法》)保护,也不同意李某的全部诉讼请求。

法院判决

法院经审理认为,李某从某公司购买酒店服务,并已实际入住,双方合同已经履行完毕,李某要求退还房费缺乏依据,不予支持。某公司提供的酒店服务与其网站宣传不符,并已被行政主管部门认定为虚假宣传,李某作为消费者以欺诈为由要求3倍赔偿,符合法律规定,法院予以支持。

2016年12月,朝阳区人民法院做出一审判决,判令某公司赔偿李某105 660元,同时驳回了李某的其他诉讼请求。一审宣判后,某公司不服,提出上诉。日前,二审法院已做出终审判决,驳回上诉、维持原判。

案例分析

《消费者权益保护法》相关条款:

第二十条 经营者向消费者提供有关商品或者服务的质量、性能、用途、有效期限等信息,应当真实、全面,不得做虚假或者引人误解的宣传。经营者对消费者就其提供的商品或者服务的质量和使用方法等问题提出的询问,应当做出真实、明确的答复。

第四十四条 消费者通过网络交易平台购买商品或者接受服务,其合法权益受到损害的,可以向销售者或者服务者要求赔偿。网络交易平台提供者不能提供销售者或者服务者的真实名称、地址和有效联系方式的,消费者也可以向网络交易平台提供者要求赔偿;网络交易平台提供者做出更有利于消费者的承诺的,应当履行承诺。网络交易平台提供者赔偿后,有权向销售者或者服务者追偿。

网络交易平台提供者明知或者应知销售者或者服务者利用其平台侵害消费者合法权益,未采取必要措施的,依法与该销售者或者服务者承担连带责任。

第五十五条 经营者提供商品或者服务有欺诈行为的,应当按照消费者的要求增加赔偿其受到的损失,增加赔偿的金额为消费者购买商品的价款或者接受服务的费用的三倍;增加赔偿的金额不足五百元的,为五百元。法律另有规定的,依照其规定。

网络平台提供者不能发布虚假信息。网络平台提供的酒店服务与其网站宣传不符,并已被行政主管部门认定为虚假宣传的,消费者可以以欺诈为由要求3倍赔偿。

对于星级饭店的评定,必须以国标《旅游饭店星级的划分与评定》(GB/T 14308—2010)为准。星级标志由长城与五角星图案构成,用五角星表示星级。一星级、二星级、三星级饭店是有限服务饭店,评定内容是对饭店住宿产品进行重点评价;四星级和五星级饭店是完全服务饭店,评定内容是对饭店产品进行全面评价。饭店星级评定遵循企业自愿申报的原则。饭店的星级身份也非终身制,而是每3年要参加评定性复核,未通过复核的将被

"摘星"或"降星"。获评单位要将牌匾悬挂在醒目位置,未获星级或不参评的饭店,不得在客用品、宣传单、网络及大堂等地方宣称"星级"。酒店"准星级""相当于几星级"的解释以及在宣传物上宣称"星级"的做法,都会误导消费者。

4.2 婚宴预订违约

案例链接

2016年5月1日,朱某的儿子结婚。朱某在4月底与县城某酒店的老板曹某预订了50桌中餐酒席,每桌1 888元,并交付了5 000元定金。可在5月1日中午10时许,在酒店等待的曹某仍不见朱某人影。因酒店按预订菜及酒水全部准备完毕,曹某便打电话问朱某原因。朱某在电话里说:"我这5 000元定金就作为赔偿吧!因另一酒店的肖老板欠我10万元,我到他那里办酒席可以顶数!"

曹某听后非常生气地说:"5 000元定金够赔偿我的损失吗?"但朱某未予理会挂断了电话。两方争执不下,后朱某与曹某协商,朱某除支付5 000元定金外,再支付1万元给曹某,作为其违约赔偿。

案例分析

我国《合同法》第一百一十五条规定,当事人可以依照担保法约定一方向对方给付定金作为履行债务的担保。债务人履行债务后,定金应当抵作价款或收回。给付定金的一方不履行约定的债务的,无权要求返还定金;收受定金的一方不履行约定的债务的,应当双倍返还定金。根据该规定,从表面看,朱某似乎只需放弃5 000元定金便无须承担任何赔偿责任,但事实并非如此。

一方面,《合同法》第六条规定:"当事人行使权利、履行义务应当遵循诚实信用原则。"第四十二条第三项也指出:当事人在订立合同过程中"有其他违背诚实信用原则的行为",给对方造成损失的,应当承担损害赔偿责任。这里的"诚实信用原则"是指当事人在市场交易活动中应讲信用,恪守诺言,诚实不欺,在追求自己利益的同时不能损害他人和社会利益;民事主体在民事活动中应当维持双方利益及双方利益与社会利益的平衡。朱某原来将儿子的婚宴预订在曹某的酒店,而后却没有事先通知就改在别的酒店,其行为明显违背诚实信用原则。

另一方面,《合同法》第一百零七条规定:"当事人一方不履行合同义务或者履行合同义务不符合约定的,应当承担继续履行、采取补救措施或者赔偿损失等违约责任。"当朱某与曹某达成订餐协议后,彼此之间已经形成了合同上的权利义务关系,朱某没有前往赴宴,尽管事出有因,但并非属于无须承担责任的法定情形,理当承担相应的违约责任。客人订餐后违约,非但定金不能收回,且酒店有权根据遭受的实际损失要求客人进行赔偿。

专题5　酒店康乐法律纠纷案例

5.1　浴区停水致怀孕客人流产

案例链接

2016年1月18日晚22:30,原告乔某和家人及朋友入住某温泉酒店。之后,原告去某酒店浴区洗澡。在原告洗澡过程中,酒店因设备出现问题停水,导致正在洗浴的原告全身发抖、肚疼。原告丈夫王某某随后报警。后原告被送往河南大学淮河医院救治。经门诊诊断为:已孕19+1周单活胎;四肢抽搐待查:应激障碍? 先兆流产。原告遂住院治疗,2016年2月4日出院,实际住院16天,期间原告支出医疗费3 252.06元,某酒店为其垫付4 000元医疗费用,余款747.9元现由原告保管。住院期间,原告由其丈夫王某某护理。后双方就赔偿问题协商未果,原告起诉到法院。

另查明,开封市公安局宋门分局社区警务大队接处警登记表记载:孕妇原告22:30入住120房间。经了解11时许,由于某酒店停水,导致正在洗浴的原告全身发抖、肚疼。同时与乔某一起的另一名孕妇暂无大碍。民警到现场后,乔某已被120拉至淮河医院。酒店方刘某某同去,由于时间已晚,双方协商于天亮后再协调、商议赔偿问题。

酒店对原告先兆流产住院是否与其有因果关系申请鉴定。后河南科技大学司法鉴定中心将鉴定材料退回,理由是:经过前期审核,因先兆流产涉及的原因多种、机制复杂,限于其中心鉴定范围和技术条件,难以判断或认定是否存在因果关系,不能完成贵单位委托事项。之后,某酒店明确表示不再申请鉴定。以上事实有庭审中当事人的陈述、接处警登记表、河南大学淮河医院住院病历、住院票据、司法鉴定退案函予以证实。

法院判决

法院认为,行为人因过错侵害他人民事权益,应当承担侵权责任。被侵权人对损害的发生也有过错的,可以减轻侵权人的责任。本案中,某酒店因设备出现问题停水导致正在该酒店浴区洗澡的原告身体不适并住院治疗;在该事件中,某酒店未能及时有效地提醒正在洗浴的原告将要停水的情况,导致了原告身体受到伤害,某酒店存在过错;因此,某酒店应对原告的合理损失予以赔偿。原告事发当晚22:30入住酒店后洗浴时,应知其本人已怀孕,在洗浴时应负有比平时更为谨慎小心的义务。事件的发生与其本人未能尽到谨慎小心的义务有关,故也存在一定过错。综合本案情况,以某酒店承担该事件70%的民事赔偿责任,原告承担30%的民事赔偿责任较为妥当。

案例分析

按《侵权责任法》第三十七条的规定,侵权责任的构成要件之一,即损害结果与法律行为具有因果关系。本案中原告在泡温泉过程中流产这一损害后果的发生与酒店未尽提醒注意义务存在因果关系,酒店方理应对乔某的人身损害承担赔偿责任。

5.2 客人游泳池滑倒

案例链接

被告酒店内泳池办有高危险性体育项目经营许可证,核定社会体育指导人员和救助人员数量为救生员3人,该泳池有两个入池口(或称出池口)。泳池对外收费经营,对住宿客人免费开放(已包含在客房服务内)。

2015年9月5日下午16时许,原告胡某与朋友李某入住被告酒店1506房间,当晚20:40左右原告胡某与李某进入该酒店泳池游泳,21:00多在出其中一个入池口时,赤脚在刚过扶手快到防滑垫时不慎摔倒,致右肩部骨折。李某事发当晚从医院回来后拍摄的现场照片显示:原告胡某摔倒的地方未铺设防滑垫;原告摔倒的出池口扶手向外有一段距离未铺防滑垫,泳池另一边的出池口处防滑垫铺至扶手下面。事故发生后,原告胡某即至太仓市第一人民医院治疗,因伤情严重,医生建议立即至上海大医院进一步救治。当日门诊病历(21:51)记载:跌后右肩痛40分钟,拍X片显示为右肱骨外科颈骨折,诊断为右肱骨外科颈骨折。2015年9月6日,原告胡某入上海长征医院住院治疗,入院诊断为右肱骨近端骨折,于2015年9月17日出院,出院诊断为右肱骨近端骨折,其中上海长征医院出具的出院记录"入院时主要症状和体征"一栏中记载"患者于2015年9月5日酒店游泳池边摔倒,出现右肩疼痛,活动受限"。2015年12月16日,上海长征医院出具病情证明单一份,建议胡某内固定取出费用约20 000元。

2016年7月7日,法院组织原、被告至泳池现场进行勘查并录像:原告摔倒的出池口扶手向外约50 cm未铺设防滑垫,另一出池口防滑垫铺设至扶手下面;出池口地面有水,现场游泳人员的拖鞋大都放置在扶手下面或池边的排水沟盖上,泳池边地面多处有"禁止跳水"字样,有两个移动式"小心地滑"黄色塑料警示牌。原告在勘查时称:当时其拖鞋在防滑垫上,摔倒时正准备去穿拖鞋,其摔倒后呼叫被告工作人员无人答应,自行至健身房大堂处继续呼救才有人答应;被告在勘查时称:泳池晚上10:30停止营业,原告摔倒时现场休息沙发上有一名穿浴袍的男子,但该男子并非被告员工。

法院判决

本院认为:行为人因过错侵害他人民事权益,应当承担侵权责任,被侵权人对损害的发生也有过错的,可减轻侵权人的责任;宾馆、商场等公共场所的管理人,未尽到安全保障义务,造成他人损害的,应承担侵权责任。

本案的争议焦点为被告酒店是否尽到了安全保障义务,原告认为被告酒店未尽到安全保障义务,被告酒店作为一家具有五星级资质的酒店,其应向客人提供与其五星级资质相当的安全、舒适、高质量的住房和休闲条件。被告在事发后查看过现场录像并最终对原告主张的摔倒位置不持异议,而从原告提供的李某拍摄的现场照片及本院现场勘察的实况可以看出被告在原告摔倒的出池口处防滑垫未铺设到位,其提供的服务存在重大安全隐患,并由此引发原告出池时摔倒事故发生,被告应承担相应的赔偿责任;原告胡某作为经常出入泳池的成年人,应认识到出池口处防滑垫未铺设到位可能会导致出池时存在危险,其也未能尽到自我保护和谨慎义务,从而发生意外摔倒事故,应自负一定的责任。综上,本院酌定被告酒店按照70%的比例承担赔偿责任,其余损失由原告胡某自负。

案例分析

本案中被告作为一家具有五星级资质的酒店,其应向客人提供与其五星级资质相当的安全、舒适、高质量的住房和休闲条件。酒店在湿滑的游泳池出池口边铺设防滑垫时未铺设到位,其提供的服务存在重大安全隐患,并由此引发客人出池时摔倒事故发生,酒店应承担相应的赔偿责任。

专题6　酒店劳动法律纠纷案例

6.1　以末位淘汰为由单方解除劳动合同违法

案例链接

2014年3月,原告彭某进入被告尚盟公司任招商部招商专员,双方签订了书面劳动合同。2016年2月,尚盟公司以末位淘汰制为由,与彭某解除了劳动关系。在员工离职表中"离职原因"一栏载明"按2015年度招商人员激励制度,实行末位淘汰制,该员工予以淘汰"。彭某先向当地劳动人事争议仲裁委员会申请仲裁,后又向法院起诉,请求判决被告支付违法解除劳动合同赔偿。

法院判决

重庆市渝中区人民法院经审理认为:原告彭某与被告尚盟公司之间存在劳动关系,受劳动法及相关法律的调整。本案中,被告以末位淘汰制为由解除与原告的劳动关系,属上述法律规定中违法解除劳动合同的情形,应支付原告违法解除劳动合同的赔偿金。判决后,被告尚盟公司向重庆市第五中级人民法院提起上诉,后自行撤回上诉,现判决已发生法律效力。

案例分析

1. 仅以末位淘汰为由单方解除合同违法。长期以来,存在以下两种观点:一种观点认为,末位淘汰广泛运用于竞争性较强的销售类企业,充分发挥了优胜劣汰的激励作用,有利于激发劳动者的工作热情和潜在能力,提升管理水平,增强企业效能,是先进的管理手段和制度创新,应当合法;另一种观点认为,只要有排名,就有人处于末位,用人单位直接或单凭"末位淘汰"为由,与劳动者解除合同,缺乏科学实证,折损人格尊严,侵害了劳动者合法权益。从《劳动合同法》第三十九条的规定来看,我国法律并未允许用人单位可以"末位淘汰"

为由,与劳动者解除劳动合同。换言之,此单方行为缺乏法律依据,用人单位还要承担相应的法律责任。此外,"末位"并不等同于《劳动合同法》第四十条规定的"不能胜任",前者是绩效管理的考核排名,即使所有人都胜任工作,也会有人排名垫底;而后者则是指不具备完成岗位任务的基本能力,即使所有人都无法胜任工作,也会有人排名首位,两者不能直接画等号。

2016年11月,《第八次全国法院民事商事审判工作会议(民事部分)纪要》明确规定用人单位在劳动合同期限内通过"末位淘汰"或"竞争上岗"等形式单方解除劳动合同,劳动者可以用人单位违法解除劳动合同为由,请求用人单位继续履行劳动合同或支付赔偿金。本案与上述规定的情形完全符合。

2. 实行末位淘汰制合法解除合同的条件。事实上,末位淘汰制本身并不违法,也不意味用人单位对考核排名末位的劳动者就无法解除劳动合同。根据《劳动合同法》的规定,劳动合同解除方式包括双方协商解除、劳动者或用人单位单方解除3种形式。具体而言,针对劳动者工作能力的用人单位单方解除合同,主要涉及《劳动合同法》第三十九条"在试用期间被证明不符合录用条件的"和第四十条"劳动者不能胜任工作,经过培训或者调整工作岗位,仍不能胜任工作的"的规定。因此,实行末位淘汰制合法解除劳动合同,必须严格遵循上述规定。一种情况是,在招聘过程中,用人单位要明确告知劳动者,实行末位淘汰考核制,并作为是否符合录用条件的判断标准。在试用期内,如果劳动者经考核后排名末位,那么用人单位以不符合录用条件为由辞退,这一做法并不违反法律规定。另一种情况是,试用期满后,用人单位必须充分举证,证明劳动者不胜任本职工作,并对其进行培训或调岗后仍不能胜任,才能单方提出解除劳动合同。排名末位不代表不胜任,不胜任不意味着必然淘汰,末位淘汰制与解除劳动合同也并不等同,解除劳动合同必须符合法定条件、遵循法定程序。在劳动关系的建立、履行和解除中,劳动者要理性维护权益,用人单位则要规范用工行为。

6.2 双休日出差是否算加班

案例链接

实践中,基于某些原因,用人单位经常会指派劳动者出差。如果劳动者出差恰逢双休日,用人单位应否支付2倍工资呢?双休日加班的认定应同时满足两个条件:一是时间要件,为双休日;二是事实要件,从事单位安排的工作或为工作做准备。因此对于劳动者的出差时间适逢或包括双休日,单位是否要向劳动者支付双休日的2倍加班工资问题,要根据以上两个条件来衡量,区分以下两种情况来解决。

第一种情况,劳动者双休日出差,并进行了正常工作。《中华人民共和国劳动法》(以下简称《劳动法》)第四十四条规定:"有下列情形之一的,用人单位应当按照下列标准支付高于劳动者正常工作时间工资的工资报酬:……(二)休息日安排劳动者工作又不能安排补休的,支付不低于工资的百分之二百的工资报酬……"可见,此时应认定劳动者加班是毋庸置疑的,单位在不能安排劳动者补休的情况下,应向劳动者支付不低于工资的200%的工资报酬,即应支付2倍工资。当然,劳动者要求单位支付双休日的2倍工资应对其在双休日工作的事实提供证据来证实。

第二种情况,劳动者双休日出差,未从事工作。这种情况下就不应认定劳动者在双休日加班。因为节假日加班是指用人单位与劳动者协商一致,劳动者在法定节假日或公休假日从事工作。而劳动者在双休日并未工作,而是在休息,仅是休息的地点是在外地而不是像通常时间在居住地。休息地点的不同不能成为要求支付加班工资的理由。从另一方面分析,如果出差时间无论是否从事工作都认定为工作时间的话,单位就应对劳动者出差期间按每日 24 小时标准支付工资及加班工资,这显然违反客观事实和法律规定。所以,单位对于出差时双休日正常休息,并未为单位创造效益的劳动者,不必因劳动者休息地点的不同而向其支付 2 倍工资,仅支付必要的出差补助费即可。

案例分析

《劳动法》相关条款:

第四十一条　用人单位由于生产经营需要,经与工会和劳动者协商后可以延长工作时间,一般每日不得超过一小时;因特殊原因需要延长工作时间的,在保障劳动者身体健康的条件下延长工作时间每日不得超过三小时,但是每月不得超过三十六小时。

第四十二条　有下列情形之一的,延长工作时间不受本法第四十一条的限制:

(一)发生自然灾害、事故或者因其他原因,威胁劳动者生命健康和财产安全,需要紧急处理的;

(二)生产设备、交通运输线路、公共设施发生故障,影响生产和公众利益,必须及时抢修的;

(三)法律、行政法规规定的其他情形。

第四十三条　用人单位不得违反本法规定延长劳动者的工作时间。

第四十四条　有下列情形之一的,用人单位应当按照下列标准支付高于劳动者正常工作时间工资的工资报酬:

(一)安排劳动者延长工作时间的,支付不低于工资的百分之一百五十的工资报酬;

(二)休息日安排劳动者工作又不能安排补休的,支付不低于工资的百分之二百的工资报酬;

(三)法定休假日安排劳动者工作的,支付不低于工资的百分之三百的工资报酬。

因此,用人单位应依法给予员工加班工资。加班工资的计算标准,应参照以上法条的规定进行。

6.3　与员工未签订劳动合同

案例链接

2011 年 8 月中旬,徐某与一外省药业公司建立劳动关系,在成都某知名药店从事药品销售工作。徐某填写了员工入职表,但双方未签订劳动合同。随后,公司与徐某又签订了员工不购买社保(申请)承诺书,内容为"一、本人作为公司正式员工,自愿要求公司不要为本人在就职期间购买社会保险,并同意接受公司给予的补贴。二、本人在做出本承诺书后,不得在事后以公司未为本人购买社会保险为由要求与公司提前解除劳动合同或要求公司承担经济补偿金。三、本人签订本承诺书完全出于自身真实意愿,自签订之日起,即时生效"。2013年8月,徐某申请仲裁。次月,徐某以公司未与其签订劳动合同,也未为其缴纳社保为由,向公司邮寄了解除劳动关系通知书。仲裁裁决被申请人药业公司支付徐某未签劳动合同2倍工资差额部分32 450元,经济补偿14 750元,补缴相关期间社会保险费等。

药业公司不服仲裁裁定,依法起诉到法院。法院庭审查实,原告是通过银行转账方式发放工资,徐某解除劳动合同前12个月平均工资为2 950元,其正常工作时间月工资(不包括提成)为1 400元。

法院判决

法院认为,原、被告之间建立劳动关系,应按照我国《劳动合同法》的规定订立书面劳动合同,而原告却未与被告签订劳动合同,应依法向被告每月支付2倍的工资及经济补偿金。其中2倍工资应以正常工作时间所获工资数额,即1 400元/月为计算标准,不包括非常规性奖金及风险性项目收入等,经济补偿金依法按25个月工资标准计。至于补缴社会保险费,系用人单位、劳动者和社保机构就欠费等发生的争议,属于行政管理的范畴,法院不予处理。法院认为原告某药业公司未与被告徐某签订劳动合同违反了法律规定,应向徐某每月支付2倍的工资及经济补偿金,故判决药业公司支付徐某2倍工资的差额部分15 400元、经济补偿金7 375元。

案例分析

《劳动合同法》相关条款:

第十条 建立劳动关系,应当订立书面劳动合同。已建立劳动关系,未同时订立书面劳动合同的,应当自用工之日起一个月内订立书面劳动合同。用人单位与劳动者在用工前订立劳动合同的,劳动关系自用工之日起建立。

第八十二条 用人单位自用工之日起超过一个月不满一年未与劳动者订立书面劳动合同的,应当向劳动者每月支付二倍的工资。无固定期限劳动合同,是指用人单位与劳动者约定无确定终止时间的劳动合同。

用人单位与劳动者协商一致,可以订立无固定期限劳动合同。有下列情形之一,劳动者提出或者同意续订、订立劳动合同的,除劳动者提出订立固定期限劳动合同外,应当订立无固定期限劳动合同:

(一)劳动者在该用人单位连续工作满十年的;

(二)用人单位初次实行劳动合同制度或者国有企业改制重新订立劳动合同时,劳动者在该用人单位连续工作满十年且距法定退休年龄不足十年的;

(三)连续订立二次固定期限劳动合同,且劳动者没有本法第三十九条和第四十条第一项、第二项规定的情形,续订劳动合同的。用人单位自用工之日起满一年不与劳动者订立书面劳动合同的,视为用人单位与劳动者已订立无固定期限劳动合同。

因此,用人单位应按法律规定与劳动者签订劳动合同。

专题7　酒店停车法律纠纷案例

7.1　客人车辆在酒店停车场丢失

案例链接

　　2014年12月17日22时许,原告王某驾驶其所有的川KCN726五菱牌小型客车到被告张某经营的苹果酒店住宿,原告将车辆停放在酒店门前的公共人行道上。

　　2014年12月18日凌晨4时06分,案涉车辆被开走。随后4时50分,原告到成都市公安局武侯区分局簇桥派出所(以下简称簇桥派出所)报案,并在询问笔录中称"今天凌晨4时许,酒店工作人员喊我,说我汽车被盗了,我才知道车辆被盗了,我们就一起到派出所报警了……酒店工作人员看到小偷";酒店的工作人员彭某在簇桥派出所的询问笔录中称"今天凌晨4点10分左右,我在酒店值班,听见外面客人停车位有响动,我就出门看,发现有一个男子坐在一辆五菱面包车里,我就问他'这是你的车吗?',他就反问我'不是我的,难道还是你的?'。我看情况不对就上前拦车,他开车就跑了,朝华兴路口跑了……口音面貌都有点像藏族人,大约20多岁"。同日,簇桥派出所对该案予以立案,现尚未侦破。

　　法院根据原、被告的申请在簇桥派出所调取的被告设置在酒店门外的监控摄像头所录视频显示,录像被一束光所挡,无法看清案涉车辆被盗过程。被告经营的苹果酒店门前空地系临街的公共人行道,酒店门口摆放有锥形桶,被告将酒店门前空地提供给住店旅客停车,在酒店外墙及酒店前台张贴的"温馨提示"载明"本酒店停车场仅为住店旅客提供停车占地服务,酒店与车辆无看管合同关系,如车辆停放期间被盗或碰撞,酒店概不负责"。

　　另查明:①原告入住酒店时未向酒店登记其身份信息,原告停车时未向酒店交押行驶证、车钥匙等有效凭证,未领取停车牌,也未交纳停车费;②川KCN726五菱牌小型客车系原告于2013年12月10日购买,该车的机动车辆保险单显示的新车购置价为71 400元,保险期间自2014年12月11日零时起至2015年12月10日二十四时止,未购买盗抢险;③被告向成都市保安服务总公司武侯区分公司支付了2014年12月27日至2015年12月26日期间的联网报警器服务费及2014年9月8日至2015年9月7日期间的保安服务费。

　　以上事实由被告出具的发票、机动车信息查询结果单、机动车辆保险单、接(报)处警登记表、酒店照片、酒店入住信息表、联网报警器服务费发票、保安服务费发票、公安机关提供的受理登记表、询问笔录、立案决定书、录像及当事人庭审陈述笔录等在案予以证实。

法院判决

　　1. 关于原、被告之间是否形成旅店服务合同关系。根据本案查明的事实,虽然涉案酒店未登记原告入住及身份信息,但是原告举出的酒店发票与原告及酒店工作人员在公安机关的陈述可以形成证据链,证明原告确有于2014年12月17日入住涉案酒店,故本院认定原、被告形成了旅店服务合同关系。

2. 关于被告是否对涉案车辆的丢失承担赔偿责任及赔偿金额。涉案酒店外墙张贴的告示显示酒店会为住店旅客提供停车占地服务,被告在庭审中也确认其将酒店门前的空地,即公共人行道提供给住店旅客停车,结合酒店工作人员在公安机关陈述"听见外面客人停车位有响动"以及原告将案涉车辆停放在酒店门前空地的事实,本院认为涉案酒店门前空地实际是被告为住店旅客设置的停车场,无论酒店工作人员是否指挥原告将车辆停放在该处,该场地停放的住店旅客车辆实际处于酒店的管控和看守范围,被告因此负有基于双方旅店服务合同而产生的附随义务,应妥善履行对住店旅客车辆的看管保护义务。鉴于原告已就案涉车辆丢失向公安机关报案并经公安机关立案受理,应视为其车辆丢失已实际发生。

对于被告对原告车辆是否尽到保护看管义务,本院认为,本案中被告提供的停车场实际是公共人行道,是一处临街的开放公共场地,存在明显的安全隐患,被告既然将该处作为酒店停车场提供给住店旅客,就应当采取比封闭式或半封闭式停车场更为严格的安保措施。但是从酒店工作人员在公安机关的陈述及酒店监控录像来看,一方面被告在酒店门外设置的监控摄像头无法清晰显示酒店门前人行道的状况,加大了车辆看管失控的风险,容易导致工作人员无法在第一时间发现盗车人盗车,并且本案中工作人员确实未在盗车人开始盗车时及时发现并予以阻止,工作人员发现时盗车人已经坐在车上;另一方面正是由于酒店停车场地的开放性导致工作人员发现车辆有可能被盗等异常情况时也无法采取措施阻止车辆被开走,加之被告庭审中陈述其未安排保安专门守车,因此本院认为虽然被告发现盗车人开走车辆并自称试图阻止,且及时通知原告报警,但被告在履行旅店服务合同之看管保护车辆的附随义务时仍未完全尽到必要的看护义务,应承担原告车辆被盗后相应的赔偿责任。至于被告在酒店外墙及前台所张贴的"如车辆停放期间被盗或碰撞,酒店概不负责"告知牌,是一种单方免除其责任的告知,属于格式条款,不具有法律效力。在此基础上,由于原告在其车辆未购买盗抢险的情况下,未将车辆停放在专门的停车场内,也未向被告酒店索要停车凭证或者交押车辆钥匙、行驶证,对车辆被盗负有主要过错,应自行承担部分责任。因此,本院根据本案的实际情况,酌定被告承担原告车辆被盗损10%的责任,原告自负车辆被盗损失90%的责任。

原告车辆川KCN726于2013年12月10日购买,虽然原告未能提供购车发票原件,但该车的机动车辆保险单显示新车购置价为71 400元,高于原告主张的车辆购买价格63 800元,故本院按63 800元计算该车折旧价值。该车被盗发生于2014年12月18日,依照《国家经济贸易委员会、国家发展计划委员会、公安部、国家环境保护总局关于调整汽车报废标准若干规定的通知》(国经贸资源〔2000〕1202号)的规定,本案被盗车辆使用年限为15年,计算的车辆折旧价值为59 547(63 800 −63 800÷15×1)元,被告承担车辆损失的10%,故被告应向原告支付的赔偿金额为5 954.7(59 547×10%)元。

案例分析

《消费者权益保护法》第七条规定:"消费者在购买、使用商品和接受服务时享有人身、财产安全不受损害的权利。"

参照最高人民法院研究室《关于住宿期间旅客车辆丢失赔偿案件如何适用法律问题的

答复》的内容:"根据《中华人民共和国合同法》第六十条的规定,旅客在宾馆住宿期间,依宾馆的指示或者许可,将车辆停放于宾馆内部场地后,宾馆对车辆即负有保管义务。但宾馆未对车辆停放单独收费且证明自己对车辆被盗没有重大过失的,不承担损害赔偿责任。"

本案中,客人和酒店形成旅店服务合同关系,酒店门前空地实际是酒店为住店旅客设置的停车场,该场地停放的住店旅客车辆实际处于酒店的管控和看守范围,酒店因此负有基于双方旅店服务合同而产生的附随义务,应妥善履行对住店旅客车辆的看管保护义务。酒店提供的停车场实际是公共人行道,是一处临街的开放公共场地,存在明显的安全隐患,故酒店未尽安全保障义务。酒店在墙上张贴的"概不负责"的告示牌,是一种单方免除其责任的告知,属于格式条款,不具有法律效力。

7.2 酒店保安私开客人车辆导致损毁

案例链接

2011年7月23日20时25分,汤某入住蔡某经营的沁宏商务酒店,并将其自有的浙A×××××号现代途胜车辆停放在酒店后面的停车场。汤某在办理入住手续时,将车辆钥匙遗忘在酒店的服务总台。当晚21时许,案外人吾某(系石塘海鲜的保安)趁人不备,偷拿汤某遗忘在服务总台的汽车钥匙,然后在停车场用钥匙打开汤某的浙A×××××号现代途胜车辆,私自偷开,因操作不当,造成车辆撞墙,导致车辆损坏(经鉴定车辆修复价值32 644元),吾某弃车逃离现场。该案经公安机关侦破,杭州市下城区人民检察院向法院提起公诉。法院审理后认定吾某犯故意毁坏财物罪,判处有期徒刑一年十个月。现汤某以蔡某未尽到安全保障义务为由,起诉至法院要求蔡某赔偿其车辆损失。

法院判决

汤某入住蔡某经营的酒店,双方即形成旅店服务合同关系。蔡某作为服务的提供方,应保证其服务符合保障旅客人身和财产安全的要求。蔡某经营的酒店后面的停车场,系酒店方提供给旅客等停放车辆的场所。汤某在住宿期间,依酒店的指示或者许可后将车辆停放在该停车场,酒店即对该车辆负有安全保障义务。本案中,汤某车辆受损,其直接原因系吾某的犯罪行为造成的。但就旅客服务合同的履行过程来看,汤某作为车辆所有人,其未妥善保管车辆钥匙,将车辆钥匙遗忘在人员来往比较频繁的酒店服务总台,导致车辆钥匙被他人拿走后偷开车辆,造成车辆损坏,其自身行为存在重大过错。蔡某作为酒店服务的提供者,其提供场地供旅客停放车辆,却未安排人员对车辆及人员的出入进行管理,吾某得以进入停车场并盗开车辆,应当承担部分责任。但是,本案中因吾某持有车辆钥匙,从而能够便利地打开汤某的车辆,而非通过撬锁等行为打开汤某的车辆,因此,蔡某在管理时也较难发现吾某盗开车辆的行为,蔡某对车辆被盗开并受损的主观过错较小。根据上述分析,结合蔡某未另行收取汤某停车费用的事实,本院酌情确定由蔡某承担15%的损失赔偿责任,其余部分不予支持。

案例分析

客人在住宿期间,依酒店的指示或许可后将车辆停放在该停车场,酒店即对该车辆负有安全保障义务。本案中,汤某车辆受损,其直接原因系吾某的犯罪行为造成的。但就旅客服务合同的履行过程来看,汤某作为车辆所有人,其未妥善保管车辆钥匙,将车辆钥匙遗忘在人员来往比较频繁的酒店服务总台,导致车辆钥匙被他人拿走后偷开车辆,造成车辆损坏,其自身行为存在重大过错,故车辆丢失,酒店可以免责或减轻赔偿责任。

同步训练

1. 客人未将贵重物品寄存在前台贵重物品保险箱,贵重物品在客房内被盗,酒店是否需要承担赔偿责任?
2. 非消费客人的外来人员在酒店大堂洗手间摔倒,酒店是否需要承担赔偿责任?
3. 客人在房间内自杀,酒店是否需要承担赔偿责任?
4. 客房服务员在工作期间盗窃客房内的客人财物,酒店是否需要承担赔偿责任?
5. 醉酒客人在酒店寻衅滋事,酒店应当如何处理?
6. 酒店工作人员在提供餐饮服务时被客人性骚扰,应当如何处理?
7. 在酒店停车场的客人车辆内的物品发生丢失,酒店是否应当承担赔偿责任?
8. 酒店员工自己提出辞职,酒店是否需要支付经济补偿金给员工?
9. 酒店员工加班工资的计算方式?
10. 说一说酒店员工在日常工作过程中,应当注意哪些对客服务法律纠纷?

参考文献

1. 袁义．饭店安全管理[M]．北京:高等教育出版社,2012.
2. 郑向敏．酒店安全控制与管理[M]．重庆:重庆大学出版社,2008.
3. 许佳华．消防工程[M]．北京:中国电力出版社,2015.
4. 张寅．消防安全与自救[M]．西安:西安电子科技大学出版社,2014.
5. 周辉．酒店安全管理与法律实务[M]．南京:南京大学出版社,2018.
6. 张志军．饭店安全管理实务[M]．北京:旅游教育出版社,2008.
7. 程新友,等．饭店安全管理:制度建设与管理要点[M]．北京:旅游教育出版社,2008.
8. 许纯玲,李志飞．旅游安全事务[M]．北京:科学出版社,2000.
9. 中华人民共和国国家旅游局．旅游饭店安全管理实务[M]．北京:中国旅游出版社,2012.
10. 开元酒店管理公司人力资源部．饭店安全管理案例汇编[Z]．开元酒店管理公司,2005.